공유부 배당
Common Wealth Dividends

First published in English under the title *Common Wealth Dividends*, by Brent Ranalli, 1st edition.
Copyright © The Editor(s) (if applicable) and The Author(s), under exclusive license to Springer Nature Switzerland AG 2021.* This edition has been translated and published under licence from Springer Nature Switzerland AG. Springer Nature Switzerland AG takes no responsibility and shall not be made liable for the accuracy of the translation.
All rights are reserved.
Korean translation rights © Common Life Books [2025]
Korean translation rights are arranged with Springer Nature Customer Service Center GmbH through AMO Agency, Korea.

이 책의 한국어판 저작권은 AMO 에이전시를 통해 저작권자와 독점 계약한 도서출판 평사리에 있습니다. 저작권법에 의해 한국 내에서 보호를 받는 저작물이므로 무단 전재와 무단 복제를 금합니다.

공유부 배당
-역사와 이론

펴낸날 | 2025년 11월 28일

지은이 | 브렌트 라날리
옮긴이 | 유승경, 정균승

편집 | 정미영
디자인 | Jipeong
마케팅 | 홍석근

펴낸곳 | 도서출판 평사리 Common Life Books
출판신고 | 제313-2004-172 (2004년 7월 1일)
주 소 | 경기도 고양시 덕양구 중앙로558번길 16-16. 7층
전 화 | 02-706-1970 팩 스 | 02-706-1971
전자우편 | commonlifebooks@gmail.com

ISBN 979-11-6023-358-2 (93300)

잘못된 책은 바꾸어 드립니다.
책값은 뒤표지에 있습니다.

BRENT RANALLI
COMMON WEALTH DIVIDENDS

공유부 배당

역사와 이론

브렌트 라날리 지음
유승경·정균승 옮김

평사리
Common Life Books

옮긴이 서문

『공유부 배당』의 한국어판을 독자들에게 우리말로 전할 수 있게 되어 큰 보람을 느낀다. 이 책은 토머스 페인에서 시작해 알래스카 영구 기금, 그리고 오늘날 논의되는 탄소 배당에 이르기까지, 인류가 공유한 자원에서 비롯되는 권리와 배당의 문제를 폭넓게 다룬다. 단순한 정책 제안서가 아니라, 인간의 존엄과 공동체적 연대의 원리를 탐구하는 철학적 물음이자, 우리가 어떤 사회를 지향해야 하는지 묻는 근본적인 성찰이다.

무엇보다도 이 책을 독자들에게 제대로 전달할 수 있도록 번역문을 세심하게 교정해 주신 정치경제연구소 〈대안〉의 금민 소장님께도 감사드린다. 한국 사회에서 기본소득 논의를 꾸준히 이끌어 온 금 소장님의 연구와 실천은 번역 과정에서도 중요한 지적 자극이자 든든한 길잡이가 되었다.

또한 이 책에 추천사를 기꺼이 써 주신 〈사단법인 기본사회〉의 강남훈 교수님께도 감사드린다. 기본소득 연구의 선구자로서 강 교수님의 통찰은 한국 독자들이 이 책의 문제의식을 더욱 명확하게 이해하는 데 크게 기여할 것이다.

책의 완성도를 높이는 데 세심한 노고를 기울여 주신 평사리 출판사 관계자분들께도 감사드린다. 정성스러운 교정과 편집 과정을 통해 이 책이 더욱 읽기 편한 모습으로 독자들에게 다가갈 수 있게 되었다.

아울러 번역자는 독자들의 이해를 돕기 위해 '옮긴이 해제'를 따로 마련해 본문의 맥락과 쟁점을 해설하려 했다. 원저자의 논지를 충실히 전달하는 동시에, 오늘날 한국 사회의 현실 속에서 공유부 배당이 어떤 의미가 있는지를 짚어 보고자 했다.

『공유부 배당』은 단순한 해외 사상의 수입이 아니라, 한국 사회에서 새롭게 읽히고 토론되어야 할 책이다. 우리는 이미 알래스카 모델이나 탄소 배당 논의에 익숙해져 있으나, 그 이면에 놓인 철학적·역사적 뿌리를 성찰하는 데에는 상대적으로 소홀했다. 이 책은 공유 자원을 어떻게 정의할 것인가, 그리고 그 수익을 어떻게 분배할 것인가라는 질문에 풍부한 사상적 자원을 제공한다.

특히 이 책의 주제는 우리나라 기본소득 논의와 깊이 맞닿아 있다. 한국 사회는 오랫동안 성장 중심의 분배 구조 속에서 개인의 생존을 노동 시장에 종속시켜 왔다. 그러나 불안정 노동의 확산, 인구 구조의 변화, 기후 위기라는 조건은 기존의 분배 체계를 넘어서는 새로운 틀을 요구한다. 공유부 배당은 그러한 전환의 핵심 열쇠 가운데 하나일 수 있다. 공유부는 단지 경제적 자산만이 아니라, 자연환경, 지식, 디지털 네트워크 등 현대 사회의 인공적 공유지까지 포함할 수 있다. 따라서 이 책은 한국 사회의 기본소득 논의를 한층 확장하고 구체화하는 데 중요한 자원이 될 것이라 믿는다.

옮긴이로서의 바람은 단순하다. 이 책이 한국 독자들에게 새로운 문제의식과 토론의 장을 열어 주기를 바란다. 기본소득은 이미 사회적 의제로 자리 잡았지만, 여전히 "가능한가, 불가능한가"라는 이분법적 논쟁에 머무는 경우가 많다. 『공유부 배당』은 이러한 좁은 틀을 넘어, 왜 우리가 공유 자원으로부터의 배당을 권리로 이해해야 하는지, 그것이 어떻게 정의와 지속 가능성을 동시에 담보할 수 있는지를 보여 준다.

나는 이 책이 한국 사회의 기본소득 논의를 더욱 성숙하게 하고, 더 공정하고 지속 가능한 사회를 향해 나아가는 데 기여하기를 진심으로 바란다.

2025년 가을
대표 번역자 유승경

추천사

　다음 세대의 '더불어 사는 사회' 논의를 새롭게 여는 책을 만났다. 『공유부 배당』은 기본소득을 둘러싼 통상적 논점—재원, 실효성, 노동 윤리—을 넘어, '공유 자원의 수익은 누구의 권리인가'라는 규범적 질문을 전면으로 끌어올린다. 저자는 토머스 페인의 급진적 통찰에서 출발해 알래스카 영구 기금, 탄소 배당, 그리고 인공적 공유부로의 일반 이론에 이르기까지, 사상과 제도의 궤적을 꼼꼼히 추적한다. 그 결과 독자는 기본소득을 시혜가 아니라 '공동유산common heritage의 배당'이라는 원칙으로 다시 사유하게 된다.
　이 책은 각 장이 뚜렷한 주제를 담고 있으면서 서로 이어진다. 2장은 토머스 페인이 주장했던 토지와 재산, 정의에 관한 논쟁을 다시 살펴보며 공유부 배당의 사상적 뿌리를 짚는다. 3장은 알래스카 영구 기금과 그 배당 제도를 다루는데, 자원에서 생긴 이익을 주민에게 나눠 주는 제도가 실제로 어떻게 만들어지고 운영되는지를 보여 준다. 4장은 기후 위기 문제와 연결된다. 피터 반즈가 제안한 '하늘 신탁'과 제임스 한센의 탄소세-배당 방안을 중심으로, 탄소 배당이 어떻게 정의로운 전환의 수단이 될 수 있는지를 설명한다. 5장은 공유부 배당의 이론적 토대를 세운다. 정부가 시민을 대신해 자원을 관리한다는 '공공 신탁' 원칙, 노동으로 만들어 낸 것만이 개인의 소유라는 '노동 재산' 원칙, 토지나 독점처럼 불로 소득은 사회가 함께 나눠야 한다는 '경제적 지대' 개념이 그것이다. 마지막 6장은 시야를 한층 넓힌다. 땅이나 공기 같은 자연뿐 아니라, 전파 주파수, 인터넷 주소, 금융 제도, 사회적 인프라처럼 현대 사회가 함께 만들어 낸 인공 자원까지 공유부에 포함시켜 어떻게 나눌 수 있을지를 탐구한다.

특히 3장과 4장은 한국 사회에도 직접적인 시사점을 던진다. 알래스카 사례는 자원 배당을 단순히 '모두가 소유한다'는 막연한 생각이 아니라, '주州가 주민을 대신해 관리하고 그 이익을 공평하게 나눈다'는 제도적 원칙으로 보여 준다. 또 탄소 배당 논의는 탄소세나 배출권 거래에서 생긴 수입을 어떻게 쓰느냐에 따라 제도의 공정성과 지속 가능성이 크게 달라진다는 점을 알려 준다. 저자는 이 수입을 모두에게 똑같이 나누어 줄 때, 세금의 역진성을 줄이고 사회적 합의를 얻을 수 있으며, 더 과감한 온실가스 감축 정책도 추진할 수 있다고 설명한다.

5장은 공유부 배당의 철학적 토대를 세 가지 원칙으로 정리한다. 첫째, '공공 신탁' 원칙은 국가가 자원의 주인이 아니라 시민을 대신해 관리하는 역할이라는 뜻이다. 둘째, '노동 재산' 원칙은 인간이 직접 만든 것은 개인의 몫이지만, 자연에서 거저 얻은 자원에서 생긴 수익은 모두의 몫이라는 주장이다. 셋째, '경제적 지대' 개념은 토지나 독점처럼 희소성 때문에 생기는 불로 소득은 사회 전체가 함께 나눠야 한다는 원칙이다. 이 세 가지 원칙 덕분에 공유부 배당은 단순한 '불로 소득의 사회화'가 아니라, '공동 유산에서 생긴 수익을 권리로서 배당하는 제도'라는 성격을 분명히 갖게 된다.

저자는 또한 전파 주파수, 인터넷 주소, 금융 제도, 사회적 인프라 등 현대 사회가 공동으로 축적한 인공 공유부까지 시야를 확장한다. 이는 데이터, 플랫폼, 토지 공개념, 디지털 자산, 에너지 전환 인프라 등 한국 사회의 현안과 직결된다. 단순히 과거 사상과 사례를 정리하는 데서 그치지 않고, 미래의 제도 설계에 필요한 기준을 제시한다는 점에서 이 책은 독보적이다.

번역자는 원저의 논지를 충실히 옮기는 동시에, 한국 사회가 직면한 불평등 심화, 세대 간 자산 격차, 기후 위기의 맥락과 연결해 독자의 이해를 높였다. '옮긴이 해제'는 원저의 사상적 토대를 보강하면서, 한국적 적용 가능성을 탐색하는 지적 가교 역할을 하고 있다.

『공유부 배당』은 해외 사상의 단순한 수입이 아니다. 한국 사회의 기본소득 논의를 한층 성숙하게 만들고, 공유 자원과 권리, 정의로운 사회 질서를 새롭게 성찰하게 하는 지적 자원이다. 이 책의 출간이 우리 사회의 학문적·정책적 논의를 더욱 풍부하게 하고, 공정한 전환과 넓은 번영을 모색하는 더불어 사는 사회의 상상력을 넓히는 계기가 되기를 기대한다.

사단법인 기본사회 이사장, 강남훈

베라, 벤자민, 알렉산더, 올리버에게

감사

학생 시절 우연히 알프레드Alfred와 도로시 안데르센Dorothy Andersen의 글을 발견하고 그 후 이어진 두 사람 간의 서신과 우정이 이 책을 쓰게 된 계기가 되었다. 필자는 알프레드와 도로시에게 항상 감사하고 있다.

원고의 일부 또는 전부를 검토해 주시거나 자료를 안내해 주시고, 그밖에 지원과 격려를 해 주신 모든 분들께 감사드린다. 특히 피터 반즈Peter Barnes를 첫 번째로 꼽으며, 로라 배니스터Laura Bannister, 라훌 바수Rahul Basu, 미첼 비어Mitchell Beer, 낸시 버즈올Nancy Birdsall, 조셉 블라시Joseph Blasi, 줄리 블루Julie Blue, 놀란 보위Nolan Bowie, 제임스 보이스James Boyce, 그레고리 클레이즈Gregory Claeys, 모리 코헨Maurie Cohen, 로버트 코스탄자Robert Costanza, 마이클 크라우더Michael Crowder, 소피아 에체가레이Sofia Echegaray, 데이비드 엘러먼David Ellerman, 제임스 엥겔James Engell, 그레그 에릭슨Gregg Erickson, 게리 플로멘호프트Gary Flomenhoft, 그웬돌린 홀스미스Gwendolyn Hallsmith, 하이디 해먼드Heidi Hammond, 제임스 한센James Hansen, 폴 하넷Paul Harnett, 애너벨 해리스Annabelle Harris, 올리버 헤이도른Oliver Heydorn, 로버트 호켓Robert Hockett, 마이클 하워

드Michael Howard, 스티브 칸Steve Kahn, 피터 칼머스Peter Kalmus, 리차드 크롭Richard Krop, 샤론 쿤데Sharon Kunde, 크리스 매킨Chris Mackin, 앨리슨 맥킨타이어Alison McIntyre, 크리스토퍼 마이클Christopher Michael, 에밀리 모노슨Emily Monosson, 잭 모리아티Jack Moriarty, 토드 모스Todd Moss, 제이슨 머피Jason Murphy, 폴 래스킨Paul Raskin, 쉴라 리게르Sheila Regehr, 사라 레이브스틴Sarah Reibstein, 말란 리트벨드Malan Rietveld, 마이크 샌들러Mike Sandler, 노라 슬로님스키Nora Slonimsky, 래리 스미스Larry Smith, 존 스터츠John Stutz, 캐롤라인 화이트Caroline Whyte, 미셸 윅Michele Wick, 칼 와이더퀴스트Karl Widerquist, 사라 패튼 자렐리Sara Patton Zarrelli, 알마즈 젤레케Almaz Zelleke께 감사드린다. 크리스토퍼 마이클Christopher Michael은 2021년 럿거스대학교 켈소 워크숍Rutgers University Kelso Workshop에서 피터 반즈, 모리 코헨, 데이비드 엘러먼, 사라 레이브스틴이 패널로서 기꺼이 참여하여 집필 중이던 책에 대한 세션을 조직해 주셨다. (녹화본은 www.kelsoworkshop.org에서 확인할 수 있다.)

호튼도서관Houghton Library은 파리에서 영어로 출판된 페인Paine의 초판 팸플릿인 『토지 정의Agrarian Justice』를 이용할 수 있도록 해 주었다. 또한 카드무스그룹The Cadmus Group, 피스타Feasta, 그리고 로닌연구소Ronin Institute는 격려와 지원을 아끼지 않았다.

이 연구 기획이 책으로 탄생하기까지 소중한 지도 편달을 해 준 칼 위더퀴스트Karl Widerquist에게 특별히 감사를 표하며, 이 책의 제목을 기본소득 보장제 탐구Exploring the Basic Income Guarantee 연재물에 기꺼이 포함해 주신 팰그레이브 맥밀란Palgrave Macmillan 출판사의 엘리자베스 그래버Elizabeth Graber, 윈드햄 하켓 페인Windham Hacket Pain, 우마 비네쉬Uma Vinesh와 다른 팀원들에게도 특별한 감사를 드린다.

마지막으로 집필하느라 정신이 없어 책더미 속에 빠져 살던 나를 인내로 견뎌 준 가족에게도 고마움을 전한다.

『공유부 배당』에 대한 찬사

"이 책은 공동 상속된 부를 사용해 모든 사람에게 평생 배당을 지급할 수 있음을 말한다. 이로써 경제적 사고의 새로운 지평을 열었다. 비정통 경제학자들을 비롯해 시장의 과실을 더욱 공평하게 나누는 방법을 찾는 사람들에게 필독서이다."
— 피터 반즈 Peter Barnes, 『하늘은 누구의 소유인가』, 『자본주의 3.0』, 『모두를 위한 자유와 배당』의 저자

"브렌트 라날리의 이 뛰어난 저작은 인류의 공유부에 기반한 배당 계획을 세우는 데에는 개혁 조치가 필요하다고 말한다. 이 책은 그 개혁 조치의 도덕성, 역사성, 실용성을 깊이 탐구한다."
— 게리 플로멘호프트 Gary Flomenhoft, 퀸즐랜드대학교 지속가능한광물연구소

"이 책은 부의 공유를 다룬 역사적 성찰이며, 그동안 논의가 자연 자원에 편중되어 왔던 해악을 완화시키는 데 기여할 귀중한 문헌이다. 라날리는 알래스카의 선구적인 주지사 제이 해먼드의 정신을 계속 잇고 있다."

― 토드 모스Todd Moss, 『석유에서 현금으로: 현금 이전을 통한 자원 저주와의 투쟁』, 『주지사의 해결책: 알래스카의 석유 배당과 이라크의 마지막 창문』 저자

"이 책은 내가 오랫동안 기다려 온 책이다."

― 그레그 에릭슨Gregg Erickson, 경제학자, 알래스카 입법부 전 연구 책임자, 로버트 샬켄바흐재단 신탁 이사

"브렌트 라날리의 책 『공유부 배당』은 보편적 기본소득(UBI) 구상을 다룬 문헌에서 진심 어린 진전을 이루어 냈다. 복지 국가 재분배 프로그램, 그리고 인공지능의 발달로 실직당한 사람들을 회유하는 방법으로 기본소득이 자주 거론된다. 하지만 그보다 강력한 논거, 즉 기본소득이 '권리'에 기반하고 있다는 사실은 잘 알려져 있지 않다. 이 책은 그 문헌상 공백을 메운다."

― 데이비드 엘러먼David Ellerman, 캘리포니아대학교 리버사이드, 『경제학에서의 재산과 계약: 경제 민주주의를 위한 사례』 저자

"오늘날 부의 불평등은 상당 부분 소수가 토지와 천연자원을 직간접적으로 소유하거나 통제해서 뽑은 수익을 전유함에서 비롯되었다. 이 중요한 새 책에서 브렌트 라날리는 이러한 전유에 도전한다. 200여 년 전에 처음 이론적으로 명확해진 입장들을 비롯해 오늘날의 실제 제도들을 검토하며, 라날리는 토지와 자연 자원, 기타 영역에서 발생하는 공유부 수익을 광범위하게 공유할 것을 주장한다."

— 존 스터츠John Stutz, 텔루스연구소Tellus Institute

"브렌트 라날리는 오랫동안 공유부와 배당을 사유해 왔으며, 그 결실이 바로 이 훌륭하고 간결한 책이다. 이 책은 토머스 페인이 일시불 지급과 연금을 위해 '토지에 세금을 부과하자'고 했던 제안에서부터, 알래스카 영구 기금 배당, 최근의 탄소 배당 제안에 이르기까지, 공유부 배당의 역사와 이론을 폭넓게 다루고 있다. 특히 이 구상의 기원과 실제 실현을 다룬 라날리의 풍부한 역사적 서술은 독창적이며 탁월하다. 공유부 배당과 불평등, 빈곤과 지속가능성을 말하는 당대의 논쟁에 흥미를 갖는 사람이라면 누구나 이 책을 필독서로 읽어야 한다."

— 마이클 하워드Michael Howard, 메인대학교University of Maine, 「기본소득 연구Basic Income Studies」 공동 편집자

차례

옮긴이 서문 4
추천사 7
감사 12
『공유부 배당』에 대한 찬사 15

1장 서문 21

2장 토머스 페인,
　　　토지 개혁의
　　　고질적인 문제를 해결하다

자연법과 재산: 정의의 문제 34
추가적인 고려 사항: 인류애와 지속 가능성 41
페인의 뒷이야기 50
『토지 정의』의 평판 55
페인 이후 57

3장 자연 자원과 알래스카 모델

알래스카 영구 기금과 영구 기금 배당의 기원 73
알래스카 영구 기금과 영구 기금 배당에 대한 해석 77
알래스카를 넘어 85

4장 생태계 서비스와 탄소 배당

피터 반즈의 "하늘 신탁" 109
제임스 한센의 수수료-배당제 113
미국의 탄소 배당 옹호 활동 125
탄소 배당의 실천 130
탄소 가격제 및 배당을 위한 정책 설계 135
벤치마킹 146
수입금의 사용 방법 147
탄소 배당의 미래 153

5장 공유부 배당의 일반화

자연부와 지속 가능성의 요구 165
일반 이론과 원칙 185
공유부의 인공적 재원 211
실무적 문제들 239
결론 250

옮긴이 해제 252
참고 문헌 277
찾아보기 293

1장

이 책은 하나의 도덕적 직관에서 비롯되었다. 이 세상에는 토지나 자연 자원처럼 우리의 공동 유산으로 여겨져야 할 것들이 있으며, 이러한 공동 유산 자원을 소유하거나 통제하는 이들은 그 사용에서 배제된 나머지 사람들에게 일정한 보상을 해야 한다는 사고이다. 이 통찰은 오랜 세월 동안 많은 사람들 저마다의 영혼에 스며들었다. 앞으로 살펴보겠지만, 적어도 세 가지 중요한 사례에 비출 때 이 통찰은 서로 다른 영역에서 독자적으로 주창되고 구체화되었다. 미국과 프랑스 혁명의 영웅인 토머스 페인(Thomas Paine, 1737~1809)은 1797년 팸플릿에서 토지의 분배에 이 원칙을 적용했다. 알래스카 주지사 제이 해먼드Jay Hammond는 1970년대에 이 원칙을 어업에 적용하려다 실패한 후 석유에 적용하는 데 성공했다. 기업가 피터 반즈Peter Barnes는 21세기에 접어들어 이 원칙을 온실가스 흡수원으로서 대기atmosphere에 적용해 탄소 배당carbon dividend이라는 개념을 창안했다.

이 책은 역사적 작업으로서 이 도덕적 통찰의 발견과 재발견을 다룬 이야기이다. 어떤 과정을 거쳐서 실행에 옮겨졌는지(알래스카의 영구 기금 배당의 경우처럼), 어떻게 실패할 뻔했는지(메인Maine주에서 있었던 대형 생수 업체의 지하수 독점 개발에 따른 혜택을 모든 주민에게 보장하자는 제안처럼), 때로는 구상이 어떻게 파묻혀 버렸는지(페인의 원래 제안이 놀랍도록 오랫동안 방치되었던 것처럼), 우리가 어떻게 대대적으로 구현하기 직전까지 이르렀는지(탄소 배당의 경우처럼)를 다룬 이야기이다. 우리는 왜 이 도덕적 직관이 오직 현대에만 속하는 것처럼 여겨지는지 의아해할 수 있다. 사실, 앞으로 살펴보겠지만, 이것은 전 세계의 모든 시대에 걸쳐 사회가 직면했던 보편적 문제의 독특한 현대적 해결책이었다. 간단히 말하면 문제는 **토지와 자연 자원을 어떻게 배분할 것인가**이다. 수렵 채집인도 이 문제와 씨름했고 고대 그리스인과 로마인도 그랬다. 페인이 이 문제를 설명하고 해결책을 기술하면서 로마의 용어인 **토지법**lex agraria을 인용했다. 공정한 배분은 조화와 안정으로 이어지고, 터무니없이 불공정한 배분은 혁명이나 왕국과 제국의 몰락으로 이어진다. 그로 인해 현대에 와서 활력 있는 화폐 경제가 확립되면서 페인이 발견하고 다른 사람들이 재발견한 해결책은 가능하게 되었다. 즉, 토지와 자연 자원에 대한 **통제**는 그 자원에서 나오는 **금전적 편익**과 쉽게 분리될 수 있으며, 그 편익은 공평하게 공유될 수 있다.

이 책에서는 이론적 작업으로 개별 사례들을 다루고 일반화해 공유부 배당의 일반 이론을 확립할 수 있을지도 알아본다. 우리는 도덕적 직관을 가능한 정확하고 보편적인 언어로 표현하려고 한다. 우리는 토지와 자연 자원을 넘어 이 원칙을 얼마나 광범하게 일반화할 수 있는지를 알고자 한다. 예를 들어, 이 원칙이 '인공적 공유물man-made commons(인공으로 형성한 공유물)'에도 적용되는지,

만일 적용된다면 실제(혹은 제안된) 실천 방안이 원칙의 이상과 어떤 점에서 다른지 밝히고자 한다. (예를 들어, 알래스카의 노스슬로프North Slope에서 나오는 공유부는 오직 알래스카 주민들만을 위한 것인가, 아니면 모든 미국인들 또는 전 세계 시민들에게 혜택을 줘야 하는가, 또는 노스슬로프 근처에 사는 지역 주민은 다른 알래스카 주민들보다 더 존중을 받아야 할 어떤 청구권이 있는가 등이 해당한다.) 우리는 이 모든 질문에 명확하고 완결적이지는 않더라도 대략적인 답은 내리고자 한다.

공유부 배당 주제는 **기본소득 보장** 주제와 밀접하게 관련 있는데, 사람들이 기본소득 보장에 관심이 높아지면서 요즘 특히 주목을 받고 있다. 공유부 배당은 기본소득의 여러 유형 중 하나로 여겨져서, 기본소득 지지자들은 '부분 기본소득partial basic income'의 실행 사례로 알래스카 영구 기금 배당Alaska Permanent Fund Dividend을 자주 꼽는다. 2019년 미국 대통령 선거에 출마한 앤드루 양Andrew Yang과 같은 기본소득 지지자들은 탄소 배당과 전통적인 형태의 기본소득을 주창한다.

흔히 구상하듯 공유부 배당 프로그램은 자원 사용에 따른 세금이나 수수료 부과도 포함하고 있다. 이런 수입은 신탁 기관에 맡겨져 전 국민에게 균등하게 재분배된다. 반면, 전통 기본소득 프로그램은 흔히 빈곤에서 벗어나 자유를 보장받는 금액을 모든 시민에게 보편으로 지급하는 정부 프로그램 구상이다. 자금은 일반 세금이나 기타 재원으로 조달할 수 있다. 두 가지 구상은 분명히 공통점이 많고 혜택도 비슷하다. 공유부 배당 프로그램이 **빈곤 퇴치**에 충분한 부를 분배하지 못할 수도 있다. 그러나 이 프로그램은 빈곤을 줄이고, 사람들이 경제적 자유와 삶을 설계하는 데 더 많은 선택권을 제공할 수 있다. 예를 들어, 교육비를 감당하거나 창업의 위험을 감수하게 하고, 유급 노동에서 벗어나 자원봉사를 하거나 자녀나 노인을 돌볼 시간도 확보할 수 있게 한다. 흔히 '부분 기본소득'으로 부르는 것과 유사하게, 삶의 조건에 상당한 변화를 줄 수 있다.

그 활동들은 기본소득류의 비판과 우려의 대상이기도 하다. 비평가와 회의론자들은 질문하곤 한다. 불로 소득을 주면 사람들이 게을러지고 노동 윤리가 훼손되지 않겠는가?

공유부 배당과 전통 기본소득 사이에는 결정적인 차이가 있다. 두 가지 차이가 바로 핵심이다. 첫째, 공유부 배당은 수입의 원천을 계획에 포함한다. 공유부 배당은 어떤 확실한 공동 유산 부common heritage wealth에서 지급하는 배당금이다. 따라서 공유부 배당 제도는 기존 기본소득을 반대하는 흔한 의견 중 하나인, '돈은 어디서 나오는가?', '우리가 그것을 어떻게 감당할 수 있는가?'라는 질문에서 벗어난다. 둘째, 공유부 배당에서 말하는 부의 재분배는 단순히 좋은 구상이라거나 사회 공학social engineering에 속한다가 아니라, 하나의 **권리**right이다. 앞서 언급한 반대 의견, 즉 불로 소득이 어떻게든 사람들을 망친다는 우려에 대답은 여럿 있다. 추가 소득으로 사람들의 삶이 황폐해지기보다 오히려 개선되며, 그 효과가 실제 측정 가능함을 세계 여러 지역에서 수행한 다양한 연구의 결과로 확인할 수 있다. 또한 불로 소득(이자 및 배당)에 의존해 사는 부유층의 예를 손쉽게 들 수 있다. 이 부유층에 주는 영향은 대체로 나쁘지 않아 보인다. 비평가가 불로 소득이 사람들에게 해롭다고 아무리 확신해도, **권리**를 가진 사람들에게 지급되는 돈까지 반대할 수는 없다. 공유부 배당은 바로 **권리**에 기반한 소득의 한 형태이기 때문이다.

따라서 공유부 배당 프로그램의 실행은 전통 기본소득의 실행보다 기술상 덜 어렵고 정치적 논란도 덜할 것이다. 공유부 배당 프로그램의 실행이 성공한다면, 사회와 개인의 혜택을 명확히 입증하고 일부 회의론자들의 우려를 해소하게 됨으로써, 보다 야심 찬 전통 기본소득 프로그램으로 나아갈 기반이 될 것이다.

기본소득 보장을 어떻게 느끼든, 독자들이 공유부 배당에 담긴 도덕적 논리를 주목하고 더욱 명확히 이해하기를 필자는 바란다.

이 책의 2장부터 4장까지는 세 가지 영역에서 공유부 배당을 뒷받침하는 도덕적 논리의 발견, 그리고 (성공적으로 시도된) 실행의 역사를 이야기한다. 이야기는 연대기로 서술되어 있다.

2장은 토지에 초점을 맞춘다. 여기서는 토머스 페인이 오랫동안 잘못되어 온 토지의 분배 문제를 설득력 있고 근대적으로 해결할 방법을 발견한 이야기를 전한다. 또 19세기 내내 유럽과 북미의 사람들이 이 문제와 씨름하면서 때로 페인의 해결책을 부분 채택하거나 재구성했음에도 페인의 구상이 제대로 대접받지 못한 이유를 설명한다. 독자라면 누구나 알게 되겠지만, 이 해법의 계승자 중 많은 저작을 남겨 영향을 크게 준 사람이 헨리 조지Henry George이다. 헨리 조지는 토지 가치에 세금을 부과하되 세수를 배당으로 분배하지 않고 정부 재정으로 쓰자고 제안했다.

3장은 자연 자원에 초점을 맞춘다. 알래스카 영구 기금(Alaska Permanent Fund: APF)과 영구 기금 배당(Permanent Fund Dividend: PFD)의 탄생과 실행이 주요 테마다. 사람들은 시간이 흐르면서 APF와 PFD를 모범으로 삼을 만한 전형으로 인식했으며, 여타의 자연 자원 분야에서 PFD를 따르는 제안이 많이 나왔고, 일부는 성공적으로 실행되었다. 3장에서는 페인의 접근 방식과 조지의 접근 방식을 구분하는, "왜 배당을 지급해야 하는가?"를 더 깊이 파고든다.

알래스카 주지사 제이 해먼드와 동료들은 석유 자원의 수입 일부를 주 정부 금고에 넣지 않고, 시민들 손에 직접 돌려줘야 할 충분히 구체적이고 설득력을 갖춘 이유가 있었다. 우리는 3장에서 **자원의 저주**resource curse 문제와 저주 해독제로서 배당의 기능을 살펴본다.

4장의 주제는 생태계 서비스ecosystem service이며, 탄소 배당이라는 그 한 사례를 집중해서 다룬다. 온실가스로 대기를 오염시키는 사람에게 요금을 부과하자는 구상은 토지나 유전의 사적 사용자에게 요금을 부과하자는 구상보다 좀 더 추상적이지만 기본 논리는 동일하다. 반즈가 2001년 저서에서 배당금을 지급하자는 "하늘 신탁Sky Trust" 구상을 밝힌 후, 기후 과학자 제임스 한센James Hansen과 여러 사람들이 이 구상을 받아들였다. 탄소 배당은 현재 미국에서 활발한 기후 변화 완화 로비 운동의 복판에 놓여 있으며, 따라서 미국 의회가 기후 정책을 다룰 다음 의제에 포함시킬 게 거의 확실하다. 한편, 12개 이상의 나라들과 지방 자치 단체가 탄소 가격제 수입의 일부나 전부를 세금 환급 또는 기타 형태로 시민에게 돌려주기로 결정했다. 이 프로그램들 가운데 반즈가 구상한 "하늘 신탁"의 요소를 다 갖춘 프로그램은 없지만, 브리티시 컬럼비아와 스위스처럼 일부 국가의 프로그램이 근접하고 있다. 4장에서는 탄소 가격 책정carbon pricing 프로그램(탄소세 또는 탄소 배출권·허가제cap-and-permit system의 형태일 수 있음)의 설계를 자세히 살펴보고, 배당이 야심 찬 탄소 가격 책정 프로그램의 성공에 필수 요소임을 밝히고자 한다.

  5장에서는 이전 장들의 통찰을 종합해 공유부 배당의 일반 이론을 제시하고자 한다. 먼저 '자연으로부터 온 공유부 배당' 개념을 자연 자원의 운영 구조governance와 지속 가능성이란 일반 틀에 통합한다. 다음, 공유부 배당의 도덕적 의무를 설명하고, 이를 자연을 넘어 인간이 만든 공유부의 원천으로 일반화하는 데 기여할 세 후보 원칙을 살펴본다. 첫 번째 원칙은 정치 이론 분야에서 온 공공 신탁 원칙public trust doctrine이다. 두 번째 원칙은 재산권 이론에서 온 노동 재산 이론labor theory of property이다. 세 번째 원칙은 미시 경제학의 경제적 지대economic rent 개념이다. 5장에서는 공유부 배당의 후보로 고려될 '인공적 공유부'의 몇몇 구체 사례도 살펴본다. 마지막으로, 공유부 배당 프로그램을 설계할 때 발생할 몇 가지 실천 과제를 살펴본다.

  이 책은 전 지구적 시각으로 접근하지만 필자의 지식과 경험을 반영해 대체로 미국에 더 초점을 맞추고 있다.

  공유부 배당을 글로 푸는 사람들은 다양한 자원이 화폐 수익화

monetize할 경우, 예상 배당금의 규모를 즐겨 계산한다. 하지만 이런 계산의 근거는 빠르게 변하며, 책의 초점이 실행보다는 역사와 이론에 맞춰졌기에 이러한 계산은 하지 않겠다. 아무튼 이 책이 기존 제도를 개선하고 새 제도를 만들어서 이 구상을 실행하고자 하는 사람에게 유용한 기초 자료가 되기를 바란다.

2장

토머스 페인, 토지 개혁의 고질적인 문제를 해결하다

1795~1796년 프랑스의 겨울은 혹독했고 기록적인 흉작이 뒤따랐다. 인플레이션이 만연했으며, 심각한 생필품 부족으로 사망자 수는 끔찍할 정도였다(McPhee 2006, 195; Conway 1895, 4368; Keane 1995, 426; LeFebvre 1977 참조).

미국 혁명과 프랑스 혁명의 영웅, 토머스 페인도 그 잔인한 겨울의 희생자가 될 뻔했다. 주 프랑스 미국 대사인 제임스 먼로James Monroe의 파리 자택에 손님으로 머물던 페인은 프랑스 감옥에서 얻은 질병인 발진 티푸스와, 썩어 가는 갈비뼈 탓으로 의사가 진단한 화농성 상흔에서 회복 중이었다. 1795년 9월, 먼로는 페인이 해를 넘기지 못할 수 있다고 걱정하는 편지를 썼다. 11월에 찾아온 어떤 방문객은 페인이 불치병을 앓는다고 여겼고, 해외에서는 페인이 이미 사망했다는 소문이 퍼졌다(Hawke 1974, 315~316).

페인은 살아남았고 건강도 호전되었다. 『상식Common Sense』, 『인간의 권리The Rights of Man』, 『이성의 시대The Age of Reason』의 저자이기도 한 페인은 그 겨울 동안 기력을 되찾아 다시 펜을 들고 자신의 마지막 주요 저작을 써 내려갔다. 이때 쓴 책이 바로 몇몇 학자들이 페인의 최고 걸작이라 평가한 『토지 정의Agrarian Justice』

이다(Claeys 1989, 196).

『토지 정의』는 짧고 간명했다. 대중의 고통을 풀어 줄 해독제였다. 간단히 말해, 지구는 모두가 함께 누리도록 부여된 곳이며, 만약 일부 소수 계층, 즉 지주들이 독점했다면, 그들은 나머지 사람들에게 마땅히 보상할 책임이 있다고 페인은 주장했다. 페인은 또한 토지 상속에 세금을 부과하고 그렇게 모은 기금을 노인과 장애인을 위한 연금과, 21세가 되는 모든 젊은 남녀에게 종자 자본seed capital의 형태로 분배하자고 제안했다. 페인 입장에서 이는 자선charity이 아니라 생득권의 포기에 따른 정당한 보상이었다.

페인은 "세상에는 두 종류의 재산이 있다"라고 주장했다. "첫째, 자연적 재산natural property, 즉 땅, 공기, 물처럼 우주의 창조주로부터 우리에게 온 재산이다. 둘째, 인공적artificial 또는 획득한acquired 재산, 즉 인간의 발명품이다." 두 번째 재산의 평등은 가능하지 않고 정당한 목표도 아니다. 사람들은 각기 다른 재능이 있고 각자가 기울인 노력의 수준도 다르기 때문이다. 하지만 "자연적 재산의 평등 또는 그에 상응하는 것"은 가능하고 정당한 목표이다 (Paine [1797] 1945, I/606~607). "그러므로 경작지의 모든 소유주는 자신이 보유한 토지에 대한 **기초 지대**ground-rent를 공동체에 지불해야 한다."(Paine [1797] 1945, I/611)라고 주장했다. 페인은 "21세가 되면 모든 사람에게 자연적 유산natural inheritance의 상실에 부분 보상으로 15파운드씩을 지급해야 하며, 또한 현재 50세인 모든 사람과 이후 50세가 되는 모든 사람에게 평생 매년 10파운드씩의 금액[1]을

---

1 현재 한화 가치로 환산하면 15파운드는 약 3,400만 원, 10파운드는 약 2,300만 원에

지급할 것"을 제안했다.

이것은 참신한 주장이었다. 사실 이 주장은 공유부 배당common wealth dividends 옹호론의 최초 언급이었으며, 기본소득 주창자들이 중요한 선례로 자주 인용한다. 페인의 이 주장은 참신했지만 사실은 재산, 토지, 정치적 평등을 다룬 유럽 사상가들의 오랜 논쟁에서 비롯되었다. 『토지 정의』의 유산을 알아가기 전에 던질 질문은 '페인의 제안이 이전의 논쟁에서 어디쯤에 놓여 있으며, 페인의 제안이 무엇 때문에 독특하고, 어떻게 해서 페인이 제안하게 되었는가'이다.

자연법과 재산: 정의의 문제

페인이 출발점인 '지구는 인류 전체에게 공동으로 부여되었다'라는 주장은 이전의 많은 재산 이론가들이 동의했던 전제이다. 기독교 세계에서는 보통 지구가 아담과 이브에게 유산으로 주어졌다는 창세기의 진술을 토대로 이해했다.[2] 에덴의 원시적 공산주의는 이상적 상태로 매력과 호소력을 지녔지만, 실제에서 (불평등한) 재산 분배는 최초 부부가 은총에서 타락한 결과라고 설명했다. 중세 절정기 위대한 정통 신학자인 토머스 아퀴나스Thomas Aquinas는 이 양면성을 포착했다. 아퀴나스의 주장에 따르면 자연법과 신법은 "모든 것이 공동으로 소유돼야 하며 사적 소유는 있을 수 없다"

해당한다.(옮긴이 주)
2 기독교 이전의 선례에 대해서는 클레이즈를 보자(Claeys 1987, 56).

라고 규정했다(Claeys 1987, 6에서 인용). 실제로 "완전무결함의 정점" 인 공동체 생활은 가장 규율이 엄격한 그리스도를 따르는 이들에게만 적절한 목표였으며, 평범한 죄인들에게 사유 재산은 허용 가능한 타협안이었다. 허나 인류 공동 유산의 일부를 사유 재산으로 보유하려면 몇 가지 의무가 따랐다. "인간은 물질적인 것을 자신의 것으로 소유해서는 안 되며 공동의 이익을 위해서, 즉 필요하다면 다른 이와 기꺼이 공유해야 한다." 즉, 땅의 소유자들은 가난한 이들을 도와야 할 의무가 하나 있었다. 역사학자 그레고리 클레이즈(Gregory Claeys 1987, 7)는 아퀴나스의 말을 인용해 이렇게 말한다. "재산권의 의무가 무시되면 [가난한 사람들의 생계를 위한] 이 자연적 권리는 매우 분명하고 강해서, 가난한 사람들이 굶주림의 위험에 처해 있고 자신들의 필요를 충족시킬 다른 수단이 없을 때, 그들은 '공개적으로 또는 은밀하게 다른 사람의 물건에서 필요한 것을 취할 수 있으며', 이것은 '엄밀히 말하면 사기나 도둑질이 아니다.'"

재산의 사적 소유 근거가 더욱 세속화되었음에도 재산 소유자가 공동체에 할 의무가 있다는 통념은 지속되었다. 초기 자연법natural law 이론가인 후고 그로티우스Hugo Grotius는 인류가 원래 누렸던 공동 소유권 체제는, 공유를 적극 요구하는 재화의 적극적 공동체positive community가 아니라, 지구와 그 산물이 어느 누구에게도 독점적으로 속하지 않고 누구나 가져갈 수 있는 재화의 소극적 공동체negative community였다고 가정했다.[3] 그로티우스는 키케로

---

3   적극적 공동체는 재화나 자원을 공동으로 소유하고 적극적으로 공유함을 의미하

Cicero의 비유를 빌어 다음과 같이 재화의 소극적 공동체를 설명했다. "극장은 공공장소이지만 한 사람이 앉은 자리는 그에게 속한다고 말하는 게 옳다"(Salter 2001, 540). 인류가 토지를 경작하고, 신이 주신 물질에 자신의 노동력을 더하고, 생산물을 저장해 나중에 사용하면서 사유 재산private property 개념이 필요하게 되었다. 토지는 명시적으로 분할하거나 암묵적으로 점유함으로써 "일종의 합의에 따라" 사유 재산이 되었다(Salter 2001, 546). 사유 재산권은 신이 아담과 그 후손에게 부여한 것(이므로 신성 불가침)이라고 주장하는 아담론자들Adamites에 맞서, 그로티우스는 사유 재산을 신의 승인divine sanction이 아닌 인간의 협약convention, 즉 사람들 사이 이룬 합의로 보았다. 그로티우스는 공동체적 의무감을 유지했다. "사실 우리는 사적 소유권을 처음 도입한 사람들의 의도가 무엇이었는지 생각해 봐야 한다. 그리고 우리는 자연적 공평성equity에서 조금이라도 벗어나지 않으려는 것이 그들의 의도였다고 믿을 수밖에 없다. … 따라서 첫째, 가장 절박한 필요에 처했을 때 원시적인 사용권이 다시 부활하며 마치 공동체 소유community ownership가 계속 유지되어 온 것처럼 된다"(Salter 2001, 549). 즉, 가난한 사람들은 생존권을 가지며 그것은 재산권에 우선한다.

재산의 근대적 개념화에 지속해서 영향을 미친 또 다른 17세기 사상가는 존 로크John Locke이다. 그로티우스나 다른 자연법 이론

는 반면, 소극적 공동체는 재화나 자원이 특정 개인이나 집단에 독점되지 않는 상태를 의미한다. 즉, 지구와 거기서 얻는 산물과 같은 자원은 누구에게도 속하지 않으며, 누구나 자유롭게 가져갈 수 있는 상태를 말한다.(옮긴이 주)

가들과 마찬가지로 로크는 신이 인류에게 지구를 재화의 소극적 공동체로 부여했으므로, 공유를 강제하지는 않으며 개인은 청구권이 확립되지 않은 것을 자유롭게 가져갈 수 있다고 믿었다. 그로티우스와 달리 로크는 사적인 개인이 공유 재산을 전유하는[4] 데 명시적이든 묵시적이든 어떤 동의가 필요하다고 생각하지 않았다(Claeys 1987, 11). 하나의 공유물commons에 대해 정당하게 소유권을 주장하기 위해 필요한 것은 자신의 노동력을 그것과 결합하기, 즉 밭을 경작하는 것뿐이었다. 왜냐하면 누구나 자신의 노동에 대한 자연적 권리가 있기 때문이다.

다만, 로크는 자신의 원칙에서 개인이 정당하게 취하고 보유할 수 있는 사유 재산의 정도를 엄격하게 경계 그었다. 첫째, 로크는 개인이 정당하게 '향유할 수 있는' 만큼만, 즉 잘 사용할 만큼만 취할 수 있다고 믿었다. "누구든지 그것이 상하기 전에 자신의 삶에 유익하게 사용할 만큼을 그가 노동을 통해 자신의 소유로 삼을 수 있다. 그러나 이를 초과하는 것은 그의 몫을 넘어선다(Locke [1690] 2017, 290; Salter 2001, 549 참조)." 둘째, 로크는 개인은 다른 사람들을 위해 "충분하고 좋은 것"이 남아 있을 때에만 공유지를 사유 재산으로 울타리칠 수 있다고 믿었다(Locke [1690] 2017, 288).

로크는 아퀴나스나 그로티우스와 마찬가지로, 재산을 갖게 된 사람들은 가난한 이들이 굶주리지 않도록 해야 할 의무가 있다고 믿었다. 로크는 이를 정의justice가 아니라 자선charity이라고 불렀다. 로크는 "정의란 모든 이에게 정직하고 근면하게 일한 결과에

---

4 전유하다(appropriate)는 '독차지하다'는 뜻이다.(옮긴이 주)

정당한 권리를 부여하는 것이며, 자선은 생계를 유지할 다른 수단이 없을 경우, 타인의 풍요로움 속에서 극단적 결핍을 면할 만큼의 몫을 받을 자격을 부여하는 것"이라고 썼다(Locke [1690] 2017, 170, 원문 그대로 맞춤법; Salter 2001, 549 참조).

로크가 말한 사유 재산의 제한을 진지하게 받아들인다면, 이는 토지의 과도한 축적을 상당히 억제할 것이다. 첫 번째 제한 사항(한 사람이 "향유할 수 있는" 만큼만 취할 수 있다)은 부동산의 크기를 제한할 것이다. 두 번째 제한 사항(다른 사람들에게 "충분하고, 좋은 것"이 남아 있어야 한다)은 새로운 울타리 치기를 전혀 허용하지 않을 수도 있다. 그러나 로크가 자신의 기준을 진지하게 받아들였다는 증거는 없다. 로크는 자신의 재산에는 자신이 직접 개간하는 토지뿐만 아니라 자신의 하인이 개간하는 토지도 포함된다고 주장했다. 이는 거대한 귀족 소유지가 빠져나갈 허점을 제공한다(Locke [1690] 2017, 289). 로크는 자신이 살고 있는 세계가 결코 포화 상태가 아니며, 우량한 토지가 여전히 자유롭게 차지할 만큼 남아 있다고 굳게 믿었다. 예를 들어, 그는 많은 자기 나라의 동료들처럼 신대륙의 토지가 "점유되지 않아서" 결과적으로 유럽인들이 자유롭게 차지할 수 있다는 환상을 유지하기 위해, 아메리카 원주민들의 토지 관리 관행에 의도적으로 눈을 감았다. 로크에게서는 논리적이고 도덕적으로 엄격하려는 태도와 동시에 현실 질서를 정당화하려는 집착이 맞물린, 모순된 사상가의 면모를 엿볼 수 있다.

사실, 우리가 간략히 살펴본 '주류' 인물들 각각은 정도의 차이는 있지만 동일한 종류의 균형 잡기를 시도하고 있음을 볼 수 있다. 즉, 공공 토지라는 신성한 선물에 대한 평등한 권리라는 윤리적 이상과, 토지의 불평등한 분배라는 현실적 상황을 조화시키려는 시도이다. 한편에서는 이러한 균형 잡기 시도를 하지 않은 다른 목소리도 있었다. 토지 소유 계급의 특권을 정당화하고 평등이라는 개념을 경멸하는 극보수주의자 로버트 필머Robert Filmer와 같은 '아담론자'이다(Tully 1982, 55; Horne 1990, 23). 또 다른 한편에서는 현상 유지를 뒤집으려는 급진적 평등주의자들도 있었다. 기독교 세계에는 종교개혁 시기에 토머스 뮌처Thomas Müntzer[5]의 혁명적인 재세례파 공동체와, 공유지를 사적으로 사용하기 위해 울타리를 치던 젠트리Gentry에 대항해 그곳에서 야영을 시도한 영국 "디거스Diggers[6]"와 같은 새로운 실험이 꽃을 피웠다. 페인 자신의 시대에 토지를 모아서 공동으로 소유하거나 균등하게 재분배하는 '토

---

5 토마스 뮌처(Thomas Müntzer, 1489~1525)는 독일의 종교 개혁가이자 혁명적인 재세례파 지도자이다. 뮌처는 마르틴 루터의 동시대인이었지만, 그의 종교적·사회적 신념은 훨씬 급진적이었다. 그는 성경의 권위에 의존하기보다는 개인적인 종교 체험과 성령의 인도를 강조했다. 뮌처는 부유한 귀족과 교회의 억압에 맞서 농민들과 도시 노동자들의 권리를 옹호했다. 이러한 신념은 1524~1525년 독일 농민 전쟁으로 이어졌으며, 뮌처는 이 전쟁에서 농민군의 지도자로 활동했다. 결국 농민군은 진압되었고, 뮌처는 체포되어 고문을 받은 후 처형되었다.(옮긴이 주)

6 디거스 운동은 17세기 중반 잉글랜드에서 일어난 사회정치 운동으로, 원래 이름은 "진정한 평등파(True Levellers)"였다. 이 운동은 제라드 윈스턴리Gerrard Winstanley와 추종자들에 의해 주도되었으며, 모든 사람이 평등하게 땅을 소유하고 경작할 수 있어야 한다고 주장했다. 디거스는 1649년부터 사유지로 전환된 공공 토지에 들어가 공동체를 이뤄 농사짓기 시작했다. 이들은 토지가 부유한 지주들에 의해 사유화되는 것에 반대하며, 모든 사람이 생계를 유지할 수 있는 토지를 소유할 권리가 있다고 믿었다. 이 운동은 지주들과 정부의 강한 반대와 탄압에 부딪혔고, 결국 몇 년 안에 사라지게 되었다. 디거스 운동은 평등주의적 이상과 토지 공유를 통해 사회적 불평등을 해소하려는 시도로, 이후 다양한 사회정치 운동에 영향을 미쳤다.(옮긴이 주)

지법agrarian law'의 주창자로는 영국의 토머스 스펜스Thomas Spence[7]와 프랑스의 프랑수아-노엘 바뵈프François-Noël Babeuf가 있었다.

페인의 팸플릿의 전체 제목은 토지 정의를 "토지법과 토지 독점에 반대하는 것"이라고 설명했다. 아퀴나스, 그로티우스, 로크와 마찬가지로 페인은 현실적인 재산 제도와 평등주의적인 윤리적 이상을 조화시키려는 중간노선을 걸었다고 볼 수 있다. 그가 거부하는 토지법은 스펜스나 바뵈프의 비현실적인 집단주의 또는 재분배주의 프로그램이다. 페인이 볼 때 '토지 독점'은 부당한 현상 유지에 불과했다.

페인이 구상한 중간노선은 어떤 면에서 아퀴나스, 그로티우스, 로크의 노선보다 더 만족스럽다. 페인의 노선은 가진 것을 빼앗긴 사람들의 권리에서는 다른 노선들보다 더 전투적이다. 또한 단순한 감정적 표현에 만족하지 않고, 가지지 못한 자들에게 토지 소유 계급이 빚진 것이 무엇인지 구체적으로 명시한다. 이와 함께, 이는 자선이 아닌 권리의 관점에서 명확히 제시되고 있다. 그것은 기근이나 고난의 시기에만 적용되는 것이 아니라, 모든 시기에 보편으로 적용된다. 이 방안은 무산자들이 극심한 빈곤에서 벗어날 수 있도록 보장하며, 단순히 그들을 빈곤 속에 머물도록 내버려 두지 않는다.

---

[7] 토머스 스펜스(1750~1814)는 영국의 급진적 사상가이자 사회 개혁가로, 토지의 공동 소유와 재분배를 주장했다. 그는 모든 사람이 평등하게 토지를 소유해야 한다고 믿었으며, 이러한 사상을 담은 '스펜스 계획'(Spencean Plan)을 제안했다. 스펜스는 또한 출판물과 강연을 통해 사회적 평등과 민주주의를 지지하며 활동했다. 그의 사상은 이후 여러 급진적 운동에 영향을 미쳤다.(옮긴이 주)

다른 한편으로 이례적이지만 페인의 해결책은 재산 소유자들에게도 가장 안심할 만한 방안으로 보일 수 있다. 페인이 재산 소유자(또는 상속자)에게 제기하는 요구는 명확하게 정의되어 있다. 곤경의 시기에 재산권을 희생해야 하는 무제한적인 의무는 없다는 것이다. (아퀴나스와 달리) 사기와 도둑질을 정당화하지 않으며, (로크와 달리) 대규모 영지를 분할하겠다는 암묵적인 위협도 없다.

페인이 아퀴나스, 그로티우스, 로크보다 더 영특했다는 것은 중요하지 않다. 어떤 의미에서 페인의 제안은 그 시대의 산물이었다. 페인의 제안은 활력 있는 화폐 경제가 아니라면 상상할 수 없었을 것이다. 그것은 모든 크기의 토지 구획을 현금으로 쉽게 평가할 수 있으며 금융 시스템이 나라의 구석구석에 지폐를 배포할 수 있는 상황에서만 가능했다. 페인의 제안은 아퀴나스 시대에는 상상할 수 없었을 것이다. 어쩌면 페인 자신의 시대에도 기술적으로 어려운 일이었을 수 있다. 다음 장에서 설명하겠지만, 21세기의 상업 및 금융 인프라는 페인의 제안에 아주 적합하다. 하지만 페인의 제안이 갖는 정당성을 논하기에 앞서 고려해 봐야 할 몇 가지 주제들을 먼저 언급하기로 한다.

추가적인 고려 사항: 인류애와 지속 가능성

페인은 자신의 제안이 무엇보다도 정의의 문제이지 자선이나 임시방편이 아님을 강조하기 위해 많은 노력을 기울였다. 하지만 그는 다른 측면에서도 호소했다.

페인은 독자들에게 가난한 사람들의 불행을 덜어 줄 계획에 호의적이기를 요청하며 감정에 호소한다. 그는 문명은 축복이어야 한다고 말한다. 문명화된 나라에서 가난한 사람들이 자연 상태에 살았던 조상들보다, 현대 북미의 미개인savages[8]보다 더 열악한 상태에 놓여 있는 것은 수치이며 반드시 바로잡아야 할 일로 봤다.

더욱이 페인은 자신이 제안하는 개혁이 근대 유럽 문명을 보다 지속 가능한 기반, 즉 정치적 안정이라는 의미에서 지속 가능한 기반 위에 올려놓을 것이라고 주장한다. 자신이 제안하는 개혁이 극심한 빈곤을 없앰으로써(인류애에 대한 호소) 그리고 토지 소유 계급과 토지 없는 계급을 화해시킴으로써(정의에 대한 호소) 사회 질서를 안정시키고 더 이상의 혁명적 갈등을 미연에 방지할 것이라는 입장이었다. 그는 정의와 인류애를 위해서뿐만 아니라 재산의 보호를 위해서라도, 사회의 한 부분을 비참함으로부터 보호하는 동시에 다른 부분을 약탈로부터 지켜 낼 시스템을 형성하는 게 필요하다고 주장했다(Paine [1797] 1945, I/620). 그는 유럽이 혁명 분위기에 휩싸여 있다고 독자들에게 상기시킨다. "[부유함]이 찬사를 불러일으키는 대신에 비참함에 대한 모욕으로 여겨질 때, … 소유자가 안전을 고려할 수 있는 것은 오직 정의의 시스템에서만 가능하다. … 한 사람이 더 많은 부를 획득할수록 일반 대중에게 더 유익하게 될 때, 반감은 사라지고 재산이 나라의 이해와 보호의 항구적인 기반 위에 놓이게 될 것이다"(Paine [1797] 1945, I/620-21).

여기서도 페인은 고대사와 근대사 모두에 반향을 불러일으키는

---

8 아메리카 원주민들의 원시적 삶을 비유한 표현으로 보인다.(옮긴이 주)

주제를 끌어내고 있다. 불평등한 토지 분배는 정치적 불안정을 불러온다. 20세기와 21세기에 걸쳐 토지 개혁은 급진주의자와 혁명가들이 지지하는 대의였으며, 보수 정권이 혁명적 도전자를 막기 위해 수용하기도 했다(예: Tai 1974, Lipton 2009, Powelson 1988, 특정 국가와 지역의 토지 개혁에 관한 방대한 문헌). 토지 개혁은 고대 그리스와 로마에서도 살아 있는 주제였다. 리쿠르구스Lycurgus[9]가 스파르타인에게 준 헌법은 토지를 동일한 구획으로 나누어서 국가가 개인에게 할당하도록 했으며, 이는 헌법의 지속성을 보장했다(Plutarch [c. 100 C.E.] 1914, 228~229). 아테네에서 솔론Solon[10]의 개혁은 대영지의 분할에 미치지 못했고, 그로 인한 불안정은 폴리스[11]를 계속된 혼란에 빠뜨렸으며, 결국 (적어도 일정 기간 동안) 소토지 소유자와 무산계급 정당의 권력 장악으로 결말이 났다(Plutarch [c. 100 C. E.] 1914, 443~450; Tuma 1965; Powelson 1988, 27~28). 역사학자 엘리아스 투마 Elias H. Tuma의 기록에 따르면, 기원전 2세기 로마에서 유명한 그라

9 리쿠르구스는 기원전 9세기 또는 8세기에 살았다고 알려진 스파르타의 전설적인 입법자이다. 그는 스파르타 사회의 기초를 마련한 헌법과 법률을 제정했다고 알려져 있다. 그의 개혁은 군사적 훈련과 사회적 평등을 강조했으며, 특히 토지를 균등하게 분배하고 엄격한 교육 체계를 도입해 스파르타를 강력한 군사 국가로 만드는 데 중요한 역할을 했다.(옮긴이 주)
10 솔론은 기원전 6세기 초 아테네의 정치가이자 입법자로, 사회적·경제적 불평등을 해결하기 위해 개혁을 실시했다. 그는 부채를 갚지 못해 노예가 된 시민들을 해방시키고, 부채를 청산하며, 새로운 법률을 제정해 아테네의 정치 구조를 개혁하려 했다. 그러나 그의 개혁은 대토지 소유를 해체하는 데 실패해 여전히 사회적 불안정이 지속되었고, 결국 소농과 무토지층의 당파가 우세해지는 결과를 초래했다. 솔론의 개혁은 아테네 민주주의의 기초를 놓았지만, 단기적으로는 불안정한 사회를 완전히 안정시키지는 못했다.(옮긴이 주)
11 고대 그리스의 도시 국가이다.(옮긴이 주)

쿠스 형제Gracchi brothers[12]가 도입한 토지 개혁은 현대에서 볼 수 있는 것과 유사한 불균형과 긴장 상황에 대응하기 위해 사용한 방법이었으며, 마찬가지로 혁명이나 정치적 격변을 방지하려는 의도가 있었다(1965, 28).

인류학자 데이비드 그레이버David Graeber가 자신의 저서『부채: 최초의 5000년Debt: The First 5,000』(2011)에서 밝혔듯이, 화폐 경제에서 토지의 균등한 분배는 불안정하기 때문에 토지 개혁은 계속 이어질 과제였다. 농부들이 빚을 내면 그중 일정 비율은 불가피하게 채무 불이행에 빠지고 결국 재산과 자유를 잃게 된다. 시간이 지나면 더 많은 자원을 가진 사람들이 자원이 적은 사람들을 집어삼키는 경향이 나타나서, 소유 계급과 하층 계급이 생겨나고 정치적 불안정이 초래된다.

정치적 불안정을 낳는 토지 집중 문제를 완화하는 방법이 하나만 있는 것은 아니다. 정착 농업과 화폐 경제를 모두 선도한 고대 메소포타미아 지역에서 발전시킨 해결책은 새로운 왕이 왕위에

---

12 그라쿠스 형제는 기원전 2세기 로마 공화국의 정치가들로, 로마 사회의 불평등을 해결하기 위해 토지 개혁을 추진한 인물들이다. 형인 티베리우스 그라쿠스(Tiberius Gracchus)와 동생 가이우스 그라쿠스(Gaius Gracchus)는 둘 다 호민관으로 활동하면서 대토지 소유를 제한하고 빈민들에게 토지를 재분배하는 법안을 제안했다. 형 티베리우스는 기원전 133년에 토지법을 통과시켜 대토지 소유를 제한하고, 국유지를 빈민들에게 나눠 주는 정책을 추진했다. 그러나 그의 개혁은 많은 반발을 불러일으켰고, 결국 암살당했다. 동생 가이우스는 기원전 123년에 호민관이 되어 형의 개혁을 이어 더욱 강력한 개혁을 추진했지만, 역시 정치적 반대에 부딪혀 결국 자살로 생을 마감했다. 그라쿠스 형제의 개혁은 로마 공화국의 사회적 불평등과 정치 긴장을 해결하려는 시도로, 당시 로마 사회의 경제 불균형을 완화하고자 했던 움직임이었다.(옮긴이 주)

오를 때마다 일반 사면을 선언하는 것이었다. 채무 노예들은 해방되었고, 모든 재산은 원래의 소유주에게 반환되었다. 그리고 나서 상황이 다시 악화되는 것을 허용했다. 고대 이스라엘 사람들은 이 관행을 정기적인 "희년Jubilees[13]"이라는 형태로 차용했다. 50년마다 노예가 풀려나고 재산 소유권이 재설정되었다.

  리쿠르구스는 스파르타인에게 균등한 토지 구획을 분배하라고 한 것 외에도 토지의 시장 거래를 금지했다. 아테네의 솔론과 그의 후계자들은 호로이(horoi, 빚진 재산을 표시하는 저당석)를 부수었고, 그 외에도 시민들이 자유를 담보로 서로에게 돈을 빌려주는 걸 금지했다. 자금이 필요한 사람들은 국가로부터 빌릴 수 있었고, 잉여 자본이 있는 사람들은 무역이나 새로운 식민지 설립 등 다른 곳에 투자해야 했다(Tuma 1965, 23, 26). 식민 확장은 아테네인들에게 일종의 안전판 역할을 했으며, 이는 페니키아인이나 로마인과 같은 다른 민족에게도 마찬가지였다. 식민 확장은 단지 잉여 자본의 출구일 뿐만 아니라, 젊은 아들들에게 일자리와 새로운 토지를 제공하는 수단이기도 했다. 그러나 이러한 확장은 근본적이고 지속 가능한 전략이 되지는 못했다. 설령 단기적으로 성공을 거두었더라도, 제국의 규모가 커짐에 따라 수확이 체감하기 시작하면 그 전략은 더 이상 유지될 수 없었다(Tainter 1990). 그리고 정복된 사람들은 모두 소유하지 못한 하층 계급으로 편입되었다. 이처럼 피정복민의 땅에 병사를 정착시켜 그들에게 보상하는 관행은 고대 세계에서 흔한 관행이었다. 리쿠르구스의 스파르타인들은 적대적이

---

13 25주년이나 50주년을 의미하는 말이다.(옮긴이 주)

고 노예화된 영토의 정착민이었다. 알렉산더 대왕Alexander the Great 이 아시아를 행군할 때 그의 뒤에는 마케도니아의 퇴역한 군인들이 거주하는 여러 정착촌이 만들어졌다. 근대 세계에서도 전리품은 승자에게 돌아갔다. 페인이 소유하던 있던 롱아일랜드의 작은 농장은 영국과 벌인 투쟁에서 그가 행한 역할에 대해 뉴욕주가 영국 충성파에게서 몰수한 재산을 페인에게 수여한 것이었다.

페인이 그의 소책자 제목에서 언급한 "토지법"은 렉스 아그라리아lex agraria[14]에서 기원하는데, 이 용어는 로마에서 그라쿠스 형제들의 개혁에 붙여졌었다. 그라쿠스 형제의 강령은 혁명적 불만을 완화하기 위해 부유한 로마인들이 소유할 수 있는 공공의 (정복한) 땅의 한도를 설정하고, 초과분을 작은 토지 구획으로 나눠 로마의 가난한 사람들에게 분배하는 내용이었다(Plutarch [c. 100 C.E.] 1921, 165; Tuma 1965 31ff; Powelson 1988, 37~38). 시간이 지나면서 "토지법"이란 표현은 (그라쿠스 형제들의 제안처럼) 개인 토지의 재분배 또는 (스파르타인들처럼) 토지의 공동 소유라는 함의를 지니게 되었다.

비농업 사회는 어떨까? 그들도 같은 변화 과정을 따를까? 페인은 "사회의 모습이 어떠해야 하는가"를 기술하면서 북미 인디언[15]을 "인간의 자연적이고 원시적인 상태"를 대표하는 사례로 들고 있다. 페인에 따르면 자연 상태에서 "모든 사람은 태어나면서 재산을 갖는다. 한 인간은 다른 나머지 사람과 함께 토양이라는 재

---

14 로마의 토지 분배 법안를 말한다.(옮긴이 주)
15 오늘날에는 '아메리카 원주민'으로 부르고 있지만, 당시만 해도 '인디언'으로 통용되었다.(옮긴이 주)

산, 그것의 자연적 생산물, 즉 식물과 동물의 공동 생애 소유자a joint life proprietor이다"(Paine [1797] 1945, I/610~611). 여기서 페인은 (다른 많은 유럽인들이 그랬고 이후에도 그렇게 하듯) 자신의 수사적 목적을 위해서 아메리카 원주민 사회를 이상화한다. 실제로 아메리카 원주민 사회도 토지 사용에 따른 권리를 인정하고 있었으며 토지 배분 문제를 처리해야 했다. 한 가지 구체적인 사례로, 메인주 연안의 페놉스콧Penobscot족은 인구 변화를 반영하기 위해 구성원 가족의 수렵과 사냥 권리를 주기적으로 다른 지역으로 재분배했다(NPS 2007, 34~36). 그리고 인구가 주는 압력, 즉 더 많은 토지에 대한 수요는 수렵, 채집, 원예 사회가 전쟁을 일으킨 이유 중 하나였다.

하지만 수렵 사회와 농경 사회 간에는 중요한 차이도 있다. 첫째, 농업 이전 사회에서는 토지가 여러 용도로 사용되었기 때문에 완전히 동일한 토지에서 채집할 권리와 사냥할 권리를 서로 다른 두 집단이 가질 수 있었다. 어떤 용도는 특정 가족이나 혈통에만 허용되고, 다른 용도는 부족 전체에게 개방되며, 또 다른 용도는—예컨대 자유 통행권처럼—적대적이지 않은 모든 외부인에게까지 허용될 수 있었다. 이러한 관습들은 생존을 뒷받침하고 갈등을 줄이는 데 기여했기 때문에, '지속 가능'한 질서로서 오랫동안 유지되어 왔다고 할 수 있다. 둘째, 유럽인들이 말하는 것처럼 토지를 "개량"하는 데 비교적 적은 노력을 들였기 때문에 페놉스콧과 같은 아메리카 원주민 사회는 주기적으로 재할당을 수행하기가 비교적 쉬웠다. 셋째, 대부분의 농업 이전 사회는 이동이 자유롭고 잉여를 저장하지 않았기 때문에 다툼의 대상이 될 "재산"

이 많지 않았고, 집단이나 계급 간에 차별이 고착화될 계기도 많지 않았다. 지도자의 역할을 맡은 이들은 대체로 재능과 카리스마, 그리고 노력이라는 개인적 덕목을 통해 그 지위를 얻게 되었다. 그러한 지도자를 접한 유럽인들은 종종 그들을 귀족이나 왕족으로 생각했지만, 실제로 그들은 인류학자들이 "어른big men"이라고 부르는 사람들이었다. 어른은 설득과 모범, 선물 공여를 통해 지도력을 발휘하지만 복종을 강요하는 힘은 없다. 사실 농경 이전 사회의 공통적인 특징 중 하나는 인류학자들이 "대항 지배counter-dominance"라고 부르는 것이다. 사람들은 지배당하기를 싫어해서 지배하려 하는 자칭 "지도자"들이 독단적으로 행동하면 조롱, 추방, 폭력 등 다양한 전술을 사용해 그들을 제거한다(Erdal and Whiten 1996; cf. Boehm 2009). 억압받는 농민들은 한 땅에 묶여 있는 반면, 수렵 채집인들은 언제든지 터전을 옮기고 성가신 지도자를 두고 갈 수 있다. 채집 사회에서는 의견 충돌이 흔히 폭력보다는 분열을 통해 해결되는데, 집단은 갈라져 각자의 길을 가게 된다. 이런 의미에서 페인의 말이 타당하다. 농업 이전 사회의 사람들이 문명화를 방해하는 경제적 불평등과 정치적 지배, 그리고 혁명적 반동의 문제를 피할 수 있었던 것은 바로 지구와 거기서 얻은 산물들에 대한 손쉬운 접근 때문이었다.

그렇다면 "탈농업post-agricultural" 사회, 즉 우리의 산업 및 탈산업post-industrial 문명은 어떨까? 이미 페인의 시대에 영국은 경제적 보장economic security을 토지 소유와 효과적으로 분리시키는 방향으로 짜기 시작했으며, 다른 이른바 선진 사회들도 그 뒤를 바

짝 뒤쫓고 있었다. 위의 논의에서 우리는 "토지"와 "재산"이라는 용어를 거의 동일하게 사용했는데, 이는 근대 이전 시대에 토지가 가장 두드러진 유형의 재산이자 가장 중요한 부와 보장의 원천이었기 때문이다. 그러나 산업 혁명과 그에 따른 농업 생산과 금융의 발전과 함께 경제적 보장의 성격이 변했다. 이제 인구의 많은 부분이 상업, 제조, 금융, 전문직, 공무원, 군인 등 과거에는 틈새시장이었던 경제 분야의 소유와 고용을 통해 경제적 보장을 누리게 되었다. 그 결과 중 하나는 역사상 실제로 전례 없는 규모로 경작지의 통합이 이뤄진 것이다. 가장 극적인 예로 미국을 들자면, 농업에 종사하는 노동력의 비율은 1900년 41%에서 2000년에 2% 미만으로 떨어졌다(Dimitri et al. 2005). 그런데 토지에서 떠난 미국 사람들은 전반적으로 루이 16세 시절 파리의 상퀼로트[16]보다 훨씬 더 잘살고 있기에, 페인의 주장(그리고 아퀴나스와 다른 이들의 주장)은 이제 무의미할까? 지구와 거기서 얻는 산물들에 대한 불평등한 접근이 더 이상 중요하지 않을까? 이어지는 장들에서는 이와 관련해 토지 외의 다른 영역에서 공유부를 분배하는 문제를 다룬다.

페인이 『토지 정의』에서 말한, '토지 없는 자'에게서 그들의 공유부 몫을 빼앗으면 정치적 불안정으로 이어진다는, 즉 '(토지의) 정의 없이는 평화도 없다'는 경고는 선견지명이 있었다. 페인이 그 소책자를 작성하던 1795~1796년의 혹독한 겨울에, 선동가 프

---

16 상퀼로트sans-culottes는 프랑스 혁명 당시 과격 공화파의 별명이다. 주로 하층민과 노동자 계층을 대표하는 사람들로 긴바지를 입고 다녔으며, 귀족이 입던 무릎바지(퀼로트)를 입지 않아 상퀼로트라고 불렸다.(옮긴이 주)

랑수아-노엘 바뵈프[17]는 '그라쿠스Gracchus 바뵈프'라는 가명을 쓰고 "공안 위원회Committee for Public Safety"로 조직된 불만에 찬 급진주의자들의 무리를 이끌고 비밀리에 새로운 부르주아 공화정의 전복을 계획하고 스파르타 모델의 토지법(재산을 공동으로 소유하는 모델)에 기반한 공화국으로 대체하려고 했다. 1796년 5월, 이 음모는 발각되었고 공모자들은 체포되었다. 바뵈프는 1년 뒤 처형당했다. 1797년 마침내 팸플릿을 출간한 페인은 프랑스 정부에 보내는 서문을 추가해 향후 바뵈프의 봉기와 같은 일이 미래에 다시 발생하지 않도록 새 체제가 자신의 계획을 채택할 것을 촉구했다.

페인의 뒷이야기

페인이 어떻게 그런 제안을 하기에 이르렀는지 이해하기 위해, 시계를 되돌려 미국 독립 전쟁 이후 페인의 경력을 추적해 보자. 이미 언급했듯이, 『상식』으로 유명해진 저자는 전쟁 후 뉴욕주로부터 그의 공로에 대한 감사의 표시로 작은 농장을 하사받았다. 그 즈음에 페인은 좀 더 교양 있게 과학과 토목공학 분야로 시선

---

17 프랑수아-노엘 바뵈프(François-Noël Babeuf, 1760~1797)는 그라쿠스 바뵈프로도 알려졌으며, 프랑스 혁명 시대의 혁명가이자, 프랑스 사회에서 경제, 문화, 사회 등을 포함한 전방위적이고 근본적인 대변혁의 필요성을 주장한 필진이었다. 1796년 테르미도르의 반동을 주도했던 수구주의자들이 이끄는 정부에 의해 체포되었으며 1797년에 재판을 받았고 단두대에서 처형되었다. 당대 사회주의자나 공산주의자라는 표현이 존재하지는 않았지만, 그의 토지 개혁 이론, 사회 변혁에 관한 주장은 공산주의적 사고의 맹아를 보여 준다. 후대의 역사가들 또한 그를 초기 공산주의자라고 파악한다.(옮긴이 주)

을 돌렸다. 필라델피아의 스쿨킬강Schuylkill River을 자신이 설계한 철교로 건너고자 했던 그는 1787년에 재정 지원을 받기 위해 유럽으로 떠난다. 영국과 프랑스를 오가면서 페인은 두 나라의 정치에 끌려들어 갔다. 프랑스 혁명이 발발하자, 그는 프랑스에 입헌 군주국보다는 공화국을 설립하자는 선전 활동에서 주도적인 역할을 했다. 영국에서 그는 한때 동지였던 에드먼드 버크Edmund Burke가 쓴 영향력 있는 『프랑스 혁명에 대한 성찰Reflections on the Revolution in France』에 맞서 『인간의 권리』를 저술해 프랑스 혁명을 정당화하고 영국 귀족제와 군주제를 신랄하게 비판했다. 페인이 『인간의 권리』의 보급판을 하층민들이 읽을 수 있게 출간하자, 정부 요원들이 그를 나라 밖으로 쫓아냈고, 궐석 재판으로 그에게 교수형을 선고했다.

프랑스로 추방된 페인은 즉시 프랑스 국민 공회French National Convention 의원 지명을 수락했고, 그곳에서 (통역의 도움으로) 헌법 기초 위원회에서 활동하며, 국외로 도망치려다 붙잡힌 루이 16세의 목숨을 구할 것을 국민 공회에 촉구하는 등 두드러진 역할을 맡는다. 하지만 루이 16세는 근소한 차이로 사형을 선고받아 처형되었다. 이때 의회는 이미 화해할 수 없는 두 앙숙 파벌로 분열되어 있었기 때문이다. 자코뱅파는 파리 폭도들과 결탁해 우위를 점하고 페인이 소속된 지롱드파와 관련된 사람들을 체포, 재판, 처형하기 시작했다. 페인은 파리 외곽의 호텔로 피신해 자신의 이신론Deist 신앙을 다룬 논문인 『이성의 시대』를 쓰며, 1793년 12월 28일 부득이하게 체포될 때까지 기다렸다. 페인을 좋아하지 않았던 프랑스 주재 미국 공사 구버너 모리스Gouverneur Morris는 그를 돕기 위해 적극적인 시도를 하지 않았고, 페인은 결국 10개월 동안 뤽상부르 감옥에 갇혔다.

자코뱅의 공포 통치가 절정일 때, 매일 수십 명이 감옥에서 단두대로 끌려갔다. 페인은 훗날 "24시간 동안 목숨을 부지하기를 기대할 수 있는 사람은 아무도 없었다"라고 회상했다(Hawke 300). 뤽상부르 감옥에 있던 페인은 열이 나자 더 큰 감방으로 옮겨져 벨기에 죄수 세 명의 간호를 받았다. 1794년 7월 25일 아침, 감방문에 4라는 숫자가 분필로 그려져 있었는데, 이는 네 명 모두 처형될 것임을 의미했다. 그러나 이 표식은 감방문의 안쪽 면에 새겨져 있었다. 왜냐하면 벨기에인들이 반쯤 의식을 잃은 페인이 신선한 공기를 마실 수 있게 낮에는 문을 열어 두라고 간수들을 설득했기 때문이었다. 저녁에는 문이 닫혀져 그 표식이 안 보였고 사형 집행반은 그들을 그냥 지나쳤다. 당국이 실수를 알아차리기 며칠 전에 자코뱅 당은 전복되었고 사형 집행은 중단되었다. 운이 좋았든, 재치가 있었든, 간수들의 협조 덕이든, 그 네 사람은 가까스로 처형을 피할 수 있었다. 곧이어 모리스의 후임인 먼로Monroe가 미국 공사로 파리에 도착했고, 연말이 되기 전에 페인의 석방을 요구해 이를 성사시켰다. 먼로는 제임스 매디슨James Madison에게 보낸 편지에서 다음과 같이 설명했다. "나는 페인이 극도로 건강이 좋지 않고, 가진 돈이 없으며, (상황이 불안정해) 개인적인 위험에 두려움까지 느끼는 상태임을 알았다. … 당신도 쉽게 납득할 텐데, 나는 그를 초대해 우리 집 방 하나를 쓰게 했다"(Monroe 1898, 440).

비록 그 뒤 페인이 국민 공회에 복직되고 밀린 급여를 돌려받았지만, 그는 회의에 자주 참석하지 않았다. 그는 먼로의 저택에 머물며, 건강이 허락할 때마다 글을 써 내려갔다. 페인은 국민 공회의 일에 한 가지 주목할 만한 기여를 더 했다. 그는 새로운 헌법 초안에 대해 의견을 달라는 국민 공회의 요청을 받았고, 통역사와 함께 참석해 자신의 견해를 제시했다. 전반적으로 그는 새 헌법 초안에 동의했다. 하지만 투표권 제한에는 강하게 반대했다. 그 초안에는 전직 군인과 직접 세금을 낼 만큼 부유한 사람들만 투표할 수 있도록 했기 때문이다. 페인은 "한 나라의 절반에게 시민의 권리를 박탈하는 것"은 공화주의 원칙의 중대한 위반이며 매우 "위험한 실험"이라며 반대했다(Paine [1797] 1945, II/590). 우리는 앞에서 이 발언이 선견지명이었음을 살펴보았다. 결국 1년도 지나지 않아 새로운 정권은 바뵈프가 이끄는 투표권이 박탈된 사람들의 반란에 직면했다.

페인이 1795~1796년 겨울에 『토지 정의』를 집필할 때, '감옥 열병'(티푸스)이 재발한 뒤였지만 프랑스 헌법의 결함이 여전히 그의 마음에 남아 있었을지도 모른다. 그는 아마도 선거권은 보편적이어야 한다고 생각했을 것이다. 만약 선거권의 전제가 일정한 최소한의 재산이라면, 왜 국민 모두에게 최소한의 재산을 보장하지 않아야 한단 말인가? 페인은 정치적 평등을 지키려는 마음에서 『토지 정의』에서 경제적 정의를 주장하고 논증했을 수 있다(Keane 1995, 427). 이 연결고리는 저술 자체에서 명시적으로 그려지지는 않지만 헌정사에서는 드러난다. 그는 헌정사에서 새로운 프랑스 헌법의 결함을 언급하면서, "투표권은 자유라는 단어에 내재되어 있으며, 개인 권리의 평등을 구성한다. 그러나 설령 그 (투표의) 권리가 재산에 내재되어 있다 할지라도, 나는 이를 부정하지만, 참정권은 여전히 모든 사람에게 동등하게 속한다. 왜냐하면 … **모든 개인은 특정 종류의 재산에 대해 정당한 생득적 권리가 있기 때문이다**"라고 썼다(Paine [1797] 1945, I/607; 강조 표시 추가).

『토지 정의』가 페인이 경제적 정의에 대해 쓴 첫 번째 저술이 아님은 분명하다. 불과 몇 년 전에 쓴 『인간의 권리』의 제2부에서도 동일한 내용을 언급하고 있긴 하지만, 『토지 정의』에서만큼 강력하고 간결한 주장을 펼치지는 않는다. 페인은 『토지 정의』에서 영국의 대규모 영지에 부과하는 누진 과세라는 부유층을 겨냥한 정책을 주장하며, 이는 사치에 과세하는 정부의 논리로 정당화된다고 말한다. "그들 또는 그들의 옹호자인 버크Burke 씨가 … 2만, 3만, 4만 파운드의 재산이 사치가 아님을 증명할 수 있다면 나는 이 논쟁을 포기하겠다."라고 페인은 말했다(Paine [1797] 1945, I/434). 그 세금은 토지 소유 가문들이 자신의 재산을 젊은 아들이나 가난한 친척들에게 보다 공정하게 나누려는 동기를 부여할 것이다. 이는 "모든 귀족 가문에는 가난한 친척들이 딸려 있"기 때문이다 (Paine [1797] 1945, I/439). 또한 그 세금은 막대한 공공 수입을 창출할 것이다. 페인은 이 수입을, 혁명 프랑스와의 낭비적이고 불필요한 전쟁을 중단함으로써 절약되는 비용과 함께, 다양하고 사회적으로 유용한 항목에 사용할 수 있다고 주장하며 그 목록을 제시했다. 여기에는 노인을 위한 연금과 청년(이 경우에는 결혼 시)을 위한 종잣돈뿐만 아니라 가난한 사람들과 중산층을 위한 세금 감면, 신체 건강한 가난한 사람들을 위한 일자리, 가난한 아이들을 위한 교육, 그리고 "일을 찾아 여행 중이거나, 친구들과 떨어진 곳에서 사망한 사람들"을 위한 장례비가 포함된다(Paine [1797] 1945, I/440). 이 목록에는 우선순위나 논리적 순서가 없으며, 머릿속에서 떠오르는 대로 나열한 듯 보인다. 여기에는 토지 개혁의 주장이 등장하지 않는다.

『인간의 권리』와 『토지 정의』 사이에 무엇이 달라졌을까? 아마도 몇 년간의 성찰과 독서가 있었을 것이다. 뤽상부르 감옥에서 죽음 직전에 이른 그의 절박한 처지가 경이로울 정도로 정신을 집중시켰을 수도 있다. 프랑스 헌법의 결함이 그에게 재산 문제를 새로운 시각에서 생각하게 한 것은 분명하다. 어쨌든 『토지 정의』는 페인의 사상이 어느 정도 성숙해졌음을 드러낸다. 이 책은 그의 초기 저술의 요소들을 취해 일관되고 자기 완결적이며, 그리고 (필자가 보기에는) 매우 설득력 있는 논증이 압축해서 실려 있다.

『토지 정의』의 평판

페인은 『토지 정의』를 1년 넘게 묵혔다. 1797년에 그가 쓴 서문에 따르면, 프랑스와 영국 간의 전쟁이 끝날 때까지 출판을 미룰 생각도 있었다. 아마도 자신의 제안이 평화 시에 더 주목받을 거라고 본 듯하다. 그는 미국으로 떠날 계획을 세우던 1797년 3월에 마침내 이 책을 출판했다. 그러나 미국으로 떠나지는 못했다. (결국 그는 영국의 사법당국으로부터 도망친 자가 대서양을 건너는 것은 너무 위험하다고 판단하고, 르 아브르Le Havre에서 파리로 돌아갔다.) 이 팸플릿은 파리와 런던에서 출판되었으며, 곧 에든버러, 더블린, 코크, 뉴욕시, 필라델피아, 볼티모어, 올버니에서도 출판되었고, 독일어 번역본은 노이슈트렐리츠에서 출판되었다(Ranalli 2020).

『토지 정의』는 널리 전해졌지만, 이 제안을 실행하는 데는 어떤 정부도 좀처럼 나서지 않았다. 프랑스에서는 1795년에 헌법이 제정되고 정부(총재 정부)가 선거로 수립되면서 페인은 더 이상 공식적인 역할을 하지 않았다. 프랑스의 정치와 군사 상황은 광란의 속도로 전개되었다. 이 팸플릿이 완성될 즈음 경이롭게 권좌에 오른 나폴레옹 보나파르트는 영국 상륙 작전을 성공시킬 최선의 방법을 페인에게 자문했지만, 페인은 더 이상 나라의 입법자들 사이에서 영향력을 행사하지 못했다. 1802년 영국과 프랑스 간 전쟁이 끝나고 바닷길 여행이 안전해지자, 페인은 미국으로 떠났다.

미국에서 페인은 더 이상 국민 영웅으로 기억되지 않았다. 대중의 시선에선 그가 프랑스 급진주의와 무신론의 영향을 받아 타락한 인물로 여겨졌다. 페인은 자신을 고의로 프랑스 감옥에 방치했다고 믿고 워싱턴을 격렬히 비난하는 공개 서한을 보냈으나, 대중의 공감을 얻지 못했고 그를 외면하기까지 했다. 마차 운전사들은 그에게 서비스를 거부하고, 폭도들은 야유를 보내며 돌을 던졌다(Nelson 2007, 312). 더욱이 1800년 선거에서 보수적인 연방당 Federalist party[18]이 패하고 민주공화당이 우세해지면서 미국에서 급

---

18 미국 건국 초기에 강력한 연방 국가 수립을 주창한 정당이다.(옮긴이 주)

진주의를 밀어주던 바람도 잦아들었다(Cotlar 2011, 158~159; Ranalli 2020). 이제 미국은 『토지 정의』와 같은 새로운 저술을 받아 줄 비옥한 토양이 아니었다. 토머스 제퍼슨 대통령을 비롯한 소수의 남은 친구들이 우호적인 견해를 갖고 있었지만 사정은 바뀌지 않았다.

영국 당국은 계속해서 톰 페인Tom Paine(그들이 경멸적으로 부른 이름)과 그의 사상을 위험하고 전복적이라고 취급했다. 공화정 시기 프랑스 그리고 나폴레옹 치하 프랑스와의 전쟁으로 영국 사회는 전반적으로 보수화되었다. 남아 있던 급진주의자들은 페인의 유산을 두고 분열되어 있었다. 서적 판매상인 존 본John Bone은 친구에게 보낸 편지에서 그 팸플릿을 두고 "내가 그것에 대해 대화 나눈 이들로부터 찬사를 받았고, 그들을 우리 대의에 동참하게 만드는 것 같다"라고 썼다. 반면, 토머스 스펜스는 페인의 제안이 가난한 사람들의 긴급한 요구에 대처하기에는 완전히 부적절하다고 비난했다. 스펜스는 『유아의 권리The Rights of Infants』에서 대신 토지를 공동체의 손에 맡겨 모두의 이익을 위해 관리하도록 하자고 제안했다(즉, 스파르타와 말년의 바뵈프의 "토지법"과 유사한 방식이다).

페인 이후

공유 자원의 공동 소유권을 기반으로 화폐 배당을 하자는 페인의 구상은 1970년대가 되어서야 (3장에서 설명하게 될 알래스카에서) 진지한 정책 제안으로 부활했지만, 다른 사람들은 여전히 "신이 지구를 인간의 자녀들에게 주었고, 인류에게 공동으로 주었다"는 공동 상속의 자연법 원칙을 탐구했다. 스펜스는 이 원칙을 "페인"뿐만 아니라 "시편 기자The Psalmist [및] 로크"에 기원한다고 보았다(Spence 1797년, 서문).

스펜스와 바뵈프처럼 사유지를 강제로 수용해 공동체에 할당하려는 정치적 급진주의자들 외에도, 보다 온건한 방법으로 유사한 목표를 달성하려는 개혁가들도 있었다. 그중 가장 잘 알려진 인물은 웨일스 출신의 사업가이자 자선가인 로버트 오웬Robert Owen[19]이었다. 그는 공장 노동자와 그 가족의 기본적인 필요를 돌보는 것이 수익성이 있음을 의심하던 영국 대중에게 입증했다. 오웬은 학교와 커뮤니티 센터를 세우고, 아동 노동을 단계적으로 폐지했으며, 피고용인을 위한 상병 기금sick fund을 설립했다. 더 큰 꿈을 꾸며, 그는 공동으로 소유한 땅을 가진 협동조합 형태의 단일 마을 공동체를 구상했다. 오웬은 인디애나주에 "뉴하모니New Harmony"라는 하나의 모범적인 계획 공동체를 설립하기 위해 미국으로 떠났다. 그러나 당시 대부분의 유토피아적 공동체 실험처럼 이 실험도 오래가지 못했다(Cole 1953).

---

19 로버트 오웬(1771~1858)은 영국의 산업가이자 사회 개혁가로, 마르크스는 그를 공상적 사회주의자로 불렀다. 그는 공장주로서 노동자들의 생활 조건을 개선하는 데 앞장섰으며, 스코틀랜드 뉴 라나크에 있는 자신의 방직 공장에서 혁신적인 사회 개혁을 실천했다. 오웬은 노동 시간 단축, 아동 노동 금지, 교육 기회 확대, 주택 개선 등을 통해 노동자들의 복지를 증진시키고자 했다. 그는 또한 미국 인디애나주에 뉴하모니라는 이상적인 공동체를 설립하려 했으나, 여러 가지 이유로 실패했다. 오웬의 사상은 자본주의의 부정적인 측면을 비판하며, 협동조합과 공동체 중심의 사회 구조를 지향했다. 그의 이상은 후에 사회주의 운동과 협동조합 운동에 큰 영향을 미쳤다.(옮긴이 주)

오웬이 인디애나로 가는 길에 뉴욕시에 들렀을 때, 그는 현지 토지개혁당의 지도자인 조지 에반스George H. Evans의 질문을 받았다. 에반스는 오웬에게 공동체를 위해 토지를 어떻게 구할 계획인지 설명해 달라고 요구했다. 에반스의 기록에 따르면 오웬은 "토지가 늘 사고팔리는 것을 보아 왔기에 토지를 사려고 했다"라고 답했으나, 에반스는 이에 만족하지 않았다. 이 방법은 부유한 호사가에게는 한 번쯤 효과가 있을 수 있지만, "토지를 소유하지 못한 고용 소작농"이 어떻게 정당한 몫의 토지를 가질지라는 보다 일반적인 과제는 해결하지 못했다. 에반스 당의 생각은 달랐다. 그들은 "토지는 사람의 몸처럼 사고팔아서는 안 된다"라고 믿었다(Masquerier 1877, 97).

에반스와 뉴욕에 본부를 둔 전국 토지 개혁 협회National Land Reform Association의 다른 회원들에 따르면, 지구는 모든 사람이 평등하게 소유할 권리가 있다는 원칙은 각 개인이 지구 표면의 몫을 동등하게 가져야 함을 의미한다. 실제로 그들은 미국 내 미점유 토지를 최소 40에이커의 구획으로 나누어 토지가 없는 가구에 할당해야 한다고 생각했다. 토지를 사고팔거나, 사재기나 투기를 하지 않고 과세도 하지 않겠다는 것이었다. 대규모 토지는 강제로 수용하지 않고, 적정 규모에 이를 때까지 상속인들에게 분할해야 한다고 주장했다. 토지개혁당은 공직 후보자들에게 자신들의 원칙을 지지하도록 압력을 가했다. 그들의 로비 활동은 어느 정도 성공을 거두었다. 몇몇 주에서는 농가 특례법을 통과시켜, 소규모 토지 소유자를 부채로 인한 강제 매각으로부터 보호했다. 1862년에는 연방 정부가 서부 지역의 정착민들에게 일정 규모의 토지를 소유하고 경작하면 소유권을 부여하는 농가법Homestead Law을 통과시켰다. 이러한 인상적인 성과에도 불구하고, 에반스의 친구 루이스 마스케리어Lewis Masquerier는 "어떤 사람이 자신의 소유로 구입할 수 있는 토지의 양을 제한하는 법"을 당이 마련하지 못한 것을 유감스럽게 여겼다(Masquerier 1877, 96~97).

에반스는 토머스 페인과 『토지 정의』의 열렬한 팬이었다. 인쇄업에 종사하던 그는 1835년에 토머스 페인의 『토지 정의』를 포함한 정치 저작물 전집을 출판했다. 그는 페인에 호감을 품고 있었지만, 자신의 토지 개혁 견해는 독자적으로 세웠다고 주장했다(Zahler 1941, 22).

사실 에반스의 실천적 강령은 토머스 페인보다 토머스 제퍼슨의 견해와 더 일치했다. 제퍼슨은 "대지는 인간이 노동하고 살아가도록 공유 자산common stock으로 주어졌다. 산업을 장려하기 위해 우리가 그것을 전유되도록appropriated 허용한다면, 전유appropriation에서 배제된 사람들에게 다른 일자리가 제공될 수 있도록 주의를 기울여야 한다. 그렇게 하지 않으면, 지구를 노동으로 경작할 근본적인 권리는 실업자에게 다시 돌아온다"라고 생각했다. 제퍼슨은 1778년 버지니아주 의회에 75에이커의 주 소유 토지를 (자유민으로 태어난) 토지 없는 부부에게 제공하는 법안의 초안을 제출했다. 또한 제퍼슨은 "장자 상속권의 폐지와 상속 재산의 균등 분할"을 "모든 토지법 중 최고"라고 여겼다(Katz 1977, 15~17).

지구를 공동 유산으로 공유하는 문제에 대한 또 다른 접근 방식은 토지에 세금을 부과하고 정부가 그 돈을 배당금으로 분배(페인이 제안한 것처럼)하는 대신 공동체의 이익을 위해 지출하는 것이다. 스코틀랜드에서는 패트릭 에드워드 도브Patrick Edward Dove가 이 견해를 옹호했다. 도브는 "이것이 나라Nation의 진정한 이론이다―토지는 영구히 국가에 속하며, 결코 국가로부터 분리될 수 없다. 그리고 토지에 가장 많은 지대를 지불하는 사람이 그 토양의 경작자가 되어 전체 공동체의 이익을 위해 국가에 지대를 지불한다"라고 말했다(Dove 1854, 330). 페인의 기초 지대ground-rent와 마찬가지로, 도브의 "지대"는 사실상 세금이었다. (그는 "토양의 지대에 세금을 부과할 것을 제안한다"[Dove 1854, 329].) 반면 런던에 기반을 둔 아일랜드 개혁가 제임스 브론테레 오브라이언James Bronterre O'Brien은 약간 다른 비전을 제시했다. 그는 국가는 토지가 공개 시장에 나올 때마다 조금씩 매입한 후 실제 지대를 부과해야 한다고 주장했다(Turner 2012, 15). 하지만 이 유형의 해결책을 지지한 가장 영향력 있는 인물은 미국인으로, 19세기 후반에 가장 저명한 작가이자 개혁가인 헨리 조지이다.

　조지 역시 에반스와 페인처럼 인쇄업에 종사했다. 그는 자신이 젊은 시절에 겪은 가난과 필라델피아, 샌프란시스코, 뉴욕의 급속히 현대화되는 도시들에서 목격한 주변의 가난에 사로잡혀 있었다. 그는 그의 주요 저서인『진보와 빈곤Progress and Poverty』에서 이 두 현상의 연관성을 설명하고자 했다. 어떻게 문명의 진보―인구 증가, 건설, 제조, 상업, 예술과 과학의 발전 등―가 가난을 개선하지 않고, 오히려 (그가 보기에) 악화시킬 수 있는가? 그는 어느 오후,

샌프란시스코만이 내려다보이는 언덕을 말을 타고 가던 중 그 답을 깨달았다고 말한다.

숨을 돌리기 위해 멈춰 서서, 지나가는 마부에게 마땅히 할 말이 없어서 그곳의 토지 가격이 얼마인지 물었다. 그는 멀리 있어서 쥐처럼 보이는 소들이 풀을 뜯고 있는 곳을 가리키며 말했다. "정확히는 모르겠지만, 저기 있는 사람이 에이커당 천 달러에 땅을 팔 겁니다." 마치 번개처럼, 나는 부의 증가와 함께 가난이 증가하는 이유를 깨달았다. 인구가 증가함에 따라 토지의 가치도 상승하고, 그 토지를 경작하는 사람들은 그 권리를 얻기 위해 더 많은 비용을 지불해야 한다. 나는 조용히 생각에 잠긴 채 그 깨달음을 돌아보았고, 그때부터 지금까지 그 깨달음은 줄곧 나와 함께해 왔다.(George, Jr. 1900, 210)

존 로크는 신세계에 땅이 너무 많아서 새로운 이주민들에게 "충분하고 좋은" 땅이 항상 있을 것이라고 생각했지만, 조지는 태평양의 심연과 마주하고 있었다. 더 이상 새롭게 차지할 땅이 없었고, 머지않아 그렇게 될 상황이었다. '진보'가 한 걸음씩 나아갈수록 토지 가치는 계속 상승해 토지를 갖지 못한 이들의 경제적 불이익은 더욱 심화될 것이었다. 그리고 에반스와 그의 동료들이 한 최선의 노력에도 불구하고, 개인이 소유할 수 있는 토지의 양에 제한이 없고 매매에 제한도 없었기 때문에 토지는 투기의 대상으로 무르익은 상태였다. 투자자는 샌프란시스코 주변의 언덕과 같은 땅을 구입한 후 비워 두고 가치가 상승하기를 기다리기만 해도 때돈을 벌 수 있었다. 투기는 투자자에게는 큰 보상을 돌려주지만, 합리적인 가격에 접근할 수 있다면 그 땅을 생산적으로 사용할 사람들, 즉 농부, 제조업자, 그리고 그들이 고용할 숙련 및 비숙련 노동자들에게는 징벌하듯이 불이익을 준다.

조지는 『진보와 빈곤』에서 이 딜레마를 설명하며 토지세라는 해결책을 제안했다. 이 세금은 지주가 그 토지에서 얻을 수 있는 지대의 시장 가치를 모두 흡수할 만큼 충분히 높아야 한다고 봤다. 이렇게 하면 몇 가지 효과가 생긴다. 첫째, 토지를 축적하거나 투기하려는 동기를 없앨 수 있다. 토지 보유에 비용이 많이 들기 때문에 사람들은 자신이 실제로 사용할 만큼만 토지를 보유하려 할 것이다. 둘째, 세금을 통해 토지가 가장 효율적이고 수익성 있는 용도로 사용되도록 할 것이다. 이는 경제 활동을 극적으로 확대할 것이다. 셋째, 이 세금은 정부의 세수를 늘려 줄 것이다. 이 세금은 정부가 다른 세금이나 수수료, 관세, 할당량 등의 도움을 필요로 하지 않을 정도로 효과적으로 세수를 늘리게 해 줄 것이다. 이러한 이유로 조지는 자신이 제안한 토지세를 "단일세single tax"라고 불렀다.[20]

조지는 경제에서 지대를 흡수하는 것의 장점에 너무 치중한 나

---

[20] 조지와 그의 유산에 대한 방대한 문헌이 있다. 가프니(Gaffney, 1982)는 조지의 주된 통찰에 대한 경제학 분야 내의 분열을 지도처럼 그려 냈다. 이 통찰에 대한 첫 언급은 아마도 스코틀랜드인 윌리엄 오길비(William Ogilvie)가 1782년에 쓴 팸플릿일 것이다. "토양의 원래 가치가 공동체의 공동 재산이라면, 토지세만큼 공평한 과세 방식은 없다. 이 세금으로만 국가의 모든 지출을 감당해야 하며, 그 원래 가치가 모두 소진될 때까지 그렇게 해야 한다"(1782, 206).

머지, 세금으로 걷은 돈으로 무엇을 할지는 부차적이었다. 그는 단일세로 거둔 자금은 공동체에 속하며, 정부가 이를 공동체의 이익을 위해 지출하거나 관리해야 한다는 점을 받아들였다. 그러나 당시 비평가들이 지적했듯이, 이 세금은 19세기 정부가 필요로 하는 것보다 훨씬 더 많은 돈을 모을 수 있었다. (이후 20세기 비평가들은 토지에 대한 '단일세'만으로는 신흥 복지국가를 지탱할 충분한 세수를 확보할 수 없다고 반박했다[Cord 1965]. 그럼에도 공식 통계는 시스템상 토지를 저평가하고 있기 때문에 토지세는 일반적으로 널리 인정되는 것보다 훨씬 더 많은 세수를 창출할 수 있었을 것이다[Gaffney 2009].)

왜 그 돈의 일부를 공동체 구성원들에게 배당으로 나누지 않는가? 이것은 조지가 『진보와 빈곤』을 쓸 때 그의 우선적인 관심사가 아니었다. 조지는 프로테스탄트의 노동 윤리의 확고한 신봉자였다. 많은 미국인들처럼 그는 근로work가 절제, 검소함, 자존감과 같은 미덕을 불어넣는다고 생각했다. 조지는 토지 투기꾼들을 놀면서 부를 축적했기에 타락한 자들로 여겼으며, 이는 페인과 다른 사람들이 유럽의 토지 귀족의 도덕적 타락을 통렬히 비난한 것과 유사했다. 조지는 단일세가 토지 보유에 대한 욕구를 변화시킴으로써 누구든지 주도권을 갖고 일자리와 기업가 정신의 기회를 찾을 수 있는 경제적 조건을 창출할 것이라고 확신했다.

그럼에도 그는 페인의 '개인에게 직접 지급한다'는 개념을 지지했다. 1885년 4월 연설에서 그는 단일세 수입을 사용해 미망인, 고아, 노인에게 지원할 것을 제안했다. "우리는 기금을 통해 누구에게도 수치심을 주지 않고 본래의 부양자를 잃었거나 사고를 당한 모든 사람, 또는 나이가 들어 더 이상 일할 수 없는 사람들을 실제로 궁핍에서 벗어나게 할 만큼 충분히 지원할 수 있다." 그리고 그는 직업 윤리에 근거한 반대 의견을 직접 언급했다. "일하지 않은 자들에게 무언가를 주는 것은 평민들을 해치는 것이라는 일부 세간의 목소리들은 모두 기만이다. 그런 목소리들이야말로 자존감을 떨어트리고 모멸감을 주며 마음의 상처를 주는 말들이라는 것이 진실이다. 시민이라면 누구나 당연히 받을 자격이 있는 마땅한 권리로서 받아들인다면 모멸감을 느끼지 않을 것이다. 자선 학교는 그곳에 보내진 아이들을 타락시키지만 공립 학교는 그렇지 않다"(George [1885] 1901a, 217218). 몇 달 후인 1885년 7월, 조지는 이 주장을 반복했다. "나는 시민이 활동 능력이 쇠퇴하는 나이가 되면 그들에게 남은 생애 동안 스스로를 먹이고 입힐 수 있는 지불금이 지급되어야 한다고 생각한다"(George [1885] 1901b, 228).

조지가 페인의 글을 읽었다는 직접적인 증거는 없지만, 그는 1885년 4월 연설에서 어떤 감사관이나 특파원이 페인의 팸플릿에 대한 힌트를 줬거나 적어도 페인의 생각 방향을 알려 주었을지도 모른다는 암시를 남겼다. "나의 영국인 친구 한 명이 말하길, '**세금도 없고 모든 사람에게 연금이 주어진다면** 얼마나 좋겠는가'라고 했다. 왜 그게 가능하지 않겠는가?"(George [1885] 1901a, 217~218, 강조 표시 추가).

사실 조지는 1885년 7월 출판물에서 한 걸음 더 나아갔다. 대담자가 정부가 필요로 하는 것 이상의 세수를 어떻게 처리해야 하는지 묻자, 그는 이렇게 대답했다. "정부의 기능을 더욱 확장하는 게 부당한 상황을 초래할 듯하면, 잉여 수입을 1인당 배당할 수 있을 것이다"(George [1885] 1901b, 233, 강조 표시 추가). 여기서 조지는 연금과 종자 자본만을 제안한 페인을 뛰어넘어 보편적 배당의 개념으로 나아갔다. 조지의 이 발언은 이후에 논할 현대 사상가들과 그를 직접 연결해 준다. 따라서 조지의 사고는 흔히 하는 평가보다 더 유연했다고 결론지을 수 있다(Ranalli [2020]에 있는 평가도 참고하자). 그럼에도 조지는 세금을 정부 자금을 조달하는 데 사용해야 한다고 본 반면, 페인은 개인에게 지급하는 것을 수입의 주요 목적으로 보았다. 이 두 접근 방식을 구분해 '조지주의Georgist'와 '페인주의Paineite'로 분류하는 전통은 여전히 유효하다.[21]

조지의 토지세 제안은 엄청난 영향력을 발휘했다. 새로운 학문적 경제학자 길드는 그를 단순한 재주꾼, 또는 구시대 경제학 형태(즉, 애덤 스미스와 데이비드 리카도의 고전 경제학)의 실천자라며 조롱했다. 이 새로운 길드는 수학을 중점에 두고 경제학을 재구성하며 '신고전파neo-classical'로 불리게 되었다. 그러나 조지는 이를 실제 세계의 문제와 동떨어진 현학적 태도라고 비판하며 경멸했다. 그

---

[21] 사회적 조건에서 보면, 조지가 살았던 시대와 환경에서 개인에게 직접 지급한다는 구상은 페인의 시대보다 더 어려웠을 수 있다. 영국과 프랑스의 귀족(nobles)과 신사(gentry)들이 가난한 소작인이나 이웃들과 일정한 재정적 보장을 나누자는 페인의 제안은 계급 기반의 편견에 부딪혔겠지만, 당시에 노블레스 오블리주는 확고히 자리 잡았던 원칙이었다. 조지가 살던 남북전쟁 이후 미국은 훨씬 덜 동질적이었다. 미국은 이민자의 땅이자 이전까지 노예 사회였다. 조지가 보편적 배당의 구상을 밀어붙였더라면, 인종적 편견과 외국인 혐오뿐만 아니라 계급적 편견에도 부딪혔을 가능성이 크다. 한 세기 넘게 지난 후에도 미국은 평등주의 이상에 부합할 만큼 진전을 이뤘지만(반대로, 유럽 국가들은 민족적으로 더 다양해지고 있다), 여전히 인종 차별과 이민자를 보는 양면적 태도가 기본소득 옹호에 걸림돌이 되고 있다.

는 어떤 학문적 경제학자보다도 훨씬 더 많은 독자들과 교류했다. 1879년 『진보와 빈곤』 출간 이후부터 1897년 그의 사망까지, 조지는 미국과 해외에서 작가이자 연사로서 큰 인기를 누렸다. 그는 자유 무역, 여성 참정권, 비밀 투표 등 당대의 많은 시급한 문제들에 힘을 보탰다. 또한 그는 뉴욕 시장 선거에 두 차례 출마하기도 했다.

조지는 자신의 토지세를 연구하고 전파하는 데 헌신하는 열성가들을 곁에 두었다. 여기에는 조지의 제안과 페인의 제안이 유사하다는 점을 인식한 통찰력 있는 독자들도 포함된다(예: Ingersoll 1920, 94; Murray 1910). 일부 열성적인 지지자들은 앨라배마주 페어호프(Fairhope, Alabama)와 델라웨어주 아든(Arden, Delaware)과 같이 조지주의 원칙에 따라 새로운 마을 공동체를 설립하기 위해 모였다. 더 넓게 보면 조지주의 원칙은 여러 대륙의 세법에 영향을 미쳤다. 덴마크, 호주, 뉴질랜드, 그리고 '아시아 타이거즈'[22]가 이를 잘 활용하고 있다. 피츠버그, 앨런타운, 펜실베이니아주 해리스버그 등 미국의 일부 도시에서는 건물이나 기타 개량 구조물보다 토지에 더 높은 세율을 부과하는 혼합형 부동산세를 실험하고 있다. 논평가들은 일반적으로 이러한 정책이 고밀도 개발을 장려하고 걷기 좋은 동네를 만드는 등 여러 가지 이점이 있다는 데 동의한다(Andelson 2001). 현대 조지주의자들은 토지세로 인한 고밀도 개발과 녹지 공간 및 정원과 같은 도시 토지의 광범위한 사용에 대

---

22 아시아의 '네 마리 호랑이'로 알려져 있으며, 한국, 대만, 싱가포르, 홍콩을 가리킨다.(옮긴이 주)

한 지역 사회의 선호 사이에 발생할 수 있는 상충 관계를 인정하고 있다(Hartzok 2010).

  토지 지대를 통한 배당금 분배를 말한 페인의 제안은 거의 2세기 동안 별다른 진전이 없었으며 또한 헨리 조지의 토지세 해결책에 가려져 있었지만, 1970년대 알래스카의 석유 자원에 이 원칙이 부활해 독자적으로 적용되었다. 다음 장에서 설명하는 알래스카 영구 기금(Alaska Permanent Fund: APF)과 영구 기금 배당(Permanent Fund Dividend: PFD)은 많은 연구와 실험이 이루어진 페인식 공유부 배당의 실제 모델이 되었다.

3장

자연 자원과 알래스카 모델

페인의 시대 이래, 그리고 조지의 시대 이래, 경제적 보장은 점차 토지 소유에 의존을 덜하게 되었다. 전체 경제에서 농업의 역할이 줄어들면서 공업의 역할이 커졌기 때문이었다. 그래도 공유부의 공정한 분배 문제는 여전히 중요하다. 공유부에는 토지뿐만 아니라 공업용 원자재도 포함되기 때문이다.

기포드 핀쇼트(Gifford Pinchot 1947, 324~325)는 시어도어 루스벨트 정부에서 미국 산림청의 개척자와 같은 지도자였는데, 탁월한 통찰로 이 문제를 표현했다. 그는 "우리 현대인들이 지구에 의존하고 있음을 깨닫는 게 쉽지 않다"라고 말한다. "문명이 진보하고, 도시가 성장하고, 기계가 인간의 삶에 주는 도움이 늘어날수록 우리는 인간 존재에 필요한 원자재로부터 점점 더 멀어지고 있다. 어릴 때부터 주변에 자연 자원이 있어야 하며 그렇지 않으면 아예 살 수 없음을 너무 쉽게 잊어버린다."

아침, 점심, 저녁으로 당신은 무엇을 먹는가? 당신이 먹을 수 있게 변형하고 가공한 자연 자원이다. 당신은 하루를 시작하고 마치면서 무엇을 착용하나? 코트, 모자, 신발, 시계, 주머니 속의 동전, 치아에 채우는 보철이 아니겠는가? 이는 당신의 필요에 맞게 바꾸고 적응시킨 자연 자원이다. 당신은 어디에 살고 어디에서 일하나? 바로 자연 자원으로 만든 주택, 상점 그리고 사무실이다. 나무, 철, 바위, 점토, 모래 등 수천 가지 모양이지만 모두가 자연 자원이다. 여러분이 벌어들이는 생계, 복용하는 약, 시청하는 영화는 무엇인가? 모두 자연에서 유래하지 않았는가?

아퀴나스부터 페인을 거쳐 조지까지 사상가들이 표현한 도덕적 직관은 토지에서 다른 자연 자원으로 쉽게 확장될 수 있다. 자연 자원은 (종교 사상가에게는) 신의 선물이며 (세속적 사상가에게는) 만들어진 게 아니라 '발견된' 것이기 때문에 누구도 이를 독점할 권리는 없다. 물론 보유할 수는 있다. 하지만 공동체의 모든 구성원은 그 혜택을 받을 청구권을 갖는다. (5장에서 도덕적 직관을 보다 정확하게 표현하는 작업을 할 것이다.)

공동체는 자연 자원으로부터 어떻게 혜택을 얻어야 할까? 이 또한 토지 개혁 논쟁에서 하나의 논점으로 제기할 수 있다. 자연 자원을 독점한 자는 자선의 의무가 있다고 할 수 있다(로크). 소유물을 갖지 못한 자는 절박한 때에 필요한 것을 취할 권리를 가질 수 있다(아퀴나스). 적어도 이론상으로는 모든 개인은 한 뙈기의 임야나 하나의 광맥을 받을 수 있다(에반스). 더불어 자원 지대resource rents는 세금을 부과해 정부 서비스의 자금으로 쓸 수 있다(조지). 아니면 페인이 제안한 노선에 따라, 거둬들인 자원 지대를 공동체 구성원에게 배당금으로 분배할 수도 있다.

페인식 배당금의 첫 실제 사례는 토지가 아닌 석유와 관련되었다. 1960년대에 알래스카주 당국의 소유지 아래에 막대한 석유 매장고가 있다는 사실이 밝혀졌다. 1970년대를 거치면서 정치인과 주민은 예상되는 횡재를 어떻게 처리할지 논의했다. 1976년, 석유부의 일정 비율을 적립하고 투자할 '알래스카 영구 기금(APF)'을 설립하기 위해 주 헌법 개정을 입법부가 제안하고 유권자가 승인했다. 1980년대 초, 입법부는 기금의 연간 수입 중 일부를 알래스카 주민들에게 배당으로 지급해야 한다고 결정했다. 1982년 이래 매년 10월에 '영구 기금 배당(PFD)'이 주민들에게 지급되고 있으며, 그 범위는 1인당 수백 달러에서 2,000달러를 넘는 금액에까지 다양하다.

여기서 물을 수 있다. 이 배당 제도는 어떻게 등장했는가? 배당 제도가 토머스 페인이 구체화한 원칙들에 얼마나 잘 부합하는가? 그리고 이 배당 제도가 다른 공유부 배당 제도의 모델로서 어떻게 역할을 했는가?

앞으로 살펴보겠지만, APF와 PFD의 탄생은 생각지도 못한 우연이었다. (한 관계자는 "거의 완성될 때까지 아무도 최종 결과물을 상상하지 못했다"라고 주장하며 "이상하고 울퉁불퉁한 여정이었다"라고 말한다[Rose 2008, 205, 115]). APF와 PFD가 만들어진 것은 사람마다 이 프로그램을 다른 의미로 받아들였다는 점도 한 이유가 되겠다. 토머스 페인의 해석은 '영구 기금 배당(PFD)'를 바라보는 여러 관점 중 하나에 지나지 않는다. 그래도 이 해석은 매우 적절하다. 최근 수십 년간 석유 등 천연자원을 기반으로 한 다양한 공유부 배당 제도가 이 관점에 따라 새로 설립되거나 제안되기도 했다. 일부는 알래스카 프로그램에서 직접적인 영감을 받았다. APF나 PFD처럼 우연히 생겨났지만 성공적으로 자리 잡은 프로그램도 있다. 이 모든 것은 적어도 페인이 분명히 강조한 분배 정의에 대한 관심에서 비롯되었다. 즉, 한 국가나 공동체의 공동 유산은 전체 나라나 공동체에 공평하게 equitably 이익이 돌아가야 한다.

알래스카 영구 기금과 영구 기금 배당의 기원

주 정부 소유의 땅에서 석유가 발견되었다는 점은 결코 놀라운 일은 아니었다. 1958년 알래스카를 주state로 승격시키는 알래스카 주 설치법Alaska Statehood Act에서 연방 의회는 새로 탄생하는 주 정부가 지역 내 연방 토지 1억 3,000만 에이커를 선택해 청구권을 주장할 수 있도록 허용했다. 이때 조건으로 주 정부가 그 토지 아래의 광물권을 보유하는 게 붙었다(주 정부가 광물권을 사유화하려고 하면 해당 토지는 연방 정부에 다시 반환된다). 알래스카의 초대 주지사가 정통한 지질학자의 조언에 따라 선택한 토지 중에는 북극해의 프루도만Prudhoe Bay이 포함된 알래스카의 노스슬로프가 있었다. 그 이전까지 석유 회사들은 이 지역에 관심을 보이지 않았다. 그러다가 1968년 프루도만 아래에 북미에서 가장 큰 유전이 있다는 사실이 확인되었다(Hammond 1994, 222; Rose 2008, 206).

알래스카 주민들은 알래스카 횡단 파이프라인을 통해 석유가 흐르기 전까지 10년 넘게 이 횡재를 어떻게 활용할지 논의할 시간을 가졌다. 일부는 알래스카가 다른 주에 비해 열악했던 서비스와 인프라를 보완하는 데 주 예산으로 지출하자고 했다. 또 다른 일부는 이 돈을 주 내 민간 부문 개발을 보조하는 데 사용하길 원했다. 또 다른 이들은 향후 주 예산 부족을 충당하기 위해 돈을 저축하자는 데 지지를 보냈다. 1974년부터 1982년까지 중요한 시기에 주지사를 지낸 제이 해먼드Jay Hammond는 전투기 조종사, 사냥꾼, 야생동물 생물학자 출신으로 다채로운 경력을 가진 인물이었다. 해먼드는 자신이 '주식회사 알래스카Alaska Inc.'라고 부른 이윤 공유제를 구상했다. 이 구상에 따르면 주식회사 알래스카는 석유 수입의 50%를 받아 투자하고, 그 수익금을 주에 거주한 기간에 따라 매년 1주씩 배당하자는 것이었다. APF와 PFD가 구체화되면서 해먼드의 원래 구상은 변형된 형태로 반영되었다.

1970년대 중반에 이르러 석유 수입을 지출하기보다는 저축해야 한다는 비판적 공감대가 형성되었다. 일부는 당시에 겪었던 경험에 반작용이기도 했다. 1969년 알래스카주 재정에는 석유 임대권 판매로 9억 달러의 첫 자금이 입고되었다. 이 자금 중 일부를 학교를 짓고 학자금 대출을 보조하는 데 사용했고, 일부를 상하수도, 도로, 공항 등 다른 유형의 인프라에 지출했다. 처음 투입된 9억 달러가 대체로 잘 쓰였다고 봐야 할 것이다. 이처럼 이 자금은 신생 주의 인프라와 인적 자본에 대한 투자로 사용되었다. 그럼에도 1970년대 초중반의 대중적 분위기는 그런 막대한 금액이 그렇게 빨리 지출되어 소진될 수 있었다는 사실로 당혹감 그 자체였다. 해먼드의 표현을 빌리자면, "둥지의 알"이 "순식간에 흩어져 버린" 것이다(Hammond 1994, 247). 이를 계기로 입법부는 해먼드의 주식회사 알래스카의 제안을 비슷한 모델로 삼아 석유 수입의 일부를 투자 목적으로 예치하는 '영구 기금Permanent Fund' 설립 법안을 큰 어려움 없이 통과시켰다.

놀랍게도 많은 이들의 예상과 달리 해먼드는 이 법안에 거부권을 행사했다. 그는 대신 헌법 개정에 무게를 두었다. 그는 공개적으로 입법부의 영구 기금이 기존 주 헌법의 "전용 기금" 금지 조항을 위반한 것이어서 법원에 의해 무산될 가능성이 높기 때문에 헌법 개정이 필요하다고 주장했다. 나중에 그는 자신의 가장 큰 우려는 법원이 아니라 입법부 자체였다고 솔직하게 인정했다. 기금이 헌법에 명시되지 않는 한, 미래의 어느 입법 회기에서도 법을 변경해 기금을 다른 용도로 돌릴 수 있기 때문이었다(Rose 2008, 128; Hammond 1994, 248).

입법부는 영구 기금을 주민 투표에 부쳤고, 1976년 알래스카 유권자들은 이를 승인했다. 위에서 언급했듯이, 이 법안의 통과는 초기 임대권 판매에서 나온 9억 달러의 지출에 대한 후회로 인해 순조롭게 되었다. (물론 선거 전 해먼드는 "영구 기금을 지지해야 할 다른 이유도 여럿 있지만, 지금 당장 떠오르는 것은 9억 달러밖에 없다!"라고 촉구했다.) 수정안 문구의 모호함도 도움이 되었다. 개정안에는 영구 기금의 돈을 어떻게 투자하고 그 수입금을 어떻게 사용해야 하는지 명시되어 있지 않았다. 영구 기금이 저축 계좌, 개발은행, 배당금의 원천 또는 돈을 헤프게 쓰는 정치인들의 손아귀에서 석유 부를 멀리 떼어 놓을 방법임을 알아 버린 사람들은 모두 이를 지지했다(Groh and Erikson 2012, 21~22; Rose 2008, 130~131).

1977년에 전선이 형성되었다. 1980년대에 APF를 관리했던 데이브 로즈(Dave Rose 2008, 141ff)의 설명에 따르면, 세 가지 주요 파벌이 존재했다. 주 상원 지도부는 재계의 많은 지원을 받아 APF를 주내 민간 부문 개발에 자금을 지원하는 개발은행으로 활용하고자 했다. 또한 하원 지도부는 개발은행이 비자금보다 나을 게 없다고 보고, 오일 머니를 보수적이고 전문적으로 투자해 재정 수익을 극대화하기를 원했다. 또, 해먼드 주지사는 일반 알래스카 주민들에게 배당금을 지급하라고 계속 요구했다.

해먼드는 보수적인 투자를 옹호하는 자들과 협조하는 데 성공했다. 두 번째 임기를 시작할 때, 그는 협조의 결과로 나온 법안에 전폭적인 지지를 보냈고, 위협과 결탁에 힘입어 그 법안은 (해먼드의 말로는, "버터 바른 수박처럼") 빠르게 입법부를 통과했다(Hammond 1994, 251; cf. Groh and Erikson 2012, 2829; Rose 2008, 150ff). 1978년 법에 따라 기금은 독립 기관인 알래스카 영구 기금 공사Alaska Permanent Fund Corporation의 전문적인 관리하에 신중하게 투자되어야 했다. 주 주민들은 매년 투자 수익의 50%를 배당금으로 분배받았고, 배당금은 주 거주 기간에 따라 결정되었다(Rose 2008, 154).

그러나 법원은 거주 연수에 따른 배당금의 배분에 즉시 이의를 제기했다. 그 사건이 미국 대법원까지 올라가는 동안, 해먼드와 그의 협력자들은 원래 계획이 위헌으로 판결될 경우 발효될 또 다른 판본의 안을 예비책으로 통과시켰다(결국 원래 계획은 위헌으로 판결되었다). 두 번째 판본은 오늘날 알래스카가 누리고 있는 '영구 기금 배당(PFD)'의 기초가 되었는데, 모든 거주자(주에 1년 이상 거주한 모든 사람)에게 동일한 금액의 연간 배당금을 지급하도록 규정했으며, 학생, 군인 등에 주는 특별 조항도 포함되었다. 이 법안에는 몇 가지 새로운 조항도 들어가 있었다. 매년 수입금의 일부를 기금의 원금에 예치해 기금이 "인플레이션에 대비"하도록 규정했다. 그리고 배당금의 금액을 현재 연도의 성과만이 아닌, 5년 평균 성과에 기반하도록 해 더욱 예측 가능성을 높였다. 해먼드는 두 번째 판본의 법안에 그다지 열의를 보이지 않았다. (법정 소송을 제기한 원고인 조벨 부부Zobels를 염두에 두고 그는 냉소적인 유머로 배당금 수표를 알파벳 순서대로 아주 천천히 우송해서 조벨 부부가 가장 늦게 받게 해야 한다고 제안했다 [Hammond 1994, 253]). 하지만 해먼드는 법안 통과를 보장하기 위해 다시 한번 자신의 직책이 가진 온갖 영향력(그는 이를 "감언, 타협, 기도, 그리고 노골적인 협박"이라고 표현했다.)을 행사했다(Hammond 2001, 138). 결국 그는 동등 배당 조항으로 마음의 평화를 얻었다고 말했다. 이 조항에 힘입어 주 전체 인구의 큰 비중을 차지하던 신규 주민들이 1980년대 초에 기금을 불시에 전용하려고 하던 정치인들에 맞서 알래스카 영구 기금의 열정적인 수호자가 되었다(Hammond 1994, 253; Rose 2008, 165; Groh and Erikson 2012, 33).

알래스카 영구 기금과 영구 기금 배당에 대한 해석

어떤 면에서 알래스카 영구 기금(APF)에 밝힌 목적의 모호함은 시원하게 해결된 적이 없다. 데이브 로즈는 이 문제를 냉철하게 꼬집었다(2008, 185).

흔히들 알래스카 석유 부를 조금이라도 낭비하지 않게 막자는 목표는 잘 받아들였다. 이는 소극적 목표였다. 이 기금이 무엇을 반대하는지는 알려졌지만 무엇을 위한 것인지는 알려지지 않았다. 수년간 이뤄진 입법 논의를 통해 주 내 대출, 경제 개발, 지역 사회 프로젝트와 같은 유력한 여러 목표들이 고려되었지만 폐기되었다. 이러한 배제 과정을 거쳐 적극적 목표는 단 하나도 남지 않았다.

초기에 제안된 영구 기금 목표들 중 유력한 후보는, 주의 유전이 고갈되었을 때에도 주 정부에 정기적인 소득을 제공하자는 목표였다(Rose 2008, 185). 이는 '재생 불능 자원non-renewable resource[23]을 지속 가능하게 관리하자'는, 즉 지속 가능한 투자 수익 흐름으로 전환하자는 교과서적인 처방에 해당한다.(5장에서 지속 가능성을 더 논한다.) 이 목표가 있었다면 기금 운용자들은 투자와 저축에 대한 명확한 목표와 기준을 수립할 수 있었을 것이다. 이 목표는 채택되지 않았다. 로즈는 다음과 같이 말했다. "오늘날까지 기금의 소득은 배당금, 인플레이션 방지, 그리고 입법부가 선택한 기타 지출에 사용되도록 규정되어 있다. 명확한 목표는 없다(2008, 185)."

주민 대다수의 마음속에는 APF의 목적에 어떤 모호함도 없다. 그것은 단지 배당금을 조성하는 수단일 뿐이다. 배당금의 인기로 인해 APF는 알래스카 정치에서 건드려서는 안 되는 '민감한 주제'

---

[23] 재생 불능 자원은 자연에서 회복되는 속도보다 빠르게 사용되어 결국 고갈되는 자원을 말한다. 한번 사용하면 다시 채워지지 않거나 매우 오랜 시간이 지나야 재생되는 특징이 있다. 화석연료, 광물 자원, 지하수 등이 있다.

가 되어 버렸다. 지난 수십 년 동안 정치인들은 기금을 손보자는 제안이 정치적 자살 행위임을 알고 있었다. 그러나 소득세가 없는 상황(1980년 폐지)에서, 석유 수입이 줄고 주의 재정이 점점 더 어려워지면서 결국 APF가 주의 운영 경비로 사용될 가능성은 점점 높아지고 있다. APF는 이 상황을 염두에 두고 관리하지 않았기 때문에, 원금이 줄거나 배당금이 사라지거나, 두 가지가 모두 발생할 가능성은 상당하다.

'영구 기금 배당(PFD)'의 목적 자체 역시 마찬가지로 모호하다. 1980년 PFD를 만든 법안에는 석유 부의 공평한 분배, 알래스카 인구의 급격한 이주율 감소, 주민의 기금 관리와 지출에 대한 관심 독려라는 세 가지 목적이 명시되어 있었다(Rose 2008, 160).

세 번째 명시한 목적은 로즈와 같은 냉철한 내부 관계자가 강조했다. 영구 기금 배당을 향한 풀뿌리 열정은 정치인의 공격으로부터 알래스카 영구 기금(APF)을 보호하는 다층적 방어책의 일환이다. (다른 방어 수단으로는 기금이 조심스레 일궈 온 투명성, 독립적이고 비당파적인 지위, 그리고 공공과 민간 부문 프로젝트에 대안적 자금 조달 방안을 제공함으로써 문제 소지를 차단하는 다른 주 기관들의 보호막이 포함된다[Rose 2008, 146~149].)

두 번째로 명시한 목적, 즉 주 인구의 '이동율'을 줄이자는 목적은, 1970년대 후반과 1980년대 초반에는 주민이 감소할 위험이 없었고(사실 인구 유입이 가속화되었고), 배당금 구상에 반대하는 흔한 논거였던 '무임승차자를 끌어들일 위험'과 상충된다는 점에서 특이하다. 명시된 이 목적은 "장기 거주자들에게 보상"하고 또한 "영구 거주자들에게 보상"하려는 의도가 숨겨져 있다고 보인다. 이는 주

유전과 기타 인프라를 건설할 유동 노동력도 바라는 감정의 양면을 반영한다. 오랜 기간 감내해 온 높은 생활비(Hammond 1994, 251)와 주를 일으켜 세우는 데 기여한 점(최소한 폐지 전까지 소득세 납부를 포함해)은 모두 장기 거주자를 우대하는 논거로 작용했다.

첫 번째로 명시한 목적, 즉 주의 석유 자원을 주민들 사이에 공평하게 분배하자는 목적은 해먼드가 주장했으며, 오늘날 영구 기금 배당의 목적으로 널리 받아들여지고 있다(Cummine 2016, 169). 해먼드와 다른 사람들은 이를 정당화하기 위해 주 헌법을 자주 언급한다. 해먼드는 "배당금 개념은 알래스카 헌법에 근거한 것으로, 알래스카의 자연 자원은 주가 아니라 알래스카 주민 자신이 소유한다"라고 기술했다(1994, 251).

사실, 이는 과장된 표현이다. 알래스카 헌법은 주민이 주의 자원을 소유한다고 말하지 않는다. 헌법에는 자연 자원의 관리가 "**주에 속하며** … 주민의 **최대 이익을 위해서**"라고 기술되어 있다(제8조 2항, 강조 표시 추가). 1980년대의 한 법원 판결은 이러한 점을 보강하며, 각 알래스카 주민이 주의 석유, 목재, 어류, 물, 공기 등의 지분을 **소유한다**는 주장(조지 에반스를 연상시키는 주장)을 명확히 거부했다(Rose 2008, 168~169).

자원을 누가 소유하느냐가 실제로 중요한가? 대부분의 국가에서는 지하 광물권의 소유권은 정부에 귀속된다. 미국은 상당한 예외로서 많은 지역에서 땅을 소유한 사람이 땅 아래에 있는 광물도 소유한다. 알래스카에서 프루도만과 그 아래의 풍부한 석유 매장지를 연방 정부나 민간이 아닌 주의 소유로 만든 것은 한 지질학자의 냉철한 직관 덕분이었다.

알래스카주가 실제로 시추 작업을 수행하는 석유 회사들로부터 받는 수입금은 세금, 수수료, 로열티로 구성되어 있다. 이 중 지급금(예: 로열티)의 일부는 자원의 소유자로서 주에 지불되지만, 다른 일부는 공공 신탁의 관리자인 주에 지불된다. 예를 들어 채굴세 severance tax[24]는 자원의 돌이킬 수 없는 손실에 대해서 대중에게 주는 보상을 의미한다. 채굴세는 자원의 소유권을 누가 가지든 상관없이 주에 지불되며, 이 점에서 이 세금은 페인이 토지 문제에 냉철하게 적용한 원칙과 동일한 자연법 원칙을 반영하고 있다.

그러므로 질문에 답하자면 원칙적으로 자원을 누가 소유하느냐는 중요하지 않다. 이론상 프루도만을 개인 시민, 연방 정부, 또는 알래스카 원주민 부족이 소유했더라도, 채굴세 수입을 기반으로 알래스카 영구 기금을 설립할 수 있었다. 다만 기금 규모는 더 작았을 것이다.

이는 또 다른 질문으로 이어진다. 공공 자원을 사적으로 개발하는 자로부터 주민이 실제로 얼마만큼의 보상을 받아야 하는가? 이에 대해 페인은 10%의 재산세estate tax를 제안했는데, 이 숫자는 페인이 자의적으로 정한 듯하다. 알래스카 영구 기금(APF)에 들어가는 석유 수입의 액수도 상당히 임의적이며, 논쟁의 여지가 있지만 너무 낮아 보인다. 이 질문에 대한 원칙적인 접근 방식은 5장에서 살펴본다.

---

24 채굴세는 석유, 가스, 석탄 등과 같은 천연자원을 추출할 때 해당 자원이 있는 주가 부과하는 세금으로, 자원의 비가역적인 손실에 따른 보상이다.(옮긴이 주)

법에 명시된 영구 기금 배당(PFD)의 세 가지 정당화 논거 외에도 다른 정당성들이 존재한다. 예를 들어 해먼드는 주식회사 알래스카와 알래스카 영구 기금(APF)을 장기 거주자들에게 보상하는 방법으로만 보지 않고, 가장 가난한 알래스카 주민, 특히 알래스카 원주민을 포함한 시골 지역 주민을 지원하는 방법으로도 생각했다(Rose 2008, 166).

해먼드가 주식회사 알래스카를 꿈꾸기 훨씬 이전에, '브리스톨 베이 주식회사Bristol Bay, Inc.'라는 또 다른 구상을 하고 있었다. 해먼드는 1950년경부터 브리스톨 베이에 있는 나넥Naknek의 어촌 마을에 살았다. 1965년에 그는 브리스톨 베이 자치구를 관리하는 임시직을 맡으면서 지역 경제 상황을 개선하는 계획을 세우기 시작했다. 해먼드는 "그 일을 맡은 직후 간단한 조사에서 우리 자치구 경계 내에서 잡힌 물고기 수입의 거의 97%가 다른 곳(대부분 알래스카 외부)에 사는 사람들의 주머니로 들어간다는 사실을 알게 되었다"라고 말했다(Hammond 1994, 152~153; cf. Hammond 2012a, 9). 대부분 시애틀에 본사를 둔 상업 기업 등 외부인들이 공동체의 해양 자원을 수확하는 동안, 주민은 가난하게 살아가고 있었다. "우리는 고등학교도 없었고, 하수도나 급수 시스템, 의료 시설, 소방서, 경찰서, 응급 서비스도 없었다. 쓰레기는 봄의 높은 조수 때 얼음과 함께 떠내려가길 바라며 강둑에 버려졌다"(Hammond 2012a, 9). 해먼드의 구상은 물고기에 사용세use tax를 부과하자는 것이었다. 그렇게 하면 지역 주민이 3달러를 낼 때 외부인들은 자치구에 97달러를 지불하게 된다. 그런 다음에 지역 주민이 그 세금으로 형성된 포상과도 같은 풍요를 공유할 수 있도록, 해먼드는 세수를 투자회사인 브리스톨 베이 주식회사에 배정하고 자치구의 모든 주민들이 거주 기간에 비례해 지분을 소유하도록 하여 배당받게 하자고 제안했다(Hammond 1994, 152153).

그 사건을 회상하며, 해먼드는 자신이 형편없는 영업 사원임에 틀림없다고 한탄했다(Hammond 2012a, 12). 자신들에게 가해진 부당함을 바로잡을 전망으로도, 순수한 금전적 이익의 전망으로도 주민의 즉각적인 세금 반대 정서를 극복할 수 없었다.

결국에는 자치구의 유권자들이 물고기세fish tax를 승인했지만(해먼드가 이를 다른 세금의 동시 폐지와 연결시켜 더 매력 있게 만들었을 때), 투자 법인은 승인하지 않았다. 그 결과로 자치구는 새로운 세수가 넘쳐났지만, 주민들에게 이를 공유할 방법은 서비스 제공을 통해서밖에 없었다. 해먼드의 말에 따르면, "우리의 '농촌 빈민가'는 『포춘』지의 연구 결과가 이름한 대로 '**인구당 자치구 소득 면에서 우리나라에서 가장 부유한 지자체**'가 되었다"라고 했다(Hammond 1994, 153, 강조 표시 추가).

해먼드는 계속해서 말했다. "파킨슨의 법칙Parkinson's Law[25]에 따

---

[25] 영국의 행정학자 파킨슨(Cyril Northcote Parkinson)이 1957년에 주창한 법칙으로, 공무원의 수는 업무량과는 직접 관계없이 심리적 요인에 의해 꾸준히 증가한다는 이론이다. 영국 해군에서 근무하던 파킨슨은 1914년부터 1928년 동안 함정은 67%, 장병 수는 31.5% 감소했으나, 해군의 행정 인력은 오히려 78%나 증가했음을 발견했다. 이 현상을 조사한 내용은 다음과 같다. 부하 배증의 법칙(제1공리)—공무원은 업무량이 너무 늘어날 때 같은 동료 공무원들의 손을 빌리거나 업무를 재분배하는 대신 신입 공무원을 보충해서 업무 경감을 꾀하려는 '심리적 특성'이 있다. 업무 배증의 법칙(제2공리)—제1공리로 인해 신입 공무원이 늘면 조직 내부의 업무(부하에게 지

르면, 정부는 항상 사용 가능한 모든 돈을 쓰기 위해 확장할 것이다. 브리스톨 베이 자치구도 예외는 아니었다." 세수가 증가함에 따라 자치구는 그 돈을 사용할 방법을 찾아냈지만 그리 현명하지는 않았다. 임시 관리자였던 해먼드와 그의 정규직 비서가 함께 자치구에서 받는 급여는 한때 연간 2만 달러에 불과했다. 이십 년 후 그의 보고에 따르면 자치구의 관리자는 8만 달러의 연봉을 받았으며, 21명의 정규직 직원을 거느리고 있었고, 재산세는 줄어들기는커녕 오히려 증가했다고 한다(Hammond 1994, 152153; cf. Hammond 2012a, 1011; Hammond 2004, 22).

해먼드의 관점에서, 브리스톨 베이는 알래스카 전체에 경종을 울리는 사례였다. 알래스카 주민들은 자신들의 자연 자원이 창출하는 부에서 정당한 몫을 받아야 한다. 그리고 그 몫은 페인식으로 개인의 주머니에 직접 들어가야 한다. 대신에 그 몫이 헨리 조지식으로 정부를 통해 걸러진다면, 사람들은 상응하는 혜택을 받지 못할 것이다. 혜택은 필요나 공로가 아니라 정치적 접근성에 따라 불균등하게 나뉘게 된다. 그 막대한 재원은 낭비와 부패를 초래할 우려가 있다. 나아가 그 돈을 소화하기 위해 정부가 팽창하면 결국 그 부담은 납세자가 져야 할 것이다.

알래스카는 1970년대 후반 프루도만의 석유 자금이 주 정부 금고에 유입되기 시작했을 때 낭비, 부패, 그리고 비대해진 정부를 경험했다. 로즈(Rose 2008, 149)는 1979년 '돈에 취한 의사당 분위

시, 통제, 업무 보고 등)가 늘어나 업무량이 더 늘어난다. 이처럼 제1공리와 제2공리, 두 공리의 악순환을 거쳐 공무원 수는 계속 증가한다.(옮긴이 주)

기'를 "의원들이 갑자기 먹을 수 있는 양보다 더 많은 사탕을 손에 넣은 아이들처럼 행동했다"라고 묘사했다. 상황은 더욱 악화되었다. "1980년의 의회는 전례 없는 지출에도 불구하고, 이후 몇 년 동안 이어진 의회들에 비하면 재정 보수주의의 모델이었다. 한 회계연도에는 60억 달러가 의회로부터 흘러나왔다. 자본 예산capital budget[26]이 증가함에 따라 공공 절차는 붕괴되었다. 입법부 직원들은 재정 위원회 보좌관에게 한마디만 하면 프로젝트 자금을 확보할 수 있었다"(Rose 2008, 153, 162). 이 기간 동안 두 명의 상원 의원이 뇌물 수수와 직권 남용 혐의로 기소되었다(Rose 2008, 162).

이런 관점에서 보면, 알래스카 영구 기금(APF)은 적절한 시기에 도입되었다. 이 제도는 적어도 일부 석유 자금을 바로 거둬들임으로써, 막대한 금액이 손에 들어오면 생기는 부패를 어느 정도 막을 수 있었다. 또한 일정 기간에 걸쳐 평범한 알래스카 주민들에게 질서 있게 분배할 수 있도록 일부 자산을 보존해 주었다.

알래스카를 넘어

오랫동안 알래스카 영구 기금(APF)과 영구 기금 배당(PFD)은 순전히 지역 관심사에 지나지 않았다. 그러던 중 1999년쯤부터 문의가 들어오기 시작했다고 해먼드는 회상한다. 덴마크의 한 텔레비전 제작진이 그린란드 자원 개발을 다룬 프로그램을 준비하면서,

---

26 인프라 프로젝트, 건설, 대규모 설비 구입 등 장기적이고 자본 집약적인 투자에 사용할 자금을 계획하고 배분하는 예산을 말한다.(옮긴이 주)

그 개념이 그린란드에도 적용될 수 있을 것 같다며 인터뷰를 요청해 왔다. 또, 브리티시 컬럼비아주에 있는 한 단체는 자체적으로 영구 기금을 설립하고 싶다며 전화를 걸어 왔다. 세계은행은 그를 워싱턴 D.C.로 초청해 브리핑을 진행했다. 해먼드는 "그들은 석유를 가진 다른 모든 주와 국가를 조사한 끝에, 알래스카가 모든 시민이 어느 정도 혜택을 받을 수 있도록 보장하는 일을 가장 잘해 왔다는 결론을 내렸다"라고 회상했다. 세계은행 대표들은 특히 배당 프로그램에 매료되었으며, 이를 '천재적인 발상'이라고 평가했다(Hammond 2001, 140; Hammond 2012a, 47ff).

경험 많은 관찰자들은 석유 자원이 양날의 검임을 알고 있다. 일부는 저주라고 부르기도 한다. 베네수엘라의 한 관리는 『이코노미스트The Economist』와의 인터뷰에서 "나는 석유를 악마의 배설물이라고 부른다"라고 말했다(Hammond 2012a, 5에서 인용). "그건 여러 문제를 초래한다. 낭비와 부패, 과도한 소비, 공공 서비스의 붕괴가 뒤따른다. 그리고 우리는 수년간 부채를 짊어지고 살아야 한다." 알래스카의 경험은 베네수엘라뿐 아니라 많은 석유 부국 개발 도상국의 경험과 비슷했다. 석유 부의 유입은 재정 규율을 느슨하게 했다. 돈은 낭비하는 방식, 지속 불가능한 방식으로, 그리고 호황이 끝난 뒤에는 유지할 수 없는 형태로 쓰였으며, 결국 내부자들의 주머니만 채우는 결과를 낳았다. 이 현상을 '자원의 저주resource curse'라고 부른다. 이는 다양한 원천으로부터 갑작스레 부가 국가에 유입되면 일어날 수 있으며 석유가 대표 사례이다.

1999년 해먼드를 인터뷰한 세계은행 관계자들은 배당금 지급이 점차 일반 통념으로 자리 잡고 있음을 이해하게 되었다. 즉, 나라의 자원에서 파생된 부의 일부를 배당금으로 지급하면 '자원의 저주'와 관련된 부패와 관리 부실 문제를 해결할 수 있다는 사실이다. 여기에는 최소 두 가지 이유가 있다.

첫째, 배당금 분배는 자원 수입의 처리 과정에서 투명성과 책임성을 향상시킨다. 배당금을 받지 않는다면, 일반 시민들은 관련 금액의 크기를 알거나 관리 부실을 감지하기 어렵다. 반면에 공유부 수입이 배당금으로 분배된다면 모든 시민은 돈의 흐름을 추적하고 사기나 부패가 없는지 확인하는 데 직접적인 이해관계를 갖게 된다. 이는 1978년 알래스카에서 영구 기금 배당을 창설한 법에 명시된 세 가지 목표 중 하나였다. 즉, 사람들이 석유 자원의 관리 방식에 관심을 가져야 한다는 목표이다. 알래스카에서는 이 제도가 잘 작동해 왔다. 주식 감시자들은 알래스카 영구 기금의 투자 방식을 면밀히 예의 주시하고 있다. 유권자의 감시하에, 알래스카 정치인은 기금의 원금을 건드리지 않았을 뿐만 아니라, 남은 수입금을 지출하지 않고 정기적으로 기금에 재투자해 왔다.

둘째, 배당금은 더 큰 가능성을 열어 준다. 자원의 저주를 근본적으로 없애고 정부의 효율성과 책임성을 증진시킬 수 있다.

이제 자원의 저주가 빚어 내는 역학 관계(막대한 광물 자원이 그 나라에 비효율적이고 권위적인 정권과 취약한 경제를 안겨 주는 경향이 있다는 관찰 결과)는 상당히 잘 이해되고 있다. 이 현상은 근대 초기로 거슬러 올라간다. 당시 남미산 은은 강력한 스페인 정권의 재원이었지만, 결국 만성적 파산과 산업의 후진성을 초래했다. 왕실 금고로 은이

쏟아져 들어오면서, 훌륭한 군대와 해군을 양성하고 교회를 아낌없이 후원하며, 궁정의 관직을 늘리는 일이 매우 쉬워졌다. 스페인 왕실은 세수를 국민에게 의존하지 않았기 때문에 그들을 거의 무시했다. 하지만 아메리카 은광에서 나오는 수입이 고갈되자 스페인은 무능하고 비효율적인 관료제가 온존하고, 세금의 기반인 국내 경제가 붕괴돼 만성적인 부채에 시달리는 삼류 국가로 전락했다. 반면에 스페인의 주요 군사 경쟁국인 영국과 네덜란드는 그러한 현금을 쉽게 구할 수 없었다. 그들은 군대와 해군을 키워야 할 때는 자국민을 징집하고 세금을 걷어야 했다. 이는 쉬운 과정이 아니어서 많은 희생과 협상이 필요했다. 그 결과 영국과 네덜란드의 관료제는 간결하고 효율적이었으며, 정부는 국민의 요구와 바람에 훨씬 더 민감하게 반응했다.[27]

한 가지 구분이 필요하다. 시민이 부담하는 세금으로 운영하는 정부와, 독자적인 부의 원천을 가진 정부의 차이다. 시민이 내는 세금에 의존하는 정부는 효율성과 건전한 운영을 바라는 시민들의 요구를 수용할 수밖에 없다. 이런 정부는 중산층 기반의 세원을 강화하기 위해 인프라, 교육, 보건 등 다양한 분야에 적극 투자할 동기를 갖는다. 다시 말하면, 세금을 바탕으로 이뤄진 의무는 곧 사회 계약의 일환이다(예: Moss and Young 2009 참조).

---

27 '자원의 저주'와 달리 여러 문헌에서 논의되는 전혀 별개의 역학 관계로 '네덜란드병(Dutch disease)'이 있다. 이 현상은 자연 자원 추출이 환율에 영향을 미쳐서 경제의 다른 부문을 쇠락하게 만든다. 자원의 저주에 관한 문헌 소개는 험프리스 외(Macartan Humphreys et al. 2007), 디콘(Robert T. Deacon 2011)을 참조하자. 초기 근대 스페인의 경험은 랜디스(David S. Landes 1999, 168ff)를 참조하자.

따라서 자원 부국이 '자원의 저주'를 피하려면 조지보다는 페인의 방식을 따라야 한다. 자원 수입금을 직접 재정에 투입하기보다 시민들에게 가능한 분배하고, 이후 그들에게 세금을 부과해 공공 자금을 조성하는 방식이 바람직하다. 그 자금의 일부는 예전처럼 국고(재정)로 유입되겠지만, 이번에는 정부가 그 돈을 절약하고 철저히 관리하도록 유도하는 경로를 거쳐 들어가게 된다. 해먼드는 이를 잘 이해하고 있었다. 그가 주지사 관저에 있을 때 가장 후회했던 일은 임기 동안 알래스카주의 소득세가 폐지되도록 허용한 일이었다(Creating Alaska 2004, 30). 영구 기금 배당(PFD)이 정부의 석유 자원 낭비를 어느 정도 막았을지는 모르지만, 소득세의 폐지로 주 정부는 여전히 초기 근대 스페인과 같은 재정적 자유 낙하 상태에 있었다. 입법자들은 유권자들의 돈이 아닌 별도의 기금에 있는 돈을 쓰고 있었기 때문에, 비교적 재정 압박을 덜 받았다. 석유 수입이 줄어들면 입법자들은 결국 세금을 다시 부과해야 할 시점이 오며, 그 과정은 매우 고통스럽다는 걸 분명히 인식하고 있었다. 그런 일이 일어나기 전에 임시방편에 의해서 알래스카 영구 기금(APF)이 침탈될지 여부는 지켜봐야 한다. (2020년 현재, 언론인들은 "알래스카는 10억 달러의 예산 적자에 놓여 있고, 정부의 예비 자금이 들어 있는 기본 저축 계좌는 거의 비어 있다"라고 보도하면서 교육과 의료 보장 지출의 고통스러운 삭감을 예상하고 있다[Herz 2020a]. 2020년에 정부는 2018~2019년에 채택된 공식에 따라 '[기금의] 지속 가능성을 유지하면서 인출할 수 있는 최대 금액'인 30억 달러를 APF에서 인출했다[Herz 2020b].)

일부 분석가들, 샌드부(Sandbu 2006), 색슨(Shaxson 2007, 2008), 페

그(Pegg 2018)와 같은 이들은 알래스카가 하듯 수입을 투자하고 그 수익만을 분배하는 대신에 연료와 광물 자원에서 나오는 수입에서 직접 광범위한 배당금을 지급하기를 권고했다. 이 저자들은 자원의 저주에서 배운 통찰을 제시하며 광범위한 배당금과 과세가 어떻게 저주를 치료할 수 있는지 보여 주었다. 그러나 이들은 5장에서 자세히 다룰 지속 가능성의 문제는 다루지 않았다. 간단히 말해, 재생 불능 자원을 채굴할 때는 그 수입을 알래스카 영구 기금 유형의 투자 기금처럼, 혜택을 영구적으로 제공할 수 있도록 다른 류의 자원으로 자본화하는[28] 데 사용하는 것이 사회의 장기적 이익에 부합한다. 알래스카의 경우, 주 정부가 알래스카 영구 기금을 자본화하지 않고 단순히 석유 수입을 지출이나 배당금으로 소진했다면, 주 정부가 현재보다 훨씬 더 나쁜 재정 상태였을 것은 쉽게 짐작할 수 있다. 색슨(Shaxson 2008, 13)은 부패로 인해 많은 제3세계 국가에서 알래스카 영구 기금과 같은 기금 설립이 실현 가능하지 않다고 지적한다. 부패는 심각한 문제지만, 이런 이의 제기는 비교적 쉽게 극복할 수 있다. 색슨이 제안한 바로 그 메커니즘을 활용해 자원 수입을 배당금으로 분배하면 된다. 즉, 채굴을 수행하는 회사가 기금을 정부의 손을 거치지 않고 독립 기관(유엔이나 세계은행의 전문화된 부서와 같은 신뢰할 수 있는 국제기구)에 예치하도록 요구하면 된다(2008, 17).

---

28 여기에서 자본화하다(capitalize)는 '자본으로 전환하다'라는 의미로 사용된다. 구체적으로는, 재생 불능 자원을 추출해 얻은 수입을 다른 형태의 (투자)자산으로 전환한다는 의미이다. 이 자산은 장기적으로 지속해서 수익을 제공할 자산을 말한다.(옮긴이 주)

현재까지 석유나 광물을 채굴하는 어떤 나라도 자원의 저주에서 벗어나는 명확한 길을 찾지 못했다. 많은 나라들이 공공의 이익을 위해 자원 지대를 활용하는 데 좋은 성과를 내고 있다(조지주의의 경로). 예를 들어 많은 나라들이 국부 펀드(Sovereign wealth funds, SWFs)를 설립해 재생 불능 자원의 부를 알래스카 영구 기금의 길을 따라 투자 수익의 흐름으로 전환하고 있다(Cummine 2016). 몇 안 되는 나라들은 자원 부를 시민들에게 혜택을 주는 데 사용하고, 심지어 그 부의 일부를 개인에게 직접 이전하는 데 칭송받을 만큼의 성과를 냈다. 노르웨이는 사회화된 의료 서비스와 실업 급여를 제공한다(Hammond 2012a, 48). 쿠웨이트는 교육에 주는 관대한 보조금과 고용 보장, 연금 및 다양한 이전 지불로 폭넓은 번영을 뒷받침해 왔다(El-Katiri et al. 2011). 2008년에 볼리비아는 천연가스 수입의 30%로 자금을 조달하는 노령 연금 제도를 도입했다. 볼리비아 정부는 연금 제도인 **렌타 디그니다드**Renta Dignidad를 "우리의 자연 자원 국유화의 구체적인 결과"라고 설명하고 있다(Segal 2012a).

알래스카 영구 기금은 크게 주목을 받으면서, 공유부 배당 제도를 설립하려는 다른 노력에도 직접적인 영감을 주었다. 예를 들어, 미국 오리건주 셔먼 카운티에서는 상업용 풍력 발전소에서 받은 수입금의 일부를 카운티 내 토지 소유주들에게 지급하고 있다. 이 배당 프로그램은 알래스카 영구 기금의 사례에서 직접 영감을 받았다. 이 배당금은 일부는 주민들에게 풍경의 변화를 보상하려 함이며, 일부는 자신의 소유지에 터빈이 없어 풍력 발전소로부터 직접 보상을 받지 못하는 토지 소유주에게도 "부를 나누어" 정치적으로 더 끌리게 하려 함이다. 배당금은 모든 주민이 아닌 토지 소유주에게 지급된다. 금액은 연간 600달러 미만으로 임의로 정해졌는데, 그 이상이 되면 카운티에서 추가 세금 서류를 준비해야 하기 때문이다. 배당금으로 분배되지 않는 풍력 발전 수입은 학교 프로그램을 포함한 카운티의 다른 경비를 충당하는 데 사용된다(Barnes 2014, 128; Van Der Voo 2011).

아직 실행되지 않은 노력들도 있다. 메인주에서는 사업가이자 전직 주 의원인 짐 윌퐁Jim Wilfong이 2004년에 메인 물 배당 신탁 Maine Water Dividend Trust을 창설하려고 애썼다. 지하수 추출에 부과하는 소액의 세금으로 자금을 조달할 예정이었다(Corrigan 2004). 윌퐁은 메인주의 물을 두고 "석유와 같다"며, 메인주가 "사우디아라비아는 아니더라도, 최소한 텍사스나 알래스카 정도는 될 수 있다"라고 주장했다(Wilfong 2007). 이 통찰은 샤워하다가 우연히 떠올랐다(Tomales Bay 2006, 9)고 한다. 폴란드 스프링스Poland Springs와 같은 대형 생수 업체들이 메인주의 지하수를 무료로 추출한 뒤, 이를 팔아서 막대한 이윤을 남기는 게 과연 옳은 일일까? 메인주의 주민들은 납세자이자 주택 소유자로서, 수십 년간 지하수 자원을 깨끗이 유지하기 위해 희생을 감수해 왔다. 가정에서는 정화조 시스템을 설치하는 데만도 1만~1만 5천 달러를 기꺼이 지출하며, 산업 폐수 관리 시스템의 비용은 이보다 훨씬 더 크다(Corrigan 2004). 이런 점을 감안할 때, 대형 업체들이 깨끗한 물을 무료로 가져가는 게 결코 정당해 보이지 않는다. 윌퐁은 동텍사스East Texas를 여행하던 중, 석유를 생산하는 지역 사회가 여전히 빈곤에 허덕이는 모습을 보고 충격을 받았다(Smith 2004). 그는 메인주의 지역 사회 역시 주 외부의 대형 생수 업체들에 의해 지배당하는 비슷한 미래를 쉽게 상상할 수 있었다(Wilfong 2007). 참고로, 1980년 폴란드 스프링스는 프랑스 기업 페리에Perrier에 인수되었고, 1992년에는 페리에가 국제 식품 대기업 네슬레Nestlé에 인수되었다.

월퐁은 먼저 지하수 추출에 추가 요금을 도입하는 방안을 논의하기 위해, 과거에 근무했던 입법부의 동료들을 찾아갔다(Corrigan 2004; Wilfong 2006). 하지만 이 구상에 대해 입법부 내 열의가 매우 부족함을 깨닫고, 월퐁은 국민 투표 청원을 조직하기로 결심했다. 생수 업체들에게 20액량 온스당 3센트(갤런당 약 18센트)의 추가 요금을 부과하자는 청원이었다. 다만 연간 50만 갤런을 초과해 물을 추출하는 때에만 추가 요금이 적용돼, 소규모 사업체에게는 부담을 주지 않도록 청원을 설계했다. 이렇게 마련된 수익은 특별 기금에 예치되어, 소규모 사업체 대출 지원, 주 외부 투자 유치, 주 및 지방 자치 단체의 수자원 인프라 유지 보수, 수자원 보전 교육 프로그램 등 다양한 목적으로 사용될 예정이었다. 또한, 기금의 수탁자는 매년 투자 수익의 일부를 메인주 납세자들에게 배당금으로 지급하는 걸 허용할 계획이었다(메인주 식수 공급 보존법 2005). 특히 이 계획의 배당금 제도는 알래스카의 영구 기금 배당(PFD)에서 영감을 받았는데, 월퐁은 알래스카에 거주하는 형제로부터 PFD에 대해 듣고 이를 참고했다고 한다(Tomales Bay 2006, 9).

대형 생수 업체들은 2004년 국민 투표 청원에 강하게 반대했다(Wilfong 2005; Wilfong 2006). 풀뿌리 운동을 주도한 조직자들은 국민 투표를 실행하는 데 필요한 51,519개의 서명을 훨씬 초과하는 서명을 확보했다고 자신했지만, 기술적인 이유로 수천 개의 서명이 이의 제기되어 무효 처리되면서 청원은 결국 기각되었다(Quinn 2005; Wilfong 2006).

이 패배 후, 월퐁과 그의 동지들은 전략을 바꿨다. 2007년, 그들은 메인주의 지하수를 "공공 신탁public trust"으로 선언하자는 국민투표를 추진했다. 이는 메인주의 호수들이 식민지 시대 이후로 누려 온 지위와 동일한 법적 지위를 메인주의 대수층aquifer[29]에도 부여하자는 조치였다. (공공 신탁 원칙에 대한 자세한 내용은 5장에서 다룬다.) 메인주의 호수 소유권은 주의 주민들에게 귀속되며, 정부는 모든 시민과 미래 세대의 이익을 위해 이를 관리할 책임을 진다. 지하수를 공공 신탁으로 하자는 선언은 물의 소유권 문제를 해결하고, 메인주의 주민과 그들의 대표자에게 생수 업체들이 어디에서 공장을 운영할지, 얼마나 채굴할지를 결정할 권리를 부여한다. 이 조치는 현재 텍사스에서 "가장 큰 펌프의 법칙the law of the biggest pump"으로 알려진 "절대 지배absolute dominion" 시스템과 대조를 이룬다. 텍사스의 시스템은 같은 대수층을 공유하는 다른 사람들에게 미치는 영향과 상관없이, 누구나 자신의 재산에서 원하는 만큼 물을 퍼 올릴 수 있도록 허용하고 있다(Wilfong 2007). 공공 신탁 선언은 또한 생수 업체들이 물에 시장 가격을 지불하도록 요구하고, 물의 법적 소유자들에게 배당금을 지급하는 첫 단계가 될 수 있다

---

29 지하수가 있는 지층으로, 물이 포화 상태에 있어서 상당한 양의 물을 산출할 수 있다.(옮긴이 주)

(Wilfong 2006). 이번에는 이 문제를 국민 투표에 부치기 위한 청원에 성공했지만, 국민 투표는 패배로 끝이 났다. 윌퐁은 패배 원인 중 하나로 대형 생수 업체들이 투표용지에 표현된 문구를 결정하는 과정에 부당한 영향력을 행사했다고 지적했다(Wilfong 2007).

인근 버몬트Vermont에서는 공유부 배당을 가장 끈질기고 창의적으로 주창한 자들을 찾아볼 수 있다. 2004년, 생태 경제학자 게리 플로멘호프트Gary Flomenhoft가 이끄는 버몬트대학교 팀은 자원이 부족한 그린 마운틴주조차도 공유부 배당의 혜택을 누릴 수 있음을 증명하고자 나섰다(Flomenhoft 2012, 90). 이들은 어류와 야생동물, 숲, 지표수와 지하수, 광물, 바람, 토지 가치 등을 포함해, 버몬트의 모든 시민에게 수입을 창출할 수 있는 자연 자원 및 기타 공유 자원이 담긴 긴 목록을 작성했다. 플로멘호프트 팀의 예비 계산에 따르면, 공격적인 주 차원의 공유부 배당 프로그램이 실행될 경우, 버몬트 주민도 알래스카 주민이 현재 누리는 만큼의 재정적 혜택을 받을 수 있다는 결론에 도달했다. (물론, 알래스카는 여전히 모든 자원을 충분히 활용하지 못하고 있다. 알래스카가 주의 자연 자원에서 나오는 부를 알래스카 영구 기금에 완전히 편입시킨다면, 연간 배당금은 현재보다 훨씬 더 증가할 것이다.) 버몬트대학교 팀은 이러한 구상을 주 입법부에서 추진하고자 동맹군을 찾았다. '버몬트 배당'을 창설하기 위한 법안은 2007년, 2011년, 2012년에 도입되었지만, 아직 통과되지 못했다(Flomenhoft 2012, 90; Farley et al. 2015, 72; Flomenhoft의 개인 통신문). 2011년에는 분석 결과, 생수 업체들이 버몬트 생수 산업에서 지대 대부분을 차지하고 있으며, 우물 소유자들은 그렇지 않다는 사실이 밝혀진 뒤, 생수 업체에 도매 판매세를 부과하려는 시도가 있었다(Flomenhoft의 개인 통신문). 현재 이 팀은 여전히 버몬트 공유 자산 신탁Vermont Common Asset Trust 구상을 탐구하고 이를 홍보하기 위해 노력하고 있다(예: Farley et al. 2015).[30]

2003년, 미국 주도의 연합군에 의해 사담 후세인이 축출된 이후, 이라크는 알래스카 모델의 석유 기반 배당 프로그램을 전국적으로 시행하기에 이상적인 시험장처럼 보였다. 저널리스트 스티븐 클레먼스Steven Clemons 역시 그렇게 생각했다. 그는 2003년 『뉴욕 타임스』에 실린 기사에서, 이라크 국민을 위한 석유 수익 신탁을 설립하는 게 이라크의 안정에 기여할 뿐만 아니라, 국제 사회에 미국의 고결한 동기를 설득할 완벽한 방법일 것이라고 주장했다. 해먼드의 회고록에 따르면, 해먼드가 이 기사를 스크랩해 알래스카 상원 의원 테드 스티븐스Ted Stevens에게 전달했고, 스티븐스는 이 기사를 '흥미롭게 여긴' 조지 W. 부시 대통령과 공유했다. 해먼드는 "콜린 파월 장관과 여러 의원들이 이라크 민주화 노력의 일환으로 배당금을 옹호하며 텔레비전에 출연했다"라고 회상했다(Hammond 2012a, 50).

진보적 싱크탱크인 〈포린 폴리시 인 포커스Foreign Policy in Focus〉, 『더 월스트리트 저널』의 보수적 사설, 그리고 저명한 저널인 『포린 어페어스』에서도 비슷한 행동을 촉구하는 목소리가 나

---

30 플로멘호프트는 (개인 통신문에서) 버몬트 공동 자산 신탁 개념은 알래스카 영구 기금뿐만 아니라 피터 반즈(Barnes 2006)의 『자본주의 3.0Capitalism 3.0』에서 영감을 받았다고 언급한다. 반즈의 연구는 4장과 5장에서 다룬다.

왔다(Palley 2003; Smith 2003; Birdsall and Subramanian 2004). 콜린 파월 장관과 부시 대통령이 이 구상에 흥미를 보였음에도 불구하고, 이 계획은 국제 점령군과 신생 이라크 정부에 의해 실행되지 않았다(Hammond 2012b; Banai 2012 참조).

비록 이라크에서 하려 한 시도는 실패로 끝났지만, 현재 알래스카 모델로 알려진 이 접근법에 끌리는 국제적 관심은 갈수록 커지고 있다. 나이지리아, 가나, 남수단, 인도 등 여러 나라에서 이를 도입하기 위한 구체적인 제안이 제시되었다(Sala-i-Martin and Subramanian 2003; Moss and Young 2009; Hickel 2012; Basu 2018). 또한, 사우디아라비아, 쿠웨이트, 노르웨이, 베네수엘라 등 석유 기반 국부 펀드를 알래스카 영구 기금(APF)처럼 배당금을 지급하는 형태로 전환할 가능성에 대한 연구도 진행되었다(Cummine 2012, 2016). 버몬트 연구의 취지를 이어받아, 일부 분석가들은 자원이 부족한 제3세계 국가에서도 공유부 기금 설립의 잠재적 이점을 측정하려고 시도했다(Segal 2011, Segal 2012b, Ranalli 2016). 그 결과는 희망적이었다. 경제학자 폴 시걸(Paul Segal 2011)은 개발 도상국의 자연 자원 지대를 해당 국가 국민에게 배당금으로 분배한다면 전 세계 빈곤율을 절반까지 효과적으로 내릴 수 있다고 계산했다. 필자는 2015년에 발표한 논문에서, 2012년 해외 원조를 받은 146개국의 자연 자원 지대 총액이 1조 4,000억 달러로, 같은 해 주요 공여국들이 제공한 공적 개발 원조(ODA) 총액인 1,269억 달러를 훨씬 초과한다는 사실을 밝혀냈다(Ranalli 2016). 페인과 해먼드의 논리에 따르면, 개발 도상국 국민에게 돌아가야 할(또는 재생 불가능 자원의 경우 이 국민들을 대신해 투자되어야 할) 1조 4,000억 달러의 자원 지대는 현재 대부분 기업, 정부, 엘리트 가계로 유입되고 있다. 만일 이 자원 지대의 일부라도 개발 도상국에서 배당금을 지급하는 영구 기금으로 확보할 수 있다면, 국제 개발 원조 사업은 혁명적으로 변화할 잠재력을 지니게 된다.

이러한 프로그램이 구축되면, 도움이 필요한 국가와 지역의 사람들에게 재정 지원을 보다 효과적으로 집중하게 된다. 빈곤 감소를 목표로 하는 자금은 [공유부 배당] 채널을 통해 전달되며, 이는 자원의 효율성을 높이는 효과를 가져올 것이다. 또한, [국제 공동체]가 제안한 2015년 이후 개발 의제의 첫 번째 목표인 극빈층 퇴치가 실현 가능해진다. 극빈층이 퇴치되면, 다른 우선 과제 역시 더 쉽게 달성될 수 있다.(Ranalli 2016, 11~12)

사실, 이 두 연구는 모두 공유부의 수익 잠재력을 과소평가하고 있다. 이 연구들은 세계은행의 자원 지대 데이터를 기반으로 하고 있지만, 이는 모든 자연 자원을 포함한 완전한 목록이 아니다. 또한, 버몬트 연구의 저자들이 이해했듯이, 인공 공유물을 공유부의 중요한 자원으로 활용할 수 있다(5장에서 논의 예정).

최근 몇 년 동안, 알래스카 모델에서 직접 영감을 받지는 않았지만, 알래스카 모델과 관련된 모범 사례에 대한 국제적 인식이 높아지면서, 자연 자원 부를 보편적 배당금으로 분배하려는 몇몇 국가의 실험이 자생적으로 이뤄졌다. 그중 하나는 몽골의 사례다. 몽골은 석탄, 구리, 금의 매장량을 상당히 보유하고 있으며, 2008

년부터 2014년까지 광업 수익을 보편적 배당금 형태로 국민과 공유했다. 이 프로그램은 빈곤율 감소 등 긍정적인 성과를 거두기도 했으나, 재정상 무책임으로 인해 결국 중단될 수밖에 없었다. 주요 문제는 배분할 금액을 공식에 따라 결정하지 않고, 매년 정부가 이를 결정하도록 맡겼으며, 정치인들이 과도한 약속을 남발했다는 점이다. 더 큰 문제는 몽골의 프로그램이 채굴 수익을 투자해 투자 수익에서 배당금을 지급하는 방식이 아니라, 채굴 수익 자체를 직접 분배하는 방식이었다. 이는 앞서 설명한 바와 같이 지속 가능하지 않은 접근 방식이다(5장에서 자세히 논한다). 여론조사에 따르면 몽골 국민은 이런 문제를 알고 있는 것으로 나타났다. 몽골 국민은 채굴 수익을 직접 분배받기보다 국가가 이를 투자하는 방식을 더 선호하는 경향을 보였다(Yeung and Howes 2015; Angela Cummine 2016, 144~147).

또 다른 실험의 장은 이란이었다. 많은 산유국이 내수용 연료 가격을 인위적으로 낮춰 시장 왜곡을 초래하는데, 이란도 예외는 아니었다. 2010년, 이란은 세계에서 가장 극단적인 수준에 속했던 휘발유 보조금을 단계를 거쳐 폐지하기 시작했다. 당시 이란 내 휘발유 가격은 시장 가격의 약 20분의 1 수준에 불과했다(Guillaume et al. 2011, 6). 정부는 보조금 폐지로 인한 경제 고통을 완화하기 위해, 보조금을 국민들에게 직접 재배분하기로 결정했다. 실행의 용이성을 위해, 가장 필요로 하는 사람들을 선별하지 않고 프로그램을 전 국민을 대상으로 보편적으로 시행했다(Guillaume et al. 2011, 13~14). 보조금은 개인이 아닌 가구 단위로 지급되었다. 제도 출범

직전에 자발적 등록률이 80%에 달했고, 몇 달 만에 전체 가구의 96%가 등록해 배당금을 받았다(Tabatabai 2012, 22). 첫해에 약 300억 달러가 가구에 분배되었으며(Guillaume et al. 2011, 3), 이로 인해 빈곤과 소득 불평등이 크게 감소했다(Salehi-Isfahani와 Mostafavi-Dehzooei 2017, 2). 이후 연료 가격 인상과 가구 보조금 지급 인상은 항상 일치하지는 않았지만 지속되었으며, 최근의 가구 보조금은 누구나에게 주는 게 아니라 선별해서 지급되고 있다(Salehi-Isfahani 2019).

최근 '우리가 필요로 하는 미래The Future We Need'[31]라는 단체는 이 장에서 논의한 원칙을 전 세계에 확산시키기 위해 노력하고 있다. 이 단체는 인도의 고아Goa주에서 시작된 광업 개혁 캠페인에서 출발했다. 주목할 만한 성공 사례로는 불법 채굴을 중단시키고 광산 정책에 세대 간 형평성을 반영하도록 한 대법원 판결, 주 당국의 고아 철광석 영구 기금Goa Iron Ore Permanent Fund 설립, 그리고 2019년에 광물을 미래 세대의 공유 유산으로 인정하는 새로운 국가 광물 정책National Mineral Policy의 공표 등이 있다(Goenchi Mati Movement 2016; Basu 2019). 고아 철광석 영구 기금에는 아직 배당금 요소가 포함되어 있지 않다.

고아재단Goa Foundation의 연구 책임자인 라훌 바수Rahul Basu는 개인적 대화에서, 2015년경 고아에서 채굴 관련 소송을 진행하던

---

[31] 2014년 설립된 '고엔치 마티 운동(The Goenchi Mati Movement)'은 만연한 부패와 탐욕으로 인해 피해를 입는 환경을 관리하고 세대 간 형평성을 이뤄야 한다는 원칙 아래 인도의 고아주에서 시작된 광업 개혁을 이끈 캠페인 단체이다. 여기서 고엔치 마티는 '고아인의 대지'란 뜻이다. '우리가 필요로 하는 미래'는 이 단체의 영문 이름이나 구호로 보인다.(옮긴이 주)

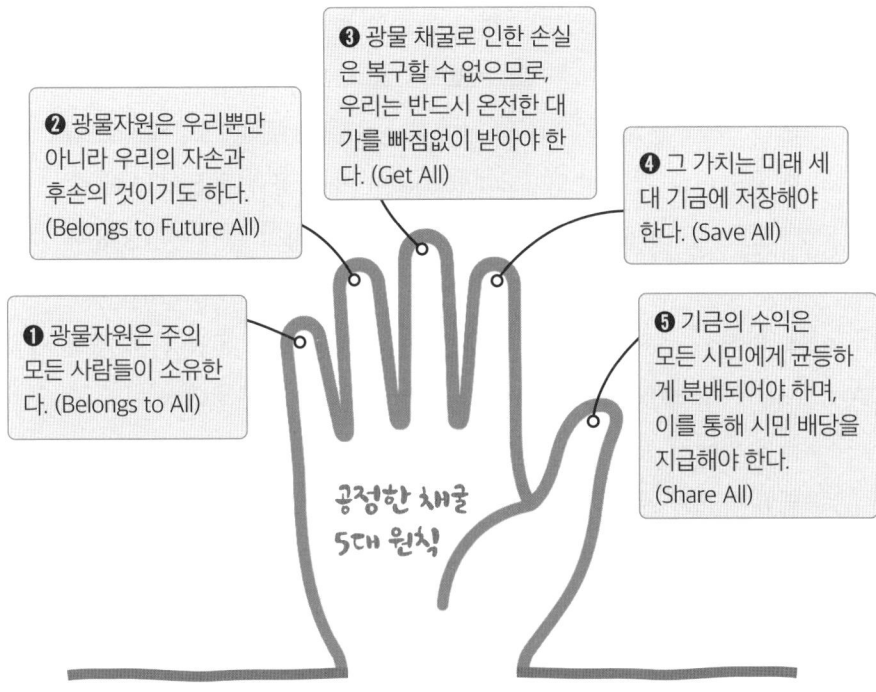

공정한 채굴 5대 원칙
(자료_The Future We Need(https://thefutureweneed.org 참조.)

중 자신과 동료들이 알래스카 모델에 대해 알게 되었다고 설명했다. 그는 해먼드의 에세이 『악마에게 기저귀를 채우다Diapering the Devil』에서 이를 접했으며, 모스의 재인용을 통해 상세히 이해했다고 덧붙였다(Moss 2012). 이를 계기로 그들의 아이디어가 구체화되었으며, 최종으로 대법원과 정부에 제출한 권고안으로 발전하게 되었다. 또한 그들은 통찰력과 프로그램의 핵심을 쉽게 전달할 수 있도록 다섯 가지 요점으로 정리했다(위 그림).

고아와 인도에서의 지속적인 옹호 활동 외에도, '우리가 필요로 하는 미래'는 여러 글로벌 프로젝트를 주도해 나갔다. 그중 하나는 "누구의 광산인가Whose Mine Is It Anyway" 캠페인으로, 채굴로 인한 로열티를 횡재 수입windfall revenue이 아닌 공유 유산의 판매 수익으로 간주하도록 국제 회계 기준을 개혁하려 했다. 이를 통해 이런 수익이 국가 예산과 통계에서 자본금의 한 형태로 처리되도록 하자는 목표를 내세웠다. 또 다른 프로젝트는 유엔 환경 계획(United Nations Environment Programme: UNEP)의 광물 자원 거버넌스 자문 회의에서 공정한 채굴 5대 원칙Five Principles of Fair Mining과 기타 모범 사례를 지지하는 활동이다. 세 번째 프로젝트는 심해 채굴을 유예하자고 요구하고, 심해 채굴 관련 국제 협약을 개혁하자는 로비 활동을 벌이는 일이다.

유엔 해양법 협약(United Nations Convention on the Law of the Sea: UNCLOS)에 따르면, 국가 관할권을 벗어난 지역의 해저는 인류 공동 유산(Common Heritage of Mankind: CHM)으로 지정되어 있다. 따라서 이런 지역에서 이뤄지는 모든 활동은 인류를 대신하여 국제 해저 기구(International Seabed Authority: ISA)가 관리한다. 이 기구를 통해서 심해저 광물의 상업적 탐사가 시작됐으며, 2020년 현재 ISA는 태평양 전역에서 채굴 허가를 내줄 준비를 하고 있다(Hylton 2020). 한 가지 문제는 ISA의 채굴 제도가 세대 간 형평성이나 공공을 위한 지대 확보를 목표로 하지 않고, 단기 민간 추출이라는 기존의 모델에 기반을 두고 있다는 점이다.

또 다른 문제는 해저 광물 채굴을 서두르다 보면, 아직 연구가 충분하지 않고 유일무이하며 잠재적으로 엄청난 과학 및 의학적 가치를 지닌 생태계를 교란할 가능성이 있다는 점이다. 이와 더불어 세 번째 문제는 ISA의 채굴 체제가 선례로 자리 잡힐 가능성이 높다는 점이다. 국제법에 따라 인류 공동 유산(CHM)으로 지정되었거나, 이와 유사하게 공식 지정되었거나, 국제 협상의 대상으로 그러한 지정 후보로 거론되는 다른 자원에는 남극 대륙, 우주, 달, 공해 어업, 인간 게놈 등이 포함된다(Buck 1998; Buxton 2004; Buttigieg 2018).

4장

생태계 서비스와 탄소 배당

앞 장들에서는 토지와 자연 자원과 같은 유형 자산에서 얻어지는 배당을 논의했다. 이번 장에서는 한 걸음 더 나아가 다소 유형적이지 않은 자연의 선물인 생태계 서비스를 다룬다.

생태계 서비스는 인간의 삶과 안녕을 유지하는 자연적 과정이다. 예를 들어, 생태계 서비스에는 토양이나 미네랄이 거르는 지하수 정화, 미생물의 폐기물 분해, 곤충이 돕는 개화 식량 작물의 수정, 성층권 오존이 제공하는 유해 방사선의 방어, 식물의 산소 공급과 이산화탄소 흡수, 유익한 미생물 군집에 의한 유해 미생물 억제 등이 포함된다(Daily et al. 1997). 우리는 이러한 과정을 서비스라고 부르며 의존하지만, 이 과정이 우리를 위해 존재하지는 않는다. 우리는 이러한 서비스에 의존하도록 진화했거나, 단지 운 좋게도 서비스를 활용하게 되었을 뿐이다(Schröter et al. 2014).

우리는 일상생활에서 생태계 서비스를 거의 생각하지 않는다. 하지만 생태계 서비스의 가치는 그것이 없을 때 비로소 뚜렷하게 드러난다. 국제 우주 정거장에서 인간 활동을 유지하거나 화성 식민지를 건설하려 할 때, 식량 재배에 필요한 새로운 기초 자원, 폐기물 저장과 분해 방법, 이온화 방사선으로부터 조직을 보호하는 기술, 신선한 물 공급과 적정 온도 유지 등의 서비스를 새로 만들거나 대체할 방법을 찾아야 한다. 우주 정거장에서 작동하는 정수 기술과 같이 생태계 서비스 일부를 대체하는 기술을 지구상의 가정에서도 소규모로 적용할 수 있다. 그러나 지구상의 많은 생태계 서비스는 말 그대로 대체할 기술이 없거나, 그 규모를 따라갈 수 없거나, 아예 존재하지 않기도 한다.

생태계 서비스는 대개 눈에 보이지 않아서, 우리는 너무 쉽게 훼손한다. 인류 역사의 대부분 기간 동안, 인구는 적고 기술 수준이 낮았기에 인류가 생태계에 끼칠 피해는 제한적이었다. 여러 세대에 걸쳐 토양을 파괴했을 수도 있지만(예: 고대 세계의 곡창 지대였던 비옥한 초승달 지대가 사막화된 사례[Hughes 1994, 35]), 지구의 생태계 서비스를 근본적으로 단절시키지는 않았다. 오늘날—대략 산업 혁명 이후로—상황은 달라졌다. 우리는 실제로 대륙 규모는 물론, 전 지구적 규모로 생태계 서비스를 파괴할 능력을 갖추게 되었다. 최근 또는 현재 진행 중인 생태계 서비스 파괴의 사례들이 있다. (식물의 수정을 돕는) 꿀벌 개체 수의 감소, (자외선으로부터 우리를 보호하는) 성층권 오존의 고갈, (생태계 불안정성과 의학 연구의 빈곤화 등 다양한 영향을 미치는) 생물 다양성의 전 지구적 손실, 기후 위기가 그것이다.

생태계 서비스의 교란을 줄이려면 일반적으로 공공 부문이 행하는 조율된 조치가 필요하다. 이 조치에는 단순히 명령과 통제를 통한 규제도 있고, 흔치 않은 서비스를 시장 경제에서 가시화하려고 일종의 가격 신호를 설정하는 방식도 포함된다.

앞 장에서 논의한 것처럼, 대수층에서 끌어올린 물에 가격을 매기는 방식과, 폐기물을 생태계에 배출할 때 비용을 부과하는 방식은 바로 비교할 수 있다. 후자의 구체적인 예는 분뇨를 안전하게 처리하는 정화조 시스템을 들 수 있다. 시스템 과학의 용어로, 하나는 '원천source'이고 다른 하나는 '흡수원sink'이다. 두 경우 모두 재생 가능 자원으로 볼 수 있다. 대수층에는 자연적인 평균 재충전 속도가 있으며, 이 속도를 초과해 지하수를 끌어내면 대수층이 고갈되거나 수질이 저하된다. 마찬가지로, 정화 시스템(이는 인공으로 설계된 시스템뿐 아니라 폐기물을 분해하는 토양, 미생물, 기타 생물을 포함하는 전체 시스템을 의미한다.)에도 최대 처리 속도가 있다. 이 속도를 초과하면 시스템이 과부하에 걸려 고장 날 수 있다. 추출한 물의 일정량이나 변기 물 내림 횟수에 따라 가격을 설정하면 추출 또는 배출 속도를 조절하는 데 도움이 된다. 이 가격을 신중히 조정하면, 추출 또는 배출 속도를 안전한 임계치 이하로 유지하게 할 수 있다.

 2장에서는 토지의 임대 가치를 회수하기 위한 세금 부과가 사회적 혜택으로 돌아온다는 점을 살펴봤으며, 세금으로 거둔 수입을 어떻게 사용할지는 부차적이지만 여전히 중요한 문제로 남겨두었다. 마찬가지로, 3장에서 설명한 메인주의 지하수 추출에 약간의 추가 요금을 부과하는 캠페인이 성공했다면, 이 계획은 자원의 지속 가능성을 보장하는 사회적, 생태적인 직접 혜택뿐만 아니라 수입을 증대하는 부차적인 혜택도 가져왔을 것이다. 또한, 변기의 물을 내릴 때마다 요금을 부과하면 인간의 배설물이 자연 시스템을 압도하지 않게 공공재를 제공하고 동시에 기금을 마련해 적절히 할당할 수도 있다.

보통 정화조 시스템을 관리하는 사람들은 '한 번 물을 내릴 때마다 요금'을 청구하지 않는다. 다만, 폐기물 흐름을 가격 신호로 규제한다는 논리는 다른 분야에도 동일하게 적용할 수 있다. 21세기에 특히 두드러진 한 사례가 있는데, 바로 사람이 만든 온실가스가 대기 중으로 배출되는 흐름이다. 이 사례가 이번 장에서 주요하게 다룰 초점이다. 대기는 매우 많은 양의 이산화탄소(CO_2)와 기타 온실가스를 흡수할 수 있지만 계속되면 위험한 수준에 이르게 된다. 따라서 이산화탄소와 기타 온실가스의 배출량을 제한하려면, 가격(이산화탄소 환산량CO_2e[32] 1톤당 가격)을 매겨 에너지 절약과 대체 에너지의 개발을 장려하는 시장 신호를 보낼 수 있다. 이 프로그램은 재앙적인 온난화를 예방하는 사회적 편익을 제공하는 동시에 수입을 창출할 수 있다. 그리고 이전 장들에서 제시한 동일한 논리로, 그 수입금을 보편적 배당금universal dividends으로 분배할 수 있다. 앞으로 살펴보겠지만 탄소 가격의 경우 사실은 수입금을 배당금으로 분배해야 하는 이유가 더 있다.

피터 반즈의 "하늘 신탁"

1996년, 기업가 피터 반즈는 민간 부문을 떠나 샌프란시스코에 본사를 둔 싱크탱크인 '진보의 재정의Redefining Progress'에서 펠로

---

[32] 이산화탄소 환산량(CO_2 equivalent, CO_2e)은 온실가스 배출량을 이산화탄소의 양으로 환산해서 나타낸 값이다. 온실가스는 이산화탄소 외에도 메탄(CH_4), 아산화질소(N_2O), 수소불화탄소(HFCs) 등 다양한데, 이들 온실가스가 지구 온난화에 주는 영향을 이산화탄소가 주는 영향으로 환산해 총량을 표기하는 방식이다.(옮긴이 주)

우십을 시작했다. 그는 1970년대에 아파트 건물에 태양 에너지 시스템을 설치하는 회사를 공동 설립했으며, 이후 1980년대에는 사회적으로 선별된 뮤추얼 펀드[33]인 워킹 에셋Working Assets과 수입금의 일부를 진보 비영리 단체에 기부하는 전화 회사인 크레도 모바일Credo Mobile을 공동 설립했다(Barnes 2001, 5~10). 워킹 에셋 사장에서 물러날 무렵, 반즈는 사회적 책임을 다하는 기업만으로는 자본주의를 개혁하거나 지구를 구할 수 없다는 생각에 이르렀다. 반즈에 따르면, 공유부를 보호하고 함께 나눔으로써 자본주의의 '운영 체제'를 재구성할 필요가 있었다(Barnes 2006, 8ff).

반즈에게 공유부는 자연의 선물뿐만 아니라 법과 금융 시스템 같은 인공 자산도 포함된다(5장에서 논의할 예정). 그는 우리의 시장 경제를 지탱하는 데 공유부의 중요성을 강조하며, 공유부의 사유화privatization와 과도한 개발이 불평등과 자연 파괴를 더욱 심화시킨다고 지적했다. 반즈는 이 두 가지 심각한 제도 결함을 해결하기 위해, 민간 부문과 공공 부문부터 독립 구조를 구축해 공유부를 보호하고, 그 경제 가치의 일정 부분을 모든 사람이 동등하게 공유해야 한다고 주장했다.

반즈는 헨리 조지의 저작을 알고 있었으며, 1971년에 『뉴 리퍼블릭New Republic』에 조지의 저서 『진보와 빈곤』을 다룬 리뷰를 쓴 바 있다(Barnes 1971). 이런 경험으로 공유부에 이르는 사유를 형성했을 수 있다. 그러나 반즈가 '진보의 재정의'에서 자신의 구상을

---

[33] '사회적으로 선별된 뮤추얼 펀드'는 투자 결정 시 사회와 윤리, 환경 기준을 고려하는 펀드를 말한다.(옮긴이 주)

구체화할 때까지 페인의 『토지 정의』와 알래스카 영구 기금 배당(PFD)은 아직 관심 밖이었다.(개인 증언) 그후 알래스카 PFD를 알게 되었고, 이 시기 그의 첫 책에서 논하게 되었으며, 두 번째 저서에서는 PFD와 페인의 팸플릿을 모두 다뤘다(Barnes 2001, Barnes 2006).

반즈는 공유부 작업을 시작한 초기부터 기후 변화가 현대의 시급한 문제이며, 자신의 해결책이 이 문제에 특히 잘 들어맞는다는 점을 깨달았다. 이 시기의 첫 저서인 『하늘은 누구의 소유인가 Who Owns the Sky?』(Barnes 2001)에서 "하늘 신탁Sky Trust"이라 부르는 개념을 제안했는데, 오늘날 우리가 '배출권-배당제cap-and-dividend'로 알고 있는 개념과 본질에서 같았다.

반즈는 19세기 말 미국에서 개척지가 사라지고 "자유 토지, 또는 최소한 매우 저렴한 토지의 시대가 끝났을 때" 위기를 맞았듯이, 이제 "자유 하늘free sky" 시대에서 "희소한 하늘scarce sky" 시대로 전환해야 할 새로운 국면에 놓여 있다고 말했다(Barnes 2001, 30). 지구 온난화 위기를 해결하려면 대기 중으로 배출되는 이산화탄소와 기타 온실가스의 양을 제한해야 한다. 화석 연료 사용자가 배출할 권리를 얻으려고 경쟁하면 배출 가격은 상승하게 된다. 그 돈은 결국 어디론가 흘러 간다. 돈이 어디로 흘러 가는지는 재산권을 어떻게 배분하냐에 달려 있다.

'하늘 신탁'은 세 종류의 [탄소 배출권-허가제carbon cap-and-permit] 중 하나다. 첫 유형은 기존 오염 배출자historic polluters[34]에게 초기 배출권을 무

---

34 기존 오염 배출자는 역사적으로 많은 오염 물질을 배출해 온 주체를 뜻한다.(옮긴이 주)

상으로 제공하는 방식이다. 두 번째 유형은 초기 배출권을 정부가 오염 배출자에게 판매하고, 정부가 적절하다고 판단한 곳에 그 수입을 사용하는 방식이다. 세 번째 유형은 초기 배출권을 신탁 기관trust에 제공하고, 신탁 기관에서 주기적으로 오염 배출자에게 배출권을 판매하고, 그 수입을 모든 시민에게 균등하게 분배하는 방식이다.(Barnes 2001, 62)

왜 세 번째 유형을 택해야 할까? 첫째, 공유물의 집단적 소유권을 말한 페인의 주장과 유사한데, '하늘 신탁'은 오염 물질을 흡수하는 대기의 희소한 흡수 용량이 지닌 경제적 가치를 "정당한 소유자인 우리 자신에게" 되돌려주자고 한다(Barnes 2001, 64). 둘째, 저소득 가구는 고소득 가구보다 에너지 소비가 적기 때문에 하늘 신탁은 누진적 소득 재분배 기구처럼 작동한다. 마지막으로, 배당은 기본소득이 제공한다고 알려진 혜택을 제공한다. (반즈가 비록 그 용어를 쓰지는 않았지만). 예컨대, 주로 가정에 머물며 자녀를 돌보는 부모와 그 자녀들을 지원함으로써 가족 친화적이며, 아이들에게 들이는 투자로도 볼 수 있다(Barnes 2001, 65).

반즈는 하늘 신탁이 꾸준히 감소하는 온실가스 배출 총량 상한을 관리하자는 최우선의 임무가 있고, 이차로 그 수입으로 배당을 지급하자고 제안했다(Barnes 2001, 63~64). 그는 신탁이 설립된 첫 10년 동안 수입의 일정 비율을 이행 기금으로 적립해, 화석 연료에서 벗어나는 과정에서 발생할 혼란에 대처할 수 있게 지역 사회(예: 석탄 지역)를 지원해야 한다고 주장했다(65~66).

반즈의 '하늘 신탁' 구상은 토머스 페인과 제이 해먼드의 제안과는 별개로 발전되었으며, 그 제안 논리를 새로운 영역으로 확장한 사례다. 이후 여러 '탄소 가격-배당제'에 영감을 주고, 때로는 모범이 되기도 했다.

제임스 한센의 "수수료-배당제"

1988년 6월, 미국 상원의 '에너지 및 천연 자원 위원회Energy and Natural Resources Committee'는 과학자들의 지구 온난화 관련 증언을 청취했다. 당시 기록적인 폭염이 배경으로 깔리면서 행사는 주요 헤드라인을 장식했다. 『뉴욕 타임스』는 1면에 "지구 온난화가 시작되었다, 전문가가 상원에 말하다Global Warming Has Begun, Expert Tells Senate"를 제목으로 보도했다(Shabecoff 1988; Block 2008). 이후 많은 사람들이 이 상원 청문회를 국가 환경 정책의 전환점으로 기억하게 된다. 지구 온난화 논의를 대중적, 정치적으로 시작한 날(Fox 2020)로 평가받았으며, 기후 변화가 국가 이슈로 떠오른 날(Brulle 2018)로도 불린다. 그날 가장 주목받은 인물은 NASA 고다드 우주 연구소Goddard Institute for Space Studies의 소장, 제임스 한센이었다. 한센(『뉴욕 타임스』가 헤드라인에서 "전문가"로 지목한 인물)은 분명하고 대담한 발언을 남겼다.

1988년 지구는 계측 역사상 가장 더운 해였다. … 이 정도로 우발적인 온난화가 일어날 확률은 단 1%에 불과하다. … 현재 지구는 너무도 빠른 속도로 온난화되고 있다. 단순한 우연으로 보기는 어렵다. 오히려 온실 효과로 예측되는 변화와 매우 유사하다. 제 의견으로는, 온실 효과가 이미 감지되었고, 지금 이 순간 우리의 기후를 바꾸고 있다.(Hansen 1988, 39~40)

한센은 본인이 타고난 대중 연설가는 아니지만(Hansen 2009, 60~61), 과학자로서 자신의 배움에서 확신을 얻어 발언하게 되었다고 한다. 한센은 1988년 상원 증언 이후에도 계속해서 목소리를 내 왔다. 수년간 벌어졌던 정치인들의 거친 검열 시도는 되레 한센의 대중적인 인지도를 키웠을 뿐이었다(예: Hansen 2009, 112ff). 권위 있는 자리에 있는 현역 과학자로서, 한센은 기후 과학의 현실적 함의를 대중에게 기꺼이 밝히고 싶었고, 막강한 발언권도 갖고 있었다. 한센이 탄소 배당 구상을 제시하자, 이 개념은 자연스레 미국 사회에서 공론화되었다.

이 시점에서 기후 과학과 정책을 간단하게 소개하고자 한다. 온실 효과의 기본 물리학은 1856년 미국의 유니스 푸트Eunice Foote와 1859년 영국의 존 틴달John Tyndall이 각자 별도로 발견했으며, 기후 변화에 미치는 영향은 1896년 스웨덴 과학자 스반테 아레니우스 Svante Arrhenius가 설명했다(Weart 2003, 3~7; Schwartz 2020). 태양에서 들어오는 빛 에너지는 지구를 따뜻하게 한다. 이 에너지의 일부는 적외선 파장(일명 복사열 에너지)으로 우주로 다시 방출되지만, 대기의 특정 성분인 온실가스와 상호 작용하면 그 진행이 지연된다. 온실가스는 세 개 이상의 원자로 구성되어 진동 에너지를 통해 적외선을 흡수한다. 이 분자가 에너지를 방출할 때 방향은 무작위로 결정되며, 지표면 쪽이나 상부 대기로 향할 수 있다. 온실가스가 많아질수록 이런 상호 작용이 증가하며, 적외선이 지구를 빠져나가는 데 더 오랜 시간이 걸린다. 결국 대기와 지구 시스템 전체의 온도가 상승한다. 온실가스에는 이산화탄소, 메탄, 수증기, 다양한 산업 화학 물질이 포함된다.

인류가 지구상에 존재해 온 동안, 빙기와 간빙기를 거치며 대기 중 이산화탄소 농도는 약 180~280ppm 사이를 유지해 왔다. 산업 혁명 이후 화석 연료(석탄, 석유, 천연가스)의 연소로 이산화탄소 농도는 이 범위를 훨씬 초과했다. 2019년 평균 농도는 409.8±0.1ppm으로, 전년 대비 2.5±0.1ppm 증가했다(Blunden and Arndt 2020). 온실 효과의 기본 물리학에 따르면, 전 지구 평균 대기 온도는 대기 중 이산화탄소 농도를 따라 상승한다. 이는 현대에 들어와 관찰되는 현상으로, 10년 단위의 시간 척도에서 가장 명확하게 드러난다. 지질학적 기록도 이를 뒷받침한다. 급격한 온난화는 대개 기온 상승과 이산화탄소 방출 간 양陽의 '피드백 루프feedback loop'로 설명된다. 즉, 기온이 상승하면 유기물 퇴적물이 분해되며 이산화탄소가 방출되고, 이는 온난화를 더욱 가속화한다. 인류 이전에는 이러한 피드백 루프가 외부 요인으로 촉발되었는데, 지구 궤도의 변화로 인한 태양 복사 에너지의 변동을 예로 들 수 있다. 현재의 온난화는 지구 역사상 처음으로 이산화탄소의 초기 급증이 직접 방아쇠가 된 사례일 가능성이 높다. (인간이 온실가스를 대기 중에 배출하지 않았다면, 우리는 자연스러운 태양 에너지 주기에 따라 수천 년 동안 완만한 냉각 시기를 겪고 있을 것이다.)

대기 중에서 이산화탄소가 제거되는 과정은 수십 년에서 수십만 년까지 다양한 시간 규모에서 이뤄진다. 바다에 용해되는 데는 몇십 년이 걸리지만, 광물로 형성되는 과정에는 수십만 년이 소요된다. '기후 변화에 관한 정부 간 협의체(Intergovernmental Panel on Climate Change: IPCC)'에 따르면, 오늘날 배출된 이산화탄소의 15%에서 40%는 천 년 후에도 대기 중에 남아 있을 가능성이 있다. 바다가 포화될수록 흡수 속도가 느려지기 때문에 배출량이 많아지면 대기 중에 남아 있을 이산화탄소의 비율도 높아진다(Ciais et al. 2013, 472, Box 6.1). 다른 온실가스의 지구 온난화 지수(global warming potential: GWP)는 일반적으로 이산화탄소 환산 단위로 표현된다. 메탄은 이산화탄소보다 훨씬 강력한 온실가스이다. 대기 중에 배출된 $1kg$의 메탄은 100년 동안 약 $28kg$의 이산화탄소와 동일한 온난화 효과를 일으키므로, 메탄의 GWP_{100}은 28로 나타낼 수 있다(Myhre et al. 2013, 714, Table 8.7). 메탄은 이산화탄소보다 훨씬 짧게 대기 중에 머물기 때문에, 온난화 효과는 대체로 비교적 짧은 기간에 집중된다. 20년으로 기준으로 보면, 메탄의 지구 온난화 지수(GWP_{20})는 약 84에 이른다(Myhre et al. 2013, 714, Table 8.7). 흥미롭게도 대기 중 메탄의 대부분은 산화 과정을 거쳐 이산화탄소로 분해되므로, 또 다른 온실가스로서 '두 번째 작용'을 한다. 수증기 또한 강력한 온실가스이다. 따뜻한 공기는 차가운 공기보다 더 많은 수분을 포함함으로, 수증기는 인위적 온난화anthropogenic warming를 증폭시키는 경향이 있다. 대기 중 수증기의 양은 지역 조건에 따라 매우 가변적이어서 정확히 모델링하기가 어렵다. 마찬가지로, 구름 형성도 상황에 따라 온난화를 완화하거나 증폭시키는 방식으로 작용해 비슷한 모델링 문제를 야기한다.

지구의 평균 대기 온도는 산업 혁명 이전보다 약 섭씨 1도(화씨 1.8도) 정도 상승했다(IPCC 2018, A.1항). 2015년 파리에서 체결된 국제 협정에서는 온난화로 인한 최악의 영향을 막기 위해 "이번 세기 지구 온도 상승을 산업화 이전 수준보다 섭씨 2도 이상을 넘지 않도록 유지하고, 온도 상승을 섭씨 1.5도로 더욱 제한하기 위한 노력을 추구"할 것을 요구했다(UNFCCC, n.d.). 지금까지의 배출량으로 인해 섭씨 1.5도 이상의 온난화가 불가피한 것은 아니지만(IPCC 2018, A.2.1항), '기준선baseline' 또는 '현행 추세 시나리오(Business As Usual: BAU)'[35]에서는 IPCC가 예상하는 온난화가 파리 협정에서 정한 기준을 훨씬 초과할 것으로 보인다.[36] 파리 협정에서 이뤄진 자발적 약속만으로는 그 기준을 달성하기에 턱없이 부족하다.

온난화의 영향은 이미 가시화되고 있으며, 예는 다음과 같다.

- **생태계 변화와 생물 다양성 손실**: 식물과 동물은 자신들에게 적

---

35 평상시 주어진 상황하에서 미래의 어떤 변수 값을 전망할 때 사용하는 개념이다. 평상시 주어진 상황을 어떻게 정의하느냐에 따라 추정 방법이 달라지지만, 일반적으로 외부 충격이 없다는 전제하에서 얻어진 값이므로 전망을 세우는 기준선(baseline)으로 작용한다.(옮긴이 주)

36 현재까지의 배출량(Emissions to date)은 2018년을 기준으로 한다(IPCC 2018, A.2.1항). 현행 추세 시나리오(BAU)는 IPCC의 5차 평가 보고서(IPCC 2014)에서 RCP6.0 및 RCP8.5로 분류된 시나리오를 따른다. 이러한 시나리오를 보면 IPCC는 금세기 말까지 현재 수준보다 각각 1.4~3.1℃ 또는 2.6~4.8℃의 온난화를 예상한다(IPCC 2014, Box 2.2 and Table 2.1). 이는 산업화 이전 수준보다 각각 2.4~4.1℃ 또는 3.6~5.8℃ 상승한 수치로, 파리 협정에서 제시한 1.5℃ 또는 2℃ 이하라는 목표를 크게 초과하는 결과이다.

합한 기후대를 따라 더 높은 고도와 더 북쪽 위도로 이동하고 있다. 많은 동물들은 이동이 빠르지 못하거나 적합한 서식지를 찾지 못해 생존에 어려움을 겪고 있다.
- 해수면 상승: 온난화로 인해 얼음에 갇혀 있던 물이 방출되면서 바닷물이 늘어나고 있다. 이로 인해 섬과 해안 지역 사회는 위험에 처했으며, 이 지역의 인구와 환경에 심각한 영향을 미친다.
- 날씨 양상의 변화: 평균 기온이 상승하고 따뜻한 공기가 더 많은 수분을 포함하면서 폭염, 가뭄, 폭우, 홍수 등 극단적인 기상 현상의 빈도가 증가하고 정도도 심해지고 있다(예: Walsh et al. 2014 참조). 현재의 농업 적합지가 점차 부적합해지고 있으며, 일부 고위도 지역이 농업에 더 적합하게 될 수 있지만, 재배 조건(온도 체계, 물의 가용성)은 불규칙하다.
- 물 부족: 산악의 빙하가 녹으면서 지구상 인구가 많은 일부 지역에서 안정적이던 물 공급이 어려워지고 있다.
- 해양 온난화와 산성화: 한때 생물 다양성의 보고였던 전 세계의 산호초는 이미 심각한 백화 현상을 겪었으며, 현행 추세 배출 시나리오에 따르면 백화 현상이 반복되거나 소멸할 위험에 처해 있다(Heron et al. 2018). 백화 현상은 열 스트레스뿐만 아니라 산성화가 더해지면서 발생한다. 대기에서 바다로 흡수된 고농도의 이산화탄소가 바닷물의 산성도(pH)를 변화시켜, 조개류가 껍질을 만드는 데 필요한 칼슘을 흡수하는 자연 과정을 방해하기 때문이다.

지구 온난화가 계속되면,[37] 온난화 그 자체 또는 그로 인한 해로운 영향이 크게 가속화되는 임계점에 도달할 수 있다. 영구 동토층이 녹으면서 오랫동안 얼음 속에 갇혔던 유기 물질이 이산화탄소를 방출하면 온난화는 현재 예측을 훨씬 뛰어넘을 수 있다. 기온 변화로 인해 북대서양 해류 순환이 멈추면(현재는 해수면의 따뜻한 물이 북쪽으로, 북극의 차가운 물이 심해의 남쪽으로 이동한다.), 대서양 양쪽의 기후와 강수량 체계가 비교적 짧은 시간 안에 급격히 변할 수 있다(McSweeney 2020).

[37] 기후 변화는 복잡하고 기술적인 주제이지만, 21세기의 모든 시민이 얼마간은 이해해야 할 중요한 문제다. 더 깊이 알고 싶은 사람들에게는, 기후 과학자 피터 칼머스(Peter Kalmus)가 2017년 낸 저서 『변화를 이뤄 내기: 잘 살고 기후 혁명을 일으켜라(Being the Change: Live Well and Spark a Climate Revolution)』에서 말한 권고를 따르는 게 좋은 출발점이다. 이 책은 그에게 수상 경력을 안겨 준 작품이기도 했다(302). 독자가 몰입하며 읽을 만한 자료들도 소개한다.
1. 요람 바우만(Yoram Bauman)과 그레이디 클라인(Grady Klein)의 『만화로 보는 기후 변화 입문(The Cartoon Introduction to Climate Change)』(Island Press, 2014).
2. 미국 국립 과학 아카데미와 영국 왕립 학회(The U.S. National Academy of Sciences and Royal Society)의 『기후 변화: 증거와 원인(Climate Change: Evidence and Causes)』(National Academies Press, 2014). 36쪽에 달하는 개요는 다음 링크에서 확인할 수 있다: https://www.nap.edu/catalog/18730/climate-change-evidence-and-causes.
3. 데이비드 아처(David Archer)의 『지구 온난화: 예측의 이해(Global Warming: Understanding the Forecast)』, 2판(Wiley, 2011). 비과학 전공자를 위한 대학 교재다.
4. 기후의 프린스턴 입문서(The Princeton Primers in Climate) 시리즈. 각 주제별 전문가가 집필한 명확하고 접근하기 쉬운 책들로, 다음 링크에서 확인할 수 있다. https://press.princeton.edu/series/prince ton-primers-in-climate.
칼머스는 독자들에게 기후 정보를 인터넷에만 의존하지 말라고 조언한다. 이는 인터넷 정보의 품질이 고르지 않고, 이념적 동기에 따라 내용을 왜곡하며, 심지어 고품질의 인터넷 정보조차도 참신성을 강조하는 경향이 있어, 숲(큰 그림)을 희생하고 나무(최신 전문 논문 연구 결과)에 초점을 두기 때문이다. 칼머스의 조언은 매우 적절하다. 교육받은 시민이라면 큰 그림을 이해하고 볼 줄 알아야 한다.

기후 변화 대응은 세 가지로 나눌 수 있다. 완화mitigation는 온실 가스 배출을 줄이고 최근 인간 활동으로 초래된 온난화 추세의 감소를 목표로 한다. 적응adaptation은 더 높은 기온과 상승한 해수면이 초래할 세계를 대비하고자 하는 행동들이다. 셋째로 지구공학 geoengineering이다. 태양 복사의 일부를 반사하는 거대한 바이저 visor[38]를 우주 공간에 설치하는 등의 대규모 조치를 통해 온난화 추세를 직접 제어하자는 접근법이다. 현재로서는 실제로 실행 가능한 지구공학적 선택지가 없지만, 앞으로 몇 년간 더 많은 논의가 이뤄질 가능성이 크다. 한편, 적응 노력이 활발하지만, 효과적인 완화 조치와 결합하지 않는다면 장기적으로 효과를 충분히 발휘하기는 힘들다.

완화는 화석 연료의 집단적 사용을 줄이고자 한다. 1997년 교토 의정서Kyoto Protocol의 주요 목표였으며, 이후 국제 기후 외교에서 가장 어려운 과제였다. 여러 요인이 기후 변화 완화를 더 복잡하게 했다. 화석 연료가 매우 우수한 에너지원이란 점이 첫째 요인이다. 에너지가 농축되어 있어 신뢰할 수 있고, 대체 에너지가 이러한 편리함을 따라잡기란 쉽지 않다. 이로 인해 대체 에너지 개발은 상당한 공학적 과제를 해결해야만 한다. 자동차를 석유 기반에서 전기 기반으로 전환하고 있는 게 중요한 사례다. 둘째 요인으로, 화석 연료는 우리 경제의 인프라에 깊이 뿌리내려 있다. 재

---

[38] 태양의 직사광선을 차단하거나 반사시키는 구조물을 말한다. 주로 모자나 헬멧에 달린 챙을 의미하지만, 여기서는 지구공학 관점에서 대규모로 설치되어 태양 복사를 우주로 반사하는 장치를 의미한다.(옮긴이 주)

생 에너지나 (우리가 그 길을 선택한다면) 원자력에 기반한 인프라로 전환하려면, 기존 인프라에 쌓은 주요 투자의 손실을 감수하고 새로운 인프라에 수십 년에 걸쳐 막대한 투자를 해야 한다. 셋째 요인으로, 화석 연료와 관련 산업은 강력한 로비 집단이다. 이들은 기후 변화 대응을 방해하려고 막대한 자금을 투입해 왔다. 넷째 요인으로, 완화는 분배 정의라는 문제를 제기한다. 모든 국가가 동일한 속도로 화석 연료 사용을 줄여야 하는가? 가난한 국가들이 개발 우선순위를 충족하기 위해 화석 연료 사용을 일시적으로 늘릴 수 있게 하는 여유를 가져야 하는가? 역사적으로 가장 많은 온실가스를 배출한 국가에게 완화 부담을 우선 부과해야 하는가? 이 같은 질문들은 국제 협상 과정에서 난항을 야기한다(Ranalli 2012).

기후 변화 완화를 위한 여러 접근법이 있다. 그중 공통으로 논하는 주제는 '탄소 가격제carbon pricing'이다. 이는 온실가스 배출 비용을 증가시켜 배출을 억제하려는 방법이다. 탄소 가격제는 이산화탄소만을 대상으로 삼을 수도 있고, 이산화탄소로 환산해 측정된 여러 온실가스도 대상으로 삼을 수 있다. 여기서 '탄소'라는 용어는 기후 변화 완화 정책 논의에서 이산화탄소 또는 여러 온실가스를 지칭하는 약어로 자주 쓰이며, 다소 부정확한 경우도 있다.

유엔 기후 변화 협약(United Nations Framework Convention on Climate Change: UNFCCC)에 따라 매년 국제회의가 열리며, 각국의 기후 변화 대응 상황을 모니터링하고 공식 의정서를 포함한 목표를 수립한다. 1997년에 협상되고 2005년에 발효된 교토 의정서 시대에는 두 가지 주요 감축 전략이 정책으로 논의되었다. 하나는 탄소세

carbon tax, 다른 하나는 "배출권-거래제cap-and-trade"였다. 이 두 전략은 여러 국가와 지역에서 시행되었으나, 성공한 정도는 지역과 상황에 따라 달랐다. 이런 배경에서 제임스 한센은 탄소 배당의 구상을 자신의 저술과 대중 강연을 통해 알려 나갔다.

2007년 말과 2008년 초, 한센은 기후 운동가로서 자신의 모든 에너지를 더러운 석탄 퇴출을 촉구하는 데 집중했다. 그는 고든 브라운Gordon Brown 영국 총리와 앙겔라 메르켈Angela Merkel 독일 총리를 비롯한 각국 정상들에게 편지를 보내, 이산화탄소를 포집하거나 저장하지 않는 석탄 화력 발전소의 건설을 중단하라고 촉구했다.[39] 한센은 전문가 증언을 하고 기고문을 작성하면서 미국에서도 국가 차원의 의사 결정권자들을 설득하는 데 주력했다. 이 과정에서 석탄 퇴출은 한센의 주요 주제였다. 건전한 기후 변화 완화 정책이 석탄 발전소의 폐쇄를 요구하는 상황에서, 새로운 석탄 발전소에 수십 년간 쏟는 투자는 비합리적이라는 주장이었다. 이 대담과 서한에서 한센은 탄소 배출 가격 인상의 필요성을 언급하며, 기후 완화의 경제학을 간략히 다뤘다. 구체적인 세부 사항에 대해서는 다소 신중한 입장이었다. 한 상원 청문회에서 그는 이렇게 증언했다. "시간이 지날수록 점차 높은 가격을 탄소 배출에 부과해야 한다. 이는 세금이 될 수도 있지만, 다양한 선택지가 있다. 정부가 시민들로부터 추가로 돈을 더 거둬들일 필요는 없다. 여기에는 매매 가능한 배급량, 산업용 배출권-거래제, 에너

[39] 한센의 강연, 저술, 이메일 구독자에게 보낸 메시지 등은 http://www.columbia.edu/~jeh1/에 보관되어 있다.

지와 탄소 효율성을 높이는 그 외 대안이 포함될 수 있다"(Hansen 2007, 27).

2008년 봄, 한센의 입장에 변화가 생겼다. 2008년 5월 말, 그는 탄소 가격제를 새롭게 제시했다. 이 대기 과학자는 기후 경제학 관련 질문에 자신의 입장을 확고히 밝혔다.

> 나는 '세금-배당제tax-and-dividend' 접근 방식을 강력히 지지한다. 탄소세 전액을 대중에게 돌려 줘야 하며, 각 개인에게 동일한 금액으로 지급해야 한다. 이를 추진하는 데 별도의 관료 체계가 필요치 않다. 예컨대, 초기 탄소세가 1인당 연간 평균 1,200달러라고 가정하면, 모든 사람의 은행 계좌에 매달 100달러를 자동으로 입금할 수 있다. 탄소세는 유정油井 과세나, 탄소 배출권 경매 등 다양하게 징수할 수 있다. 에너지 가격은 상승하겠지만, 중저소득층은 에너지 사용을 줄여 더 큰 이익을 얻을 방법을 찾아낼 것이다. 확신을 가져도 좋다. 이런 활동은 에너지 효율이 더 높은 제품으로 전환함으로써 경제 활동을 촉진하고, 일자리를 창출할 것이다. '세금-배당제' 접근법은 기후와 에너지 정책에 대한 대중 반발을 최소화할 뿐만 아니라, 정책이 작동하는 데 필요한 특성을 갖추고 있다.(Hansen 2008a)

이 발췌문은 2008년 5월 29일, 한센이 이메일 구독자에게 보낸 메시지에서 인용했다. 그 시점을 기점으로 "탄소세-100% 배당"(이후 "수수료-배당제fee-and-dividend"로 바뀌었다.)은 한센의 저술과 공개 강연에서 자주 다뤄지는 주제가 되었다.

한센은 배당제 구상을 구체화하는 데 영향을 준 인물로 피터 반즈를 들어 공을 돌렸다. 한센은 2008년 6월 23일 연설(Hansen 2008b)에서 다음과 같이 밝혔다. "제안된 '세금-100% 배당제'는 대체로 피터 반즈가 저서 『하늘은 누구의 소유인가』에서 기술한 '배출권-배당제 접근법cap-and-dividend approach'을 기반으로 한다." 또한, 한센은 같은 해 6월 4일 이메일 공지(Hansen 2008c)에서도 "피터 반즈와 다른 이들"의 기여를 인정했다. 한센은 반즈가 한 기후 배당 이야기를 2008년 5월보다 좀 이른 시기에 처음 들었다고 회상했다. 한센은 "피터 반즈는 아마도 더 일찍 배당 개념을 제안했을 것이다. 반즈와 배당 실행 방안을 두고 이야기한 기억이 있는데, 반즈는 은행 계좌가 없는 사람들에게 직불카드를 지급하는 등 전자 방식을 쓰면 비용이 적다고 강조했다."라고 말했다.(개인 통신문)

한센의 탄소 배당 구상과 피터 반즈의 구상 사이에 중요한 차이가 있다. 한센은 배출량을 제한하고 배출권을 판매하는 대신, 세금이나 수수료를 통해 탄소 가격을 인상하는 방안을 제안했다.

2008년은 기후 변화가 미국 정치의 주요 의제로 떠오른 해였다. 당시 버락 오바마와 존 매케인 대선 후보는 모두 기후 변화에 조치를 취하겠다는 공약을 내걸고 선거 운동을 벌였다. 하지만 미국인들이 '세금'에 극도로 부정적인 태도를 보인다는 인식 때문에, 두 후보의 정책이 탄소세가 아닌 배출권-거래제 형태를 띤다고 다들 예상하고 있었다. 실제로 『뉴욕 타임스』는 두 후보 입장을 비교 분석하며, '기후 변화 완화 정책'이나 '탄소 가격제' 대신, '배출권-거래제의 세부 사항Details on a Cap-and-Trade Program'을 제목으로 해서 다뤘다(Revkin et al. 2008). 워싱턴의 정치 흐름을 잘 알고 있던 한센은 배출권-거래제가 악용될 가능성이 크다고 보았다. 2009년에 실제로 상정된 배출권-거래제 법안(하원에서는 통과했으나 상원에서는 부결됨)은 한센의 우려를 증명하듯 규제 대상 단체들에게 선심성 혜택을 제공하는, 한센의 표현을 빌리자면 "쓸모없는 짓거리"에 불과했다.

한센은 수수료 기반 접근 방식을 신념으로 고수하는 반면, 반즈는 여전히 탄소 한도제carbon cap를 옹호하고 있다. 뒤에서 다루겠지만, 한센의 탄소 한도제 접근법을 비판하는 주된 이유는 한때는 관행이었지만 전혀 필요하지 않은 '거래제(and-trade)'를 제거함으로써 쉽게 해결할 수 있다. 수수료 기반(가격 기반) 접근과 한도 기반(공급 기반) 접근 방식은 모두 유용하며, 현실적으로 각각 고유한 장점을 지닌다.

미국의 탄소 배당 옹호 활동

오늘날, 미국이 배출권-거래제를 채택하지 못한 지 10년이 지난 지금, '수수료-배당제fee and dividend' 정책은 정책 그룹들 사이에서 가장 주목받는 탄소 가격제 옵션으로 자리 잡고 있다. 이 성과의 상당 부분은 풀뿌리 로비 단체인 시민 기후 로비(Citizens Climate Lobby, 이하 CCL)의 덕분이다. 2007년에 설립된 CCL은 현재 미국을 포함한 전 세계에 약 600개의 지부를 두고 활발히 활동 중이다. CCL의 설립자 마샬 손더스Marshall Saunders는 2009년 12월 한센의 발표를 듣고 수수료-배당제 정책이 자신들의 조직이 주창해야 할 올바른 정책이라고 확신하게 되었다고 말한다. 손더스는 나중에 한센에게 보낸 이메일에서 이렇게 밝혔다. "그전까지 우리는 '배출권-거래제'와 '[탄소] 상쇄offsets'[40]를 제대로 이해하지 못하고 설명할 수도 없으면서 그것을 위해 로비 활동을 벌이고 있었습니다." (이 내용은 한센의 곧 출간될 저서 『소피의 행성Sophie's Planet』에 실린 개인 통신문에서 인용되었다.) 수수료-배당제 정책은 매우 간단하고 설명이 쉬워서, 시민 로비 활동에 특히 적합한 개념으로 평가된다. CCL의 웹사이트에서는 이를 네 가지로 요약하고 있다. CCL의 홍보 자료에서는 이 정책이 단지 효과적인 기후 변화 완화 정책에 그치지 않고, 저소득층과 중산층 시민들에게 재정 이익을 주며, 수입 중립적[41]이고 초당파적 지지를 받을 수 있다고 강조한다.

탄소 배당 법안은 2007년에 이미 첫선을 보였으며, 관련 여러 법안들이 2009년의 결정적 입법 회기 동안 민주당 지도부가 선호하는 배출권-거래제와 (비효율적으로) 경쟁했다. 2007년과 2009년, 이후 잇따라 제출한 존 라슨John Larson 하원 의원(민주당 코네티컷주)의 법안은 탄소세 수입을 인프라 투자, 연구 개발, 저소득층 지원,

---

40 탄소 상쇄(carbon offsets)는 발생하는 온실가스에 상응하는 수준만큼, 어떤 활동을 해서 비용을 치르거나 감축 활동을 도와서, 온실가스 배출을 상쇄함을 말한다.(옮긴이 주)
41 '수입 중립적(revenue neutral)'은 어떤 정책이 정부의 총수입에 변화를 주지 않는다는 말이다. 새로운 세금이나 요금을 도입해도 그로 인해 얻어진 수입이 다른 방법으로 다시 국민에게 모두 돌아가도록 설계된다는 뜻이다. 수수료-배당제 정책은 탄소 배출에 수수료를 부과하고 그로 인해 발생한 수입을 국민들에게 배당금으로 돌려준다. 따라서 정부는 추가 수입을 얻지 않으며, 전체로 보면 세입과 세출이 균형을 이룬다. 이럼으로써 정책이 재정 면에서 중립적이며, 국민들에게 추가 세금 부담을 주지 않는다.(옮긴이 주)

개인 세금 환급에 할당하자는 내용을 담았다. 밥 잉글리스Bob Inglis 하원 의원(공화당 사우스캐롤라이나주)이 발의한 2009년 초당적 법안은 탄소세 수입을 사회 보장 기금에 사용하고, 이에 비례해 급여세payroll taxes를 인하하자고 제안했다. 2009년 마리아 캔트웰Maria Cantwell 상원 의원(민주당 워싱턴주)과 수잔 콜린스Susan Collins 상원 의원(공화당 메인주)이 발의한 "미국의 재생을 위한 탄소 한도 및 에너지(CLEAR) 법안"은 배출 상한선을 설정하고 배출권을 무상으로 제공하지 않으며, 100% 경매를 통해 수익의 75%를 배당금으로 지급하자는 내용을 담았다. 반즈의 '하늘 신탁' 개념(배출권의 경매와 수입금 전액을 배당금으로 환급)을 보다 순수하게 구체화한 또 다른 배출권-배당제 법안은 2009년 크리스 반 홀렌Chris Van Hollen 하원 의원(현재 상원 의원, 민주당 메릴랜드주)이 발의했고, 이후 회기에서도 이어서 발의되었다. 가장 최근 이 법안을 구체화한 사례는 2019년, 반 홀렌Van Hollen과 돈 베이어Don Beyer 하원 의원(민주당 버지니아주)이 공동 발의한 "건강한 기후와 가족 보장법Healthy Climate and Family Security Act"이다.

2018년 이후, 시민 기후 로비(CCL) 자체 방안인 "수수료-배당제"에 대한 입법 후원자가 나타났다. 테드 도이치Ted Deutch 하원 의원(민주당 플로리다주)이 발의한 초당적 법안, "**에너지 혁신과 탄소 배당법**Energy Innovation and Carbon Dividend Act"은 탄소세를 일정에 맞춰 점진적으로 인상하고, 신탁 기관을 통해 시민들에게 돌려주자고 제안한다. 또 성인에게는 탄소세 수입 전액을 매월 지급하고, 어린이에게는 절반을 지급하도록 규정하고 있다.

2019년에 크리스 쿤스Chris Coons 상원 의원(민주당 델라웨어주), 다이앤 파인스타인Dianne Feinstein 상원 의원(민주당 캘리포니아주), 지미 파네타Jimmy Panetta 하원 의원(민주당 캘리포니아주)이 발의한 "2019년 기후 행동 환급법Climate Action Rebate Act of 2019"은 탄소 수수료 수입의 70%를 연 소득 15만 달러 미만 가구에게 매월 배당금으로 지급하자는 내용을 담고 있다. 성인에게는 전액, 어린이에게는 절반이 지급하자는 CCL의 배분 방식과 유사하다. 나머지 수입은 인프라 투자, 연구와 개발, 근로자와 지역 사회를 위한 전환에 지원하자는 내용도 있다.

2017년, 공화당의 베테랑 행정가 제임스 베이커 3세James A. Baker와 조지 슐츠George P. Shultz가 공동 작성한 새로운 탄소 배당 제안이 발표되었다. 기후 리더십 위원회(Climate Leadership Council: CLC)의 프로젝트로, 베이커-슐츠 탄소 배당 계획Baker-Shultz Carbon Dividend Plan으로 불린다. 이 계획은 노벨상 수상자 27명, 전직 연방 준비 제도 의장 4명을 포함한 수천 명의 전문 경제학자가 지지했다. 조직 후원자와 지지자로는 세계 자원 연구소World Resources Institute와 세계 야생 동물 연맹World Wildlife Fund과 같은 환경 단체, IBM, 마이크로소프트, 포드, GM, 산탄데르, 골드만삭스 등의 기업, 그리고 엑슨모빌, 쉘, 코노코필립스와 같은 에너지 회사들이 있다.

베이커-슐츠 CLC 계획은 본질적으로 시민 기후 로비(CCL) 계획과 매우 유사하다. 가장 큰 차이점은 수치와 세부 조건이다. 베이커-슐츠 계획은 이산화탄소 배출량 톤당 40달러의 초기 할증료로 시작해 매년 2.4달러씩 증가하는 반면, CCL 계획은 톤당 15달러의 낮은 초기 할증료로 출발해 매년 10달러씩 증가한다. 따라서 초기에 CCL 계획이 더 저렴하지만, 약 5년 후에는 베이커-슐츠 계획의 가격을 추월한다. 베이커-슐츠 계획은 배당금을 월별이 아닌 분기별로 분배하자고 요구한다. 또한 베이커-슐츠 계획은 탄소 가격 인상을 "성가신 규제"의 대안으로 제시하며, 더 이상 필요치 않은 오바마 시대 기후 변화 규제를 대부분 철폐하자고 요구한다(CLC 2020, ii, 2). 이 관점은 CLC의 홍보 자료에 잘 드러나며, 의심할 바 없이 이 계획은 공화당과 재계 설득에 힘을 발휘했다. 베이커-슐츠 계획은 규제 유예를 제공하는 CCL 계획과 실제로 큰 차이가 없었다. 러만(Lerman 2018)은 CCL이 제안한 대로 사회 보장 제도를 조정해 배당금을 분배하는 것이 연방 조세 제도를 통해 배당금을 분배하려는 CLC의 구상보다 더 적절하다고 주장한다(74~75쪽).

흥미롭게도, 기후 리더십 위원회(CLC 2020, vi)가 '미국 역사상 가장 광범한 기후 연합'이라고 묘사한 세력들의 지지를 받았음에도, 베이커-슐츠 계획은 2020년 당시까지 의회에 제출되지 않았다. 이는 공화당(및 민주당) 예비 후원자들의 관심 부족 때문이라기보다, 공화당 의회 지도부가 트럼프 행정부와 입법 의제를 조율하면서 기후 이니셔티브를 포함시킬 여지가 별로 없었고, 이런 공화당 의회 지도부의 입장을 존중한 결과로 보인다.

의회에서 다음 번 기후 변화 완화 정책을 다룰 때, CCL과 CLC의 탄소 배당 프로그램은 둘 다 주요 선택지로 테이블에 올라간다고 예상할 수 있다. 반 홀렌Van Hollen과 베이어Beyer 법안도 대안으로 논의에 오를 가능성은 크다. 탄소 배당 관련 최고의 단행본이라는

『탄소 배당의 옹호론』(The Case for Carbon Dividends, 2019)의 저자, 제임스 보이스James Boyce는 2020년 7월 1일 인터뷰에서 다음과 같이 견해를 밝혔다. "현 시점에서 [최종 탄소 가격제] 법안에 포함될지 제외될지에 대해 다분히 열린 자세가 필요하다. 워싱턴에서 정책 추진 모멘텀이 형성되면, 각 대안의 지지자들 간에 '주고받기'가 이뤄져, 광범한 지지를 받는 타협안이 마침내 도출될 것이다.(This is Democracy, 2020)"

탄소 배당의 실천

워싱턴이 우유부단한 태도를 보이는 동안 다른 나라와, 지역, 지방 정부에서는 교토 의정서와 파리 기후 협정에 따른 약속을 이행하기 위해 발 빠르게 움직여 왔다. 2020년 기준으로 전 세계에서 총 61개의 탄소 가격제 정책이 시행 중이거나 시행을 앞두고 있으며, 이는 전 세계 온실가스 배출량의 약 22%를 차지한다. 이 정책들은 31개의 **배출권-허가제**와 30개의 **탄소세** 제도로 거의 균등하게 나뉘어 있다. 2019년 한 해 동안 탄소 가격 프로그램을 통해 총 450억 달러 이상의 수입을 올렸다. 세계은행의 보고서에 따르면, "수익의 거의 절반이 환경 또는 광범위한 개발 프로젝트에 사용되었고, 40% 이상은 실행 정부의 일반 예산으로 들어갔다. 나머지 몫은 감세와 직접적 재정 이전에 사용되었다"(World Bank 2020a, 7). 따라서 탄소 가격 수입의 대략 10%는 정부가 개인 및 기타 당사자(예: 기업)에게 직접 이전하거나 세금 감면 형태로 환급하고 있다. 이러한 프로그램의 성격은 무엇이고, 어디에서 시행되고 있을까? 아래의 표는 이에 대한 개요를 제공한다.

'배출권-허가제'에서 수입 재분배revenue recycling(감세, 환급으로 불림)는 좀처럼 드문 사례다. 두 가지 예가 있으며, 모두 미국에서 시행되고 있다. 지역 온실가스 이니셔티브(Regional Greenhouse Gas Initiative: RGGI)는 배출권 경매 수입의 일부를 저소득층 가구에 전기 요금 감면 형태로 환급한다. 캘리포니아는 탄소 가격 프로그램의 일환으로 전기와 천연가스 공익사업체에, 즉 발전소가 아닌 에너지 유통업체에 무상으로 배출권을 할당한다. 이 배출권은 경매

표. 수입 재분배 탄소 가격 책정 프로그램

법적 관할지역	탄소 가격 책정 메커니즘	발효 시기	총 연간 수입 (2019)	시민과 단체에 '재분배된' 수입의 비중	수입 재분배 형식
핀란드	탄소세 (선별된 부문, 배출량의 36% 포함)	1990	14.20억 USD	~50%	개인 및 법인세 환급
스웨덴	탄소세 (난방 및 수송 부문, 배출량의 40% 포함)	1991	23.14억 USD	50%	소득세 및 법인세 감축
노르웨이	탄소세 (부문 및 연료별, 배출량의 62% 포함)	1991	13.74억 USD	~30%	법인세 감축
덴마크	탄소세 (주로 건물, 운송 부문, 배출량의 40% 포함)	1992	5.20억 USD	~45%	소득세 및 법인세 감축
에스토니아	탄소세 (산업 및 전력 부문, 배출량의 3% 포함)	2000	0.03억 USD	정보 없음	소득세 및 법인세 감축
브리티시 컬럼비아	탄소세 (상류 부문, 배출량의 70% 포함)	2008	11.45억 USD	100%	개인 및 법인세 환급, 직접 지급

지역		연도	금액		용도
지역 온실가스 이니셔티브(RGGI), 미국 동부주의 연맹	배출권-거래제 (전력 발전, 배출량의 18% 포함)	2008	2.84억 USD	~12%	전력요금 지원 (일부 주는 선별 지원, 일부 주는 보편 지원)
스위스	탄소세 (선별된 부문, 배출량의 33% 포함)	2008	12.35억 USD	~67%	가구에 대한 일률적 보편 환급; 고용주 급여세 환급
캘리포니아	배출권-거래제 (다수 부문, 배출량의 85% 포함)	2012	30.65억 USD	35 – 40%	전기·천연가스 공기업으로부터 가구에 고정 환급금 및 요금 인하
호주	탄소세 (선택 부문, 배출량의 60% 포함)	2012; 2014년 취소	적용 안됨	53%	연금·수당·가족 지원금 인상; 저소득 가구 대상 소득세 감면
프랑스	탄소세 (다수 부문, 배출량의 35% 포함)	2014	89.68억 USD	정보 없음	소득세 및 법인세 감면; 저소득 가구 에너지 지원
포르투갈	탄소세 (다수 부문, 배출량의 29% 포함)	2015	2.81억 USD	정보 없음	소득세 감면
앨버타	연료 탄소세 (포함 범위 정보 없음)	2017; 2019 폐지(현재 캐나다 연방 프로그램에 의해 적용되는 주)	적용 안 됨	정보 없음	저·중소득 가구 환급; 소기업 법인세율 인하
캐나다 (연방 백스톱, 약 50% 주를 포함)	연료세 (배출량의 19% 포함)	2019	13.71억 USD	100%	개인 세금 환급

출처_ Carl and Fedor(2016), Navigant and The Generation Foundation(2018), and World Bank(2020b)

를 통해 판매되며, 공익사업체의 공급 업체(전기 발전 업체 및 천연가스 공급 업체)가 이를 상환한다. 경매를 통해 모금된 금액은 공익사업체가 보유하지 않고 고객에게 전액 환불된다. 약 85%는 요금 인하 방식과 가구당 동일한 청구 요금 감액 방식을 조합해 지역 고객에게 돌아간다(CPUC 2012). 연 2회 또는 기타 일정에 따라 제공되는 캘리포니아의 기후 **납부금 할인액**California Climate Credit은 공익사업체에 따라 달라진다. 2019년에 퍼시픽가스&일렉트릭PG&E사의 전기 고객이 받은 28달러에서부터 퍼시픽 파워(Pacific Power)사의 전기 고객이 받은 160달러까지 다양했다.

탄소세 제도 중에서도 수입 재분배는 꽤 흔하다. 스칸디나비아 국가들은 초기부터 이 새로운 세수를 활용해 (경제적 효율성을 높이면서) 법인세 부담을 완화하고, (누진성을 강화하면서) 개인 소득세의 부담을 줄이는 방향으로 길을 열었다. 시간이 지나면서 다른 많은 정부 단위에서도 탄소세 수입의 적어도 일부를 세금 전환tax-shifting에 활용하고 있다. 브리티시 컬럼비아주의 시스템은 탄소세 수입을 100% 전액 환류하는 사례로 특히 두드러진다. 세수의 일부는 저소득층과 중산층 가정을 위한 세액 공제로 사용된다. 2019년 기준, 연간 기후 행동 세액 공제Climate Action Tax Credit의 최대 금액은 성인 1인당 154.5캐나다달러(약 115달러), 아동 1인당 45.5캐나다달러(약 35달러)에 달했다(British Columbia 2019). 브리티시 컬럼비아주의 세금-배당제 실험은 배출량 감소와 경제 성과 측면에서 성공을 거두었으며(예: Elgie and McClay 2013), 이 성공이 계기가 되어 연방 차원에서 연료세 형태로 이를 도입한 것으로 보인다. (캐나다 연방 정부는 산업 탄소 배출에 대해 별도의 가격 책정 시스템을 운영하고 있으며, 그 수입은 다른 목적으로 사용되고 있다.)

스위스의 개인 환급 제도는 모든 주민에게 동일한 금액으로 지급되며, 의료보험사가 중개자로서 이를 전달한다. 이는 스위스에서 의료보험 가입이 의무화되어 있고, 의료보험사가 주민의 주소에 대한 최신 기록을 보유하고 있기 때문이다. 환급 금액은 건강보험료에서 효과적으로 공제되는 방식으로 이뤄진다(Swiss Federal Office for the Environment 2020). 2018년 기준, 스위스 거주자가 받은 연간 일시불 환급액은 89달러에 달했다(세계은행 2019, 44).

호주의 실험은 슬픈 이야기로 남아 있다. 탄소세-배당제 정책은 2012년 노동당이 연정의 소수 파트너인 녹색당과의 협상 결과로 도입되었으나, 2014년 자유당(즉, 보수당)이 정권을 잡으면서 중단되었다. 이 정책은 시행된 2년 동안 탄소 배출량을 줄이는 데 놀라운 효과를 거두었다. 한 사후 평가에 따르면, 이 정책은 우익의 기후 회의론적 선전과 노동당의 소극적 태도로 좌초했다. 노동당은 공공 영역에서 정책을 효과적으로 홍보하거나 그 혜택을 설명하는 데 실패했으며, 대신 이 기간 동안 국가의 견실한 경제 성과와 낮은 세율, 높은 연금 지급이 자신들의 독자적인 공로라고 주장했다(Komanoff 2020). 이 정책이 시행된 짧은 기간 동안 호주는 각 가정에 연간 35억 달러를 환급했으며, 이는 탄소 가격제 역사상 가장 큰 규모의 수입 재분배 프로그램 중 하나로 평가받는다.

탄소 가격제 및 배당을 위한 정책 설계

탄소세와 배출권-허가제를 둘러싼 논쟁은 혼란스러울 수 있다. 그렇다면 좋은 탄소 가격제 정책은 어떻게 가능할까? 왜 탄소에 가격을 매겨야 할까? 왜 청정에너지 기술에 투자하는 것으로는 충분하지 않은가? 또한, 탄소 가격을 책정할 경우 배당금 지급을 결정할 때 어떤 점을 고려해야 할까? 여기서는 기후 변화 완화 정책 설계와 그 정책에서 배당이 차지하는 위치를 살펴보고자 한다.

정책 선택지를 평가할 때 우리는 두 가지 필수 사항을 염두에 두어야 한다. 하나는 기후 변화를 완화하는 데 가장 효과적인 방안인지를 판단하는 것이다. 다른 하나는 페인, 해먼드, 반즈가 분명히 언급한 바와 같이, 공유 자원에서 나오는 부의 공정한 분배 원칙에 가장 부합하는 방안인지를 판단하는 것이다. 이 두 가지 필수 사항은 대체로 일치하지만 동일하지는 않다.

왜 탄소에 가격을 매기나?

기후 변화를 성공적으로 완화하기 위해서는 행동과 인프라의 변화가 필요하다. 개인이 비행기로 여행하지 않기로 결정하거나, 가정이 에너지 효율이 높은 가전제품을 구매하며, 공익사업체가 석탄 화력 발전소 대신 태양광 발전소 건설을 선택하는 것이 그 예에 해당한다. 앞으로 이러한 결정을 수십억 번 되풀이해야 할 것이다. 탄소 가격이 상승하지 않는다면, 이 결정들은 효과를 발휘하지 못할 수 있다. 이 점은 사고 실험으로 이를 쉽게 이해할 수 있다. 내가 생활에서 석유 사용을 줄이기로 결정했다고 가정해 보자. 나는 가스를 많이 소모하는 자동차를 반납하고 자전거에 투자한다. 이게 기후 변화를 완화하는 데 도움이 될까? 사실, 나의 행동은 석유 수요를 약간 감소시켜 석유 가격을 아주 조금 내리게 한다. 이로 인해 다른 사용자들은 석유에 다소 더 매력을 느낄 수 있다.

한 나라 전체나 지역, 예컨데 유럽 연합이 화석 연료 사용을 완전 중단하기로 결정했다고 가정해 보자. 유럽의 관리자와 기업 지도자가 규율, 비전 그리고 강력한 연구 개발 프로그램을 통해 재생 가능 에너지와 차세대 원자력 발전소로만으로 지역의 에너지 수요를 충족하는, 새로운 인프라를 구축하는 데 성공했다고 하자. 이것이 기후 변화에 영향을 미칠까? 유럽이 세계 시장에서 석탄, 석유, 천연가스 구매를 중단하면, 이들 상품의 가격이 하락할 것이다. 이는 유럽인과 같은 선견지명과 양심을 갖지 않은 나라들에서 소비를 더욱 촉진할 가능성이 높다.

이러한 현상을 반등 효과rebound effect라고 한다. 이론적으로 반등 효과를 막는 해독제는 세 가지가 있다. 첫 번째는 완전히 비현실적인데, 누구나 똑같이 선견지명과 양심을 갖게 하는 방법이다 (즉, 인간의 본성을 바꾸는 것). 두 번째는 명령과 통제 규제를 써서 경제의 모든 영역에서 선한 행동을 강제하는 방법이다. 세 번째는 선의나 강압에 의존하지 않고 명확한 유인을 제공하는 방법이다. 바로 이것이 탄소 가격제가 수행하는 기능이다. 이는 애덤 스미스의 해법과도 일치한다. 스미스는, 우리가 필요하고 원하는 고기, 맥

주, 빵을 경제가 제공하는 것은 정육점, 양조장, 제빵사가 사회의 원대한 목표를 이해하고 승인해서가 아니라, 가격 신호를 이해하고 이에 반응하기 때문이라고 설명했다([1776] 1986, 119).

기후 변화 완화 목표를 달성하려면, 화석 연료 사용자들에게 가격 신호를 보내는 것이 필수적인 정책 개입이다. 사람들은 대부분 이것만으로는 충분하지 않다고 한목소리로 말한다. 만약 소비자가 내연 기관 자동차를 자전거와 전기 자동차로 대체하기를 바란다면, 공공 부문이 이 대안을 이룰 인프라에 투자해야 한다. 또한 정부의 다른 조치들로 빠른 전환을 지원하고 촉진하는 영역이 여럿 있다. 연구 개발(R&D) 자금 지원, 금융 지원(및 비생산적인 화석 연료 보조금 폐지), 공공 교육 증진 등이다. 결국, 탄소 가격 상승(요금 인상 또는 한도의 하향 조정)과 실행 가능한 저탄소 대안을 창출하는 조치, 즉 채찍과 당근의 조합이 모두 필요하다.

탄소에 가격을 매기는 방법(탄소세 대 배출권-허가제)

'탄소에 가격을 매긴다'고 할 때, 이는 공급, 수요, 그리고 가격 간 역동적 관계를 활용해 경제 내 화석 연료 공급을 제한한다는 뜻이다. 탄소 가격 책정에는 두 가지 기본 접근이 있으며, 이는 두 개의 다른 변수 중 하나를 조작하는 데에서 비롯된다. 탄소세는 인위적으로 '가격'을 인상함으로써 유효 수요와 공급량을 모두 감소시킨다. 반면, 배출권-허가제는 인위적으로 '수요'를 제한함으로써 가격을 상승시키고 공급을 줄인다. 추상적으로 보면, 이 두 가지 방법은 효과 면에서 동일해야 한다.

실제로 60개 이상의 정부 단위에서 겪은 경험에 따르면, 두 가지 방법 모두 효과적일 수 있다. 그러나 각각은 고유한 우려 사항과 잠재적인 함정이 존재한다.

- **정치적 수용 가능성**: 두 정책 모두 소비자들에게 경제적 부담을 주지만, 탄소세는 세금 형태를 띠기에 채택이 더 어려울 수 있다. 세금 거부감은 2008~2009년 미국 내 논쟁에서 배출권-거래제를 기본 선택지로 자리 잡게 한 주요 요인이었다. 또한, 한센과 시민 기후 로비(CCL)가 '세금-배당제'가 아닌 '수수료-배당제'를 주창하도록 한 이유이기도 하다. 본능적인 세금 반감은 호주의 탄소 가격 책정 프로그램이 실패하는 데 분명하게 기여했다. 이는 앞서 해먼드의 초기 구상이었던 브리스톨 베이(3장 참조)에서도 유사하게 나타났다. 두 사례 모두 건전한 경영 원칙과 금융 이익을 고려했으나, '세금' 용어 자체가 부정적인 영향을 미쳤다.
- **실행의 용이성**: 이 측면에서 탄소세는 장점을 보인다. 과세는 정부의 핵심 기능 중 하나로, 정부는 탄소세를 공정하고 효과적으로 관리하는 데 필요한 전문성을 비교적 쉽게 확보할 수 있다. 반면, 배출권-허가제는 관리가 복잡하고 어렵다. 또한, 운영 비용이 많이 들며 시행 과정에서 문제가 발생할 가능성도 높다 (다음에 자세히 설명할 예정). 게다가, 신뢰할 수 있는 탄소 가격은 규제 대상 공동체가 계획과 예산을 수립하는 과정에서 많은 불확실성을 제거할 수 있다. 이 점에서 탄소세는 한도 설정 방식의

배출권-허가제보다 더 편리하다.
- **환경 목표 달성 효과 보장**: 배출권-허가제는 과학 기반의 배출량 목표를 정확히 달성할 수 있도록 배출량 한도의 축소 일정을 설정할 수 있다. 반면, 세금 방식에서는 특정 가격 수준에서 유효 수요가 어느 정도일지를 경험에 의존해 추측만 할 수 있다. 즉, 필수적인 상충 관계가 존재한다. 신뢰할 수 있는 탄소 가격은 환경적 결과의 불확실함을 대가로 하고, 신뢰할 수 있는 환경적 결과는 가격의 불확실함을 대가로 한다. 우회 방법도 존재한다. 예컨대, 배출권-허가제는 최저 가격을 설정할 수 있다(다음에서 논의될 예정이다). 또한, 탄소세는 배출 목표와 더 잘 일치하도록 주기적으로 조정하는 기제를 포함시켜 설계할 수 있다. 스위스의 탄소세는 이러한 조정 기제를 포함하고 있다(Hafstead et al. 2016). 그러나 이러한 기제는 시간 지연을 초래하며, 모든 규제 환경에서 동일한 성과를 보장하지 못할 뿐만 아니라, 탄소세의 주요 장점 중 하나인 가격의 예측 가능성을 저해할 수 있다.

최종적으로 고려할 사항은 프로그램이 환경 면에서 효과가 있다는 확신이다. 이 기준만을 놓고 본다면, 배출권-허가제가 선호하는 대안이 될 가능성이 높다. 하지만 수량을 잘못 설정해 가격 조정이 이뤄지면 그 결과는 가격 변동이 초래하는 결과보다 더 심각하며 완화하기도 더 어렵다.[42]

---

[42] 마틴 와이츠먼(Martin L. Weitzman)의 고전적 논문 「가격 대 수량」(Prices vs. Quantities 1974)에서 가격 기반이 아닌 상품 기반 통제를 다룬 논거와 비교해 보자.

탄소세 설계하기

탄소세를 설계할 때 중요한 질문은 세금을 어느 지점에 부과할까이다. 화석 연료가 경제에 유입되는 상류 단계에서 부과할까? 기업이 화석 연료를 사용하고 가공하는 중류 단계에서 부과할까? 아니면 최종 소비자가 사용하는 하류 단계에서 부과할 것인가?

일반적으로 세금을 상류 단계에서 부과하면 관리하기가 더 쉽다. 상류 단계에서는 세금을 부과할 기업의 수가 상대적으로 적기 때문이다. 미국 재무부 보고서(Horowitz et al. 2017)에 따르면, 탄소 과세에 대한 상류 또는 중류 접근 방식, 심지어 두 접근 방식의 절충안도 모두 완벽히 실행 가능하다. 각각 기술적 고려 사항을 몇 가지 해결해야 하지만,[43] 세금 신고자의 수가 적고 신고의 정교함을 고려할 때 상류 접근 방식이 분명히 더 바람직하다. 미국의 상류 접근 방식에는 약 2,000개의 법인만 관련되어 있다(Hargrave 1998, 6~7). 재무부에 따르면, 이 세금을 부과하는 데 기존 세금 양식을 약간만 수정하면 충분하다(Horowitz et al. 2017, 6).

탄소세는 일반적으로 국경 조정border adjustment 요소를 포함하

---

43 일부 화석 연료 제품은 탄소 배출을 유발하지 않는 방식으로 사용된다(예: 플라스틱 제조 시 석유를 원료로 사용). 물론 플라스틱도 분해(Royer et al. 2018)되거나 소각될 때 온실가스 배출원이 될 수 있음에 유의하자. 이 용도로 쓰는 화석 연료를 면제 또는 세액 공제 제도를 통해 과세 대상에서 제외하면 중류 단계 세금보다 상류 단계 세금이 더 복잡해진다. 반대로, 과세 시점 이전에 일정량의 화석 연료가 소비될 수도 있는데(혹은 천연가스는 단순히 대기 중으로 누출될 수도 있다), 이 경우에도 특별한 규정이 필요하다. 이 경우 상류 단계 과세보다 중류 단계 과세가 더 복잡해진다. 중류 또는 상류 단계 접근 방식을 취하든 이와 같은 기술적 고려 사항은 관리가 가능하다 (Horowitz 외. 2017, 6).

고 있다. 이는 국내 생산자가 수입품을 들여올 때 납부하는 세금과 동일한 수수료를 국경에서 부과함을 뜻한다. 반대로, 수출품은 해외에서 공정하게 경쟁하려면 가격이 낮아야 하는데, 이때 가격을 낮출 수 있게 보조금을 지급한다. 탄소 가격 프로그램을 자체 운영하는 무역 상대국의 경우, 수입 수수료와 수출 보조금을 줄이거나 없앨 수 있다. 국경 조정은 화석 연료뿐만 아니라 철강, 종이, 알루미늄, 시멘트, 벌크 유리와 같은 에너지 집약적 제품에도 적용될 수 있을 것으로 예상된다(Horowitz et al. 2017, 15).[44]

탄소 배출권-허가제 설계하기

배출권-허가제를 설계할 때, 다양한 기술적 고려가 있어야 한다.

- 배출권을 경매로 제공할까, 아니면 무상으로 제공할까?(예: 과거 배출량에 근거한 배분) 많은 이유로 경매 방식이 더 나은 선택으로 여겨진다. 경매는 이 정책 체계에서 수입을 창출할 유일한 방법이며, 이렇게 확보된 수입은 배당으로 지급되거나 다른 공공 우선순위에 사용될 수 있다. 또한, 경매는 배출권이 효율적으로 배분되도록 얼마간 보장한다. 여기서 '효율적'이라는 의미는 배출권이 필요하고 실제로 배출권을 사용할 기업에게 배분됨을 의미한다. 반면, 무료이면 이런 효율성은 보장되지 않으며, 거래 등 다른 메커니즘을 추가해야 배출권의 재할당이 이뤄져 분배

---

44 탄소세 설계를 다룬 자세한 내용은 「시장 준비성을 위한 파트너십(Partnership for Market Readiness, 2017)」을 참조하자.

가 효율적으로 이어진다. 경매는 배출권의 시장 가격을 책정하는 방법도 제공하는데, 무상 제공 방식에서는 이러한 기능이 없다. 무료로 배출권을 제공하는 정책은 복잡한 공정성 문제를 제기한다. 왜 이 회사에는 X달러 상당의 배출권이 주어지고, 저 회사에는 Y달러 상당의 배출권이 주어지는가? 과거 배출량을 기준으로 배분하는 방식은 과거의 오염에 대한 보상일 뿐이다. 실제로, 배출권을 무료로 제공하는 관행은 매우 흔하지만, 이는 원칙적으로 정당하지 못하며, 종종 정치 후원으로 이어진다는 의심을 받는다. (무역 의존 분야 기업들이 국제 경쟁에서 불이익을 받지 않고 보호받게 하기 위해 배출권을 무료로 제공할 때도 있다. 이런 동기는 정당할지 모르나, 앞서 언급한 이유로 이 관행에는 결함이 있다. 배출권 할당과 국경 조정은 실제로 별개 문제로 취급해야 한다.)

- 경매를 어떻게 관리할까? 경매는 일종의 게임이며, 여러 위험이 따른다. 참가자가 담합해서 가격을 조작하는 속임수를 쓸 수도 있다. 또한, 경매가 복잡해질수록 연구와 자문 비용을 감당할 여력을 갖춘 대규모 참가자에게 유리해져, 소규모 참가자에게 불공정할 수 있다. 게다가 경매 규칙에 따라 참가자들이 의도치 않게 경매 가격을 시장 가격에서 벗어나게 하는 전략을 추구하도록 유도할 수도 있다. 반면 경매를 잘 설계한다면, 배출권을 할당하는 매우 효과적인 방법이 될 수 있다.

경매의 작동 방식을 설명해 보자. 비교적 간단한 접근 방식인 '오름차순 시계 경매ascending clock auction'라 불리는 방식이 있다. 경매가 여러 라운드에 걸쳐 진행되는데, 각 라운드에서 경매인은 낮은 가격부터 가격을 제시하고, 참가자는 해당 가격에 구매 의향이 있는 배출권 수를 비공개로 제출한다. (이 과정은 인터넷을 통해 진행될 정도로 간단하다.) 만일 특정 라운드에서 원하는 배출권의 총수요가 사용 가능한 배출권의 총량(한도)을 넘어서면 해당 가격은 기각되고, 경매는 다음 라운드로 넘어가 약간 더 높은 가격에서 진행된다. 라운드가 진행될수록 가격이 상승하며, 이에 따라 참가자들은 이전과 동일하거나 더 적은 수의 배출권만 입찰하게 되어, 더 많은 수의 배출권에는 입찰할 수 없게 된다. (이는 시스템 악용을 방지하기 위한 조치이다.) 배출권 수요가 더 이상 한도를 초과하지 않는 가격에 도달하면, 그 가격이 최종적으로 결정되고 모든 참가자는 해당 가격에 최종 입찰 수량에 따라 배출권을 구매한다.

만약 일부 배출권이 남으면, 두 번째에서 마지막 라운드에 제출된 입찰가를 기준으로 배출권을 할당할 수 있다. 경매는 참가자들이 수량이 아닌 가격을 입찰하도록 설계할 수도 있으며, 참가자가 다양한 가격에 따라 구매하고자 하는 배출권 수를 포함한 전체 일정을 제출하도록 요구할 수도 있다. 그러나 이 경우에는 추가적인 복잡한 문제가 발생한다.[45]

- 거래를 허용할 것인가? 많은 사람들은 거래를 '배출권-허가제'의 핵심 요소로 여긴다. 수년 동안 탄소세의 대안은 일반적으로 배출권 거래제(emissions trading scheme: ETS)로 불리어 왔으며, 오

---

45 탄소 배출권 경매 설계에 대한 좋은 소개는 크램튼과 커(Cramton and Kerr 1998)를 참조하자. 로포모 등(Lopomo et al. 2011)은 후속 연구를 종합한 유용한 자료이다.

늘날에도 국제기관에서는 '배출권-허가제' 표현보다는 '배출권 거래제' 표현을 더 많이 사용하고 있다. 2020년 기준으로 운영 중인 31개의 탄소 배출권-허가제는 모두 일종의 거래를 허용하고 있다. 그러나 거래가 배출권-허가제에 필수는 아니다. 거래는 새롭게 복잡해질 수 있고, 시장 실패나 악용의 여지를 추가로 만들어 낼 수 있다. 2차 시장에서 오가는 거래에 관여하는 중개인(예: 브로커, 컨설턴트 등)은 수수료를 받으며, 이 비용은 배출권 보유자가 소비자에게 부과하는 가격에 포함된다. 일부 배출권 거래 방식은 규제 대상이 아닌 기관(예: 투자은행, 개인 거래상 등)도 경매에 참여해 배출권을 사고팔 수 있도록 허용하는데, 이런 관행은 문제를 일으킬 소지가 있다. 이와 같은 행위자들이 일시적으로 배출권을 보유함으로써 얻는 이윤은 배출권을 상환해야 하는 규제 대상 기관의 비용이 되고, 결국 이는 소비자에게 전가된다.

비용이 수반되는 거래를 이론적으로 정당화하는 논리는 배출권을 가장 효율적으로 사용할 당사자에게 배출권이 흘러가게 함으로써 경제적 효율성을 높인다는 것이다. 이와 달리 효율적 할당을 보장하는 더 간단한 방법도 있다. 잘 설계된 배출권-허가제의 첫 번째 조건은 앞서 설명한 바와 같이 잘 설계된 경매이다. 경매와 배출권 보유는 규제 대상 기업으로만 제한된다. 잘 설계된 탄소세와 마찬가지로 규제 대상은 상류 기업, 즉 탄소가 주요 사업이며 수요를 예측하고 지능적으로 입찰할, 상대적으로 소수의 기업이 될 것이다. 경매는 상당히 정기적으로(예:

연간이 아닌 월별 또는 분기별) 진행되어 참가자가 변화하는 시장 상황에 따라 배출권 보유량을 쉽게 조정할 수 있다. 또한 참가자는 (악용을 방지하는 일정 한도 내에서) 배출권을 '은행bank'에 예치하는 것, 즉 구매 시기 이후에 사용하려고 보관하는 것이 허용됨으로 경매에서 배출권을 너무 많이 구매할까 봐 걱정할 필요는 없다.

- **국경 조정을 어떻게 관리하나?** 첫째, 수입업체가 경매를 통해 배출권을 구매하도록 요구하는 방식이 있다. 둘째, 무역 의존 산업에 속한 기업에 무료 배출권을 부여하는 방법이 있으며, 이는 앞서 설명한 바와 같이 이상적인 방안은 아니다. 셋째, 탄소세 체제와 유사하게 수수료 및 보조금 시스템을 활용해 국경에서 가격을 조정하는 방법도 있다.

탄소세 또는 배출권-허가제의 설계는 여기에 한 설명보다 훨씬 더 복잡할 수 있다. 예를 들어, 나무 심기와 같은 동등한 환경 편익의 제공을 요구하는 대체적 조치인 상쇄offset 조항을 포함할 수 있다. 경험에 따르면 상쇄는 종종 그 가치가 모호하다. 예를 들어, 심은 나무가 성숙해질 때까지 자란다는 보장이 없고, 나무를 얼마나 많이 심었는가와 상관없이 우리는 반드시 배출량을 줄여야 한다. 이로 인해 상쇄 조항은 종종 허점이 발생한다. 잘 설계된 탄소 정책은 상쇄를 포함하지 않는다. 대신, 모니터링, 보고 및 검증(monitoring, reporting and verification: MRV)을 위한 조항이 반드시 들어가 있어야 한다. 일반적으로 프로그램 설계가 단순할수록(예: 경제에서 상류로 갈수록 탄소에 과세하거나 한도를 강제하기 쉬워진다.) MRV의 요건은 더 쉽고 간단해진다.[46]

벤치마킹

탄소세 설계자는 초기 가격을 얼마로 설정할지와 얼마나 빠른 속도로 초기 가격을 인상할지를 정해야 한다. 마찬가지로, 배출권-허가제 설계사도 초기 한도를 어디에 설정할지와 이를 어떤 속도로 차차 낮출지를 결정해야 한다. 이런 기준(벤치마크)은 법으로 제정될 수 있고, 규제 당국의 재량에 따라 결정될 수도 있다. 또는 과학자들이 작성한 예측치, 예를 들어 정기적인 IPCC 보고서에서 제시하는 기후 변화 완화 목표 달성을 위한 배출량 감소 예측치에 연동될 수도 있다.

목표 가격(또는 1인당 한도)은 나라마다 다를 수 있다. 잘 알려진 "감축과 수렴contraction and convergence" 모델(Meyer 2000)은 전 세계적으로 배출량 감축 목표를 설정하고 이를 국가별로 할당하는 방식이다. 이 모델에 따르면 개발 도상국의 1인당 탄소 사용량은 일시적으로 증가하고, 선진국의 1인당 탄소 사용량은 감소해 결국 수렴하며, 그 이후에는 함께 감소한다. 수렴이 이뤄질 때까지 1인당 할당량을 초과하는 국가들은 1인당 할당량보다 적게 사용하는

---

[46] 배출권-허가제 프로그램의 설계를 다룬 자세한 내용은 PMR 및 ICAP(2016)를 참고하자. 이 보고서는 다른 대부분의 보고서와 마찬가지로 배출권을 반드시 거래한다고 가정하고 있음을 유의해야 한다. 보이스(Boyce 2019)는 이와 관련해 유용한 수정안을 제안한다.

국가들에게 보상할 수 있다.

탄소 가격 책정 프로그램에서 '하한floors'과 '상한ceilings'을 설정하여 가격을 예상 범위 내로 유지하는 것은 드문 일이 아니다. 배출권-허가제에서는 가격이 너무 높아지면 추가 배출권을 발행하고, 가격이 너무 낮아지면 배출권을 재매입하는 방식으로 이를 달성할 수 있다. 탄소세와 상한이 있는 배출권-허가제의 한 가지 문제점은 환경상 효과적이기 위해 가격을 얼마나 높여야 하는지에 대한 정보가 거의 없다는 점이다. 화석 연료 에너지에 대한 경제적 수요는 상당히 **비탄력적이다**(Boyce and Riddle 2007, 9; Boyce 2018, 56; Boyce 2019, 45~49의 논의 참조). 즉, 가격의 큰 변화에도 수요의 변화는 상대적으로 작다. 에너지의 상당 부분이 어떻게 소비되는지 생각해 보면 이해가 쉽다. 휘발유 가격이 올랐을 때 편리한 대중교통 수단이 없는 통근자는 계속 차를 타고 출근한다. 연료용 석유 가격이 올라도 집 소유주는 계속해서 집 난방을 한다. 이는 탄소에 가격을 책정하는 동안에도 대중교통, 자전거 도로, 재생 에너지원 등과 같은 인프라에 투자하는 보완 정책의 중요성을 보여 준다. 탄소 가격의 상승을 두려워하지 않는 것도 중요함을 말해 준다. 우리가 탄소 배출량 감축에 진정성을 가진다면 탄소 가격이 지금껏 오른 폭보다 훨씬 더 극적으로 올라도 감수해야 한다.

수입금의 사용 방법

탄소 가격 책정 프로그램은 귀중한 배출권을 무상으로 나눠 주는 배출권-허가제가 아닌 경우 수입금을 창출할 수 있다. 오늘날 각국 정부가 이런 수입금을 다양한 용도로 활용하는 사례를 이미 살펴본 바 있다. 기후 변화 완화 우선순위에 대한 지출, 일반 예산의 일부로 활용, 개인 및 법인세 감면, 배당금 지급 등이 그 예이다.

왜 배당금을 지급하는가? 이에 대해서는 세 가지 주된 정당화의 논리가 있다.

첫째, 이 장의 시작 부분에서 설명된 대로 피터 반즈가 토머스 페인의 주장을 다시 상기하며 제기한 정의 차원에서 한 논점이 있다. 대기권은 우리 공동 유산의 일부이다. 만약 대기권의 탄소 흡수 역량이 화폐 수익화monetize가 된다면 모든 사람은 생성된 부의 일정 몫을 받을 자격이 있다.

둘째, 현실 정치의 논점이 있다. 배당금을 받을 수 있다는 전망은 유권자들이 이 정책에 매력을 느낄 요소가 된다. 유권자들이 배당금을 받기 시작하면, 이 프로그램을 유지하기 위한 강력한 지지층이 형성될 수 있으며, 이는 알래스카 유권자들이 알래스카 영구 기금의 강력한 지지층이 된 사례와 유사하다. 비록 이것이 엄격하고 고정된 규칙은 아니더라도, 분명 어느 정도의 진실이 담겨 있다. 호주 유권자들이 상당히 관대한 탄소세 수입금 재분배 시스템을 거부한 사례는 반례로 제시될 수 있지만, 그 시스템은 애초에 불리한 상황에 처해 있었다. 반즈는 호주의 탄소 가격 책정 프로그램이 배당금 요소를 더 강조하고 효과적으로 홍보했다면 대중의 더 큰 지지를 얻었을 것이라는 설득력 있는 주장을 한다(Carbon Tax Center 2020).

마지막으로, 건전한 정책 설계에 대한 논점이 있다. 이는 종종 탄소 가격 책정 논의에서 소홀히 다루지만, 사실 배당금은 탄소 가격 책정 정책의 효과를 높이려고 선택하는 추가 요소가 아니다. 보편적인 배당금(또는 그와 매우 유사한 형태)이 본질적인 요소이다.

이는 앞서 논의한 가격의 비탄력성과 밀접한 관련이 있다. 화석 연료의 대체재를 개발하고 채택하도록 시장에 압력을 가하기 위해서는 탄소 가격이 현재보다 훨씬 더 크게 상승해야 한다. 또한, 화석 연료 가격을 인위적으로 낮게 유지해 온 보조금도 철폐해야 한다. 보이스(Boyce 2018, 54)는 화석 연료에 주는 모든 보조금을 감안하면, 현재 전 세계 평균 순 탄소 가격이 마이너스 8달러에 달한다고 지적한다. 이는 전환 기간 동안, 특히 화석 연료 의존도가 여전히 높은 경우, 일반 가정의 교통, 난방, 전기 비용이 과거보다 크게 증가할 수 있음을 의미한다. 더불어, 산업형 농업을 통해 생산된 식품을 포함해 상당한 양의 화석 연료 에너지를 사용하거나 장거리로 운송되는 모든 상품과 서비스의 가격도 상승할 것이다. 저소득층과 중산층 가정은 이러한 높은 비용에 쉽게 적응하기 어렵다. 이를 해결하기 위해 재정적 지원이 필요하다. 보편적 균등 배당은 이러한 필요한 구제를 제공하는 효과적인 방법일 수 있다.

배당금이 보편적이고 균등한 반면, 탄소 비용에 따른 부담은 개인의 구매 결정과 생활 방식에 따라 달라지기 때문에 배당금은 재정 지원을 제공하면서도 경제를 탈탄소화하기 위한 구매 결정과 생활 방식의 변화를 방해하지 않는다. 따라서 화석 연료 에너지를 덜 사용하는 사람들이 더 유리해진다.

그렇다면 탄소 가격 책정과 보편적 배당금의 분배 효과는 어떨까? 보통 저소득층은 부유한 사람들보다 에너지를 적게 쓰지만, 에너지 지출이 소득에서 차지하는 비중은 크다. 이는 탄소 가격 책정 프로그램 자체만 고려하면 역진적임을 의미한다. 그러나 수입금의 100%를 보편적 균등 배당금으로 재분배하는 탄소 가격 책정 프로그램은 가장 취약한 가정을 보호하는 누진적인 재정 조치가 될 수 있다. 수많은 정량적 연구가 이를 입증하고 있으며, 주로 미국을 중심으로 진행되었다(CBO 2000; Dinan and Rogers 2002; Boyce and Riddle 2007; Fremstad and Paul 2018). 미국 재무부의 세금 분석 사무국은 세금과 배당금 정책을 통해 약 70%의 가정에서 순소득이 증가하고, 이 중 가장 가난한 10%의 가정은 9%의 소득 증가를 경험할 수 있음을 발견했다. 반면, 약 30%의 가정은 순소득이 감소하며, 이 중 가장 부유한 10%의 가정은 1% 감소한다고 나타났다(Horowitz et al. 2017, 25). 또한 수입금을 적자 감소나 법인세 인하에 사용하면 역진적인 효과를 초래할 수 있다(Rosenberg et al. 2018, 6).

"수평적" 격차, 즉 각 소득 계층 내에서 탄소 가격-배당제 정책의 경제적 효과 차이는 문헌에서 상대적으로 덜 주목받아 왔지만, 크로닌 외(Cronin et al. 2017, 1)의 연구에 따르면 이 격차가 중요할 수 있음을 시사한다. 연구에 따르면, "소득원과 지출의 이질성으로 인해 모든 개혁 조치는 각 소득 그룹 내에서 승자와 패자를 만들 가능성이 높다. 예를 들어, 은퇴자들이 사회 보장 혜택의 확대로 보상을 받을 수 있다고 해도, 혹독한 기후 지역에 거주하는 가난한 가정은 온화한 지역에 거주하는 유사한 재산 수준의 가정보다 여전히 더 높은 탄소세 부담을 지게 된다." 따라서 배당금조차도 강력한 탄소 가격 정책의 재정적 영향으로부터 가장 취약한 모든 가구를 완전히 보호하지는 못할 것이다.

한 보고서(REMI and Synapse 2014)는 탄소 가격 책정에 따른 가계 비용과 배당금 규모를 계산하는 것뿐만 아니라, 정책 시행으로 인한 경제 재편 과정에서 발생하는 부차적인 비용과 편익까지 포착하려는 드문 연구를 수행했다. 이 연구는 비용과 편익이 지역과 산업에 고르게 분배되지 않더라도, 10년 동안 이산화탄소 배출량을 33% 감축하는 프로그램이 기준선(평소와 같은 경우) 시나리오에 비해 210만 개의 일자리를 추가하고, 국내 총생산(GDP)을 8,000만 달러 이상 증가시키며, 대기질 개선으로 인해 13,000명의 조기 사망을 예방할 수 있다는 결론을 제시했다. 이러한 요소들을 종합적으로 고려하면, 수수료-배당제 시행 10년 후의 생활비는 기준선 시나리오에 비해 약 3% 더 높아진다고 예상할 수 있다.

그렇다면 100% 수입 재분배에 얼마나 가까워질 수 있을까? 보이스(Boyce 2019, 83~84)는 관리 비용이 상당히 적어야 한다는 선례를 인용한다. 경매를 통해 배출권-허가제를 감독하는 것은 당연히 세금을 통해 관리하는 것보다 비용이 더 많이 소요된다. 글을 쓰는 시점에서 시행 중인 탄소 가격 책정 프로그램 중에서는 캐나다와 스위스의 프로그램만이 수입금의 50% 이상을 가정에 재분배하고 있다. 탄소 가격 수입금을 유익한 용도로 활용할 방법은 다양하지만, 탄소 가격의 역진적 효과를 완화하는 데 "수입금의 일부만" 사용해도 충분하다는 세계은행(World Bank 2019, 44)의 주장은 신중하게 받아들여야 한다. 이 주장은 오늘날의 "시범" 탄소 가격 책정 프로그램에서는 타당할 수 있지만, 탄소 비용이 환경에 효과가 있다는 수준까지 상승한다면 그대로 유지되기 어려워 보인다.

보이스와 리들(Boyce and Riddle 2008)은 미국에서 소비되는 화석 연료의 약 28%가 지방, 주, 연방 정부에 의해 소비된다고 지적한다. 정책 입안자들은 탄소 가격과 관련된 정부 예산의 부족분을 메우기 위해 탄소 수입금의 일부를 비축해, 보이스와 리들의 표현을 빌리자면, "정부를 온전하게 만들기" 위한 수단으로 활용하자는 데 유혹을 느낀다. 입법자들도 행정부로부터 이 방향으로 가라는 압력을 받을 수도 있다. 그러나 이는 일반적으로 근시안적인 접근으로 봐야 한다. 첫째, 정부 또한 화석 연료 의존도를 줄이기 위한 유인이 필요하다. 정부는 막대한 구매력과 인프라 투자 능력을 보유하고 있어 탈탄소화 과정에서 선도적인 역할을 할 수 있으며, 또한 그렇게 해야 한다. 둘째, 가계에 대한 배당금이 소득으로 과세된다면(과세하지 말아야 할 이유는 없다.), 정부는 이미 부족분의 대부분을 세금으로 회수하게 된다. 보이스와 리들(Boyce and Riddle 2008, 4)은 배당된 수익의 약 24%가 세금으로 다시 정부에 귀속된다고 추정하며, 이로 인해 실제 부족분은 약 4%에 불과하다고 예상한다. 다만, 연료 지출이 많은 지방 정부에서 소득세를 징수하는 상위 정부로의 순 이전이 발생할 수 있다. 만약 정부에 추가 재원이 필요하다면, '하늘 신탁' 논리와 자원의 저주 논리(앞서 논의한 바와 같이)에서는 가계가 소유권을 주장할 수 있는 수익원을 침해하는 것보다 세금을 인상하는 방안을 지지할 것이다. 보이스와 리들은 100% 배당금을 지급한 후 24%를 과세하는 방식이, 정부가 처음부터 24%를 보유한 뒤 나머지를 배당금으로 지급하는 방식보다 더 누진적인 소득 분배 효과를 가져온다고 지적한다.

아동은 어떻게 대우해야 하는가? 대부분의 계획은 아동에게 절반의 지분을 할당한다. 한센은 가구당 최대 두 명의 자녀에게만 배당금을 지급할 것을 제안했으나, 대부분의 계획은 이런 제한을 두지 않았다. 인구 증가를 늦추는 게 탄소 배출량 감소에 도움이 될 수 있지만, 자녀 수에 따라 배당금 지급을 제한한다고 해서 가정의 자녀 계획에 큰 영향을 미치지는 않을 것이다. '하늘 신탁'의 관점에서 볼 때, 배당금이 진정으로 보편적이어야 한다는 점이 중요하다. 하늘을 공유할 권리는 형제자매의 수에 따라 달라지지 않는다. 일부 계획은 자녀의 지분을 별도의 계좌에 보관한 뒤, 성인이 되면 이를 직접 수령할 수 있는 권리를 부여하기도 한다.

탄소 배당의 미래

현재 많은 탄소세 프로그램과 일부 배출권-허가제에는 '수입금 재분배' 방안이 포함되어 있다. 이들 가운데 어느 것도 하늘 신탁 유형의 배당금, 즉 모두에게 동일한 금액을 보편적으로 지급하고 수표나 직접 입금 방식으로 눈에 띄게 분배되는 배당금의 모든 특징을 완전히 갖추고 있지는 않지만, 일부는 이에 근접해 있다. 특히 캘리포니아의 공공요금 환급이나 스위스의 건강 보험료 환급과 같은 보편적 지급이, 그리고 탄소세 수입금을 재활용하는 대담하고 널리 알려진 브리티시 컬럼비아의 실험이 그 예이다. 브리티시 컬럼비아의 실험은 현재 캐나다 전역에서 연료세 수입금을 대상으로 확대 시행되고 있다.

탄소 가격 책정 프로그램이 배출을 억제하기 위해 더욱 강화되고, 화석 연료에 지불하는 소비자 가격을 현재보다 훨씬 높이면, 정책 입안자들은 수입금을 가정에 직접 재분배하는 것이 탄소 가격 책정 프로그램이 성공하는 필수 요소임을 인식할 것이다. 이에 대한 근거는 충분하다.

오늘날 탄소 배당에 대한 대중의 관심은 점점 커지고 있다. 미국에서는 시민 기후 로비(CCL)의 풀뿌리 옹호 활동이 활발히 성장하고 있으며, 기후 리더십 위원회(CLC)는 재계와 공화당 내에서 배당금을 논의하는 중심에 서고 있다. 또한 2019년 민주당 대선 경선에서는 여러 대선 후보, 특히 기본소득을 전국적인 화두로 확대한 앤드루 양을 비롯한 후보들이 탄소 배당을 지지하면서 이러한 흐름을 뒷받침하고 있다.

유럽에서는 CCL의 지역 지부와 여러 기후 변화 완화 옹호 단체들이 2019년 유럽 전역에 수수료-배당제 프로그램 도입을 촉구하는 청원을 시작했다. 비록 이 청원이 필요한 100만 명의 서명을 얻지는 못했지만, 수수료-배당제를 정책 선택지로 인식시키는 데 중요한 역할을 했다.

일부에서는 글로벌 탄소 배당 시스템을 구상하고 있다. 대기가 전 인류가 수탁자이자 수혜자가 되어야 하는 지구적 공유 자원이라는 하늘 신탁 모델의 논리를 고려할 때, 이를 전 지구적으로 구현하는 것보다 더 나은 방법이 있을지 모르겠다.

1992년, 반즈의 첫 발언보다 10년 앞서 영국의 경제학자이자 지속 가능성 옹호자인 리처드 도스웨이트Richard Douthwaite는 자신의 저서 『성장 환상The Growth Illusion』에서 전 세계 모든 사람에게 세계의 연간 화석 연료 예산(상한이 설정된)에 따라 생긴 몫을 동등하게 나누어 나타낸 쿠폰 또는 배급 카드를 주자고 제안했다. 사람들은 이를 연료 구매 시 사용할 수 있고, 공개 시장에서 판매하거나 심지어 파기할 수도 있다(Douthwaite 1992, 211ff). 2004년경 반즈의 작업에 관심이 높아지면서 도스웨이트와 아일랜드 기반 싱크탱크인 피스타Feasta의 동료들은 이 구상을 적극적으로 개발하고 홍보하기 시작했다. 이 구상은 2008년 피스타의 보고서 『한도와 몫: 온실가스 배출을 줄이는 공정한 방법Cap & Share: A Fair Way to Cut Greenhouse Emissions』의 주요 주제로 다뤄졌다(Feasta 2008).

이 제안은 시간이 지나면서 발전을 거듭해 2014~2015년 파리에서 열린 COP21[47]을 계기로 '캡 글로벌 카본CapGlobalCarbon'이라는 새로운 이름을 얻었다(https://www.capglobalcarbon.org). 이 구상은 비준국들이 위임한 탄소 가격 수입금으로 보편적 배당을 지급하는 글로벌 신탁 기관을 지향한다. 2017년 피스타는 아일랜드 시민 의회에 아일랜드와 라이베리아Liberia 또는 에리트레아Eritrea와 같은, 배출량은 적지만 인구 규모가 유사한 글로벌 남반구 국가 간

---

47 유엔 기후 변화 협약 당사국 총회 제21차 연례 회의의 약칭으로, 이 회의의 전통적인 약어이다.

양자 탄소 배출권-거래제 파트너십을 구축해 캡 글로벌 카본을 시작하자는 제안서를 제출했다. 이 구상은 하나의 신탁이 두 나라의 배출권 경매를 통해 얻은 수입금을 모아 두 나라 주민들에게 동일한 금액으로 분배하자는 방식이다(CapGlobalCarbon 2017, 3ff). 이러한 구조는 아일랜드가 다른 국가의 탄소 제로 경제 전환을 효과적으로 지원하는 셈이 되며, 이는 기후 정의를 강력하게 지지함을 보여 줄 뿐만 아니라 난민 위기 해결과 난민들에게 절실한 안정과 안보를 제공하는 데 기여할 수 있다. 더불어 이는 아일랜드 자체가 탄소 제로 목표를 달성하도록 촉진할 것이다(Feasta 2017, 12).

캡 글로벌 카본에는 몇 가지 주목할 만한 점이 있다. 첫째, 쿠폰을 활용하는 구상은 반즈의 제안과 같은 신탁 모델을 선호하고 있어서 삭제되었다. 도스웨이트(Douthwaite 1992, 211)에 따르면 쿠폰 개념은 제2차 세계 대전 당시 영국과 다른 국가들이 함께 희생을 분담하던 시기에 운영되었던 배급 시스템에서 영감을 얻었다. 또한, 1990년대 초 글 작성 시점에는 구소련과 동유럽 국가들에서 시행된 사유화 개혁의 영향도 있었을 것이다. 당시 구공산주의 국가들은 모든 국민에게 국영 기업의 주식을 발행해 이를 보유하거나 매각할 수 있도록 하는 방식으로 사유화를 추진했다. 이 방식은 이론적으로 시장 개혁을 공평하고 민주적으로 이끄는 방법으로 여겨졌지만, 실제로는 정보와 시장 접근의 불평등으로 인해 갖가지 실패 결과를 내놓았다. 시민들은 대부분 자신이 가진 주식으로 미미한 이익만을 얻었고, 결국 주식을 일괄 구매하는 중개상에게 팔았다. 이 중개상들은 다시 과두 정치인, 외국인 투자자, 기업에 되팔아 막대한 이익을 챙겼다. 도스웨이트의 원래 구상이 훌륭했음에도 불구하고, 전 세계에 배분된 탄소 쿠폰의 상환 역시 이러한 역학 구조에 놓일 가능성이 높다. 피스타가 최종적으로 채택한 신탁 모델의 강점은 지분의 양도 불가능성, 즉 지분이 흥정하거나 매각할 수 없는 타고난 권리라는 점에 있다.[48]

둘째, 시민 사회가 글로벌 기후 신탁 기관과 같은 기구를 설립할 수 있다는 생각이 과연 현실적인가? 이는 상상하기 쉽지 않지만, 피스타는 역사적 전례가 존재한다고 주장한다. "시민 주도로 국제기구를 설립할 수 있다는 발상은 새롭지 않다. 1859년 솔페리노Solferino 전장에서 4만 명의 군인이 죽거나 죽어 가는 참혹한 광경을 목격한 앙리 뒤낭Henri Dunant의 행동이 국제 적십자 위원회 설립으로 이어진 것이 그 감동적인 사례이다. 오늘날에도 이와 유사한 선도적 노력의 하나로 국제 환경 법원International Court for the Environment 설립을 위한 기획이 진행 중이다. 국가를 초월한 환경 거버넌스의 또 다른 사례로는 산림 관리 위원회Forest Stewardship Council를 들 수 있다"(CapGlobalCarbon, n.d.).

반즈는 주로 미국에 기반을 둔 여러 저명한 지속 가능성 사상의 선구자들(로버트 코스탄자Robert Costanza, 폴 호켄Paul Hawken, 데이비드 오

---

[48] 화석 연료가 정말 부족해질 때 공평한 접근을 보장하려는 사람들에게 배급제는 여전히 매력적인 아이디어이다(예: Fleming and Chamberlin 2011). 예를 들어, 화석 연료의 단계적 퇴출이 멀지 않은 상황에서 소수의 부유한 소비자 그룹(또는 군대)이 비용에 관계없이 연료 재고 전체를 기꺼이 구매하는 상황을 상상해 볼 수 있다. 배당에도 불구하고 (배당은 시차가 있거나 공급업체에 접근을 보장하지는 않는다.) 일반 소비자는 배급 정책 없이는 화석 연료를 구입하지 못할 수도 있다. 배급 관련 문제를 다룬 역사적 관점은 Cohen(2011)을 참조하자.

르David Orr, 엘리너 오스트롬Elinor Ostrom을 포함)과 함께 2008년 『사이언스』에 글로벌 신탁 기관인 '지구 대기 신탁Earth Atmospheric Trust'을 옹호하는 논의를 별도로 펼쳤다. 이 주장은 최근 미국 의회에서 기후 변화 완화 법안이 집중적으로 논의되던 중요한 준비 시기에 이뤄졌다. 짧게 요약하면, 실행의 세부 사항보다는 이 방안의 장점(효율적이고, 명백히 공정하며, 정치 조작에 비교적 영향받지 않고, 기후 변화 완화와 세계 빈곤 문제의 해결책을 제공한다는 점)에 중점을 두고 있다.

반즈는 국가적 실행에 중점을 두었지만(예: McKibben and Barnes 2010), 그의 협력자인 코스탄자는 계속해서 글로벌 프로그램을 옹호하고 있다. 2015년 파리에서 열린 COP21 이후, 코스탄자와 동료들은 "하늘을 소유하라Claim the Sky"(https://claimthesky.org)라는 캠페인을 시작했다. 이것은 공공 신탁 원칙에 입각해 시민과 시민 사회가 법원을 통해 기후 변화 완화 조치에 압력을 가하는 걸 목표로 삼고 있다.(이 개념은 다음 장에서 더 자세히 논의함.) 간단히 말해, 공공 신탁 원칙은 정부가 공익을 위해 자연 자산을 관리하고 보호할 수탁자의 책임이 있다는 법적 원칙이다. "공공 신탁 원칙은 과거 많은 국가에서 수역, 해안선, 담수, 야생동물, 기타 자원을 보호하기 위해 사용해 왔다."라고 코스탄자는 말한다(Costanza 2015, 21). 대기권이 전 지구적 자산이기 때문에 기후는 좀 복잡하지만, "모든 국가가 공동 수탁자라는 사실은 기후를 보호할 책임이, 수역과 같은 국가 내 자산을 보호하는 개별 주권 국가의 책임보다 결코 덜하지 않음을 의미한다"고 말한다(Costanza 2015, 21).

코스탄자는 시민의 압력에 힘입어 정부가 오염원에 법적 조치를 취하는 걸 상상한다(Costanza 2015, 21~22). 이로 인해 징벌적 조치로 벌금이 부과되거나 탄소세 또는 배출권-허가제가 도입될 수 있다. 자연스러운 첫 단계는 (흥미롭게도 코스탄자의 행동 촉구문은 이를 강조하지 않지만) 공공 신탁 책임을 저버린 정부에 법적 조치를 취하는 것이다. 이는 '하늘을 소유하라'의 웹사이트에 인용된 판례와 일치하는데, 워싱턴주와 네덜란드의 법원은 원고인 시민과 시민 사회의 손을 들어주며 피고인 정부에게 기후 변화 완화를 위한 조치를 취하도록 판결한 바 있다. 공공 신탁 원칙의 정신에 따라 글로벌 "대기 신탁Atmospheric Trust" 또는 "지구 대기 신탁Earth Atmospheric Trust"을 설립하면 전 세계 시민에게 배당금을 지급할 수 있을 것이다. "이 웹사이트에서 배당금을 다루지는 않지만, 2020년 논문(Costanza et al. 2021)은 선진국에게는 규모가 미미할지라도 전 세계 빈곤 완화에는 의미 있는 수준의 금액으로, '수입금의 일부를 지구상의 모든 사람들에게 1인당 연간 지급금 형태로 제공'하고, 나머지는 '자산의 개선과 복원, 사회와 기술 혁신 장려, 신탁 운영'에 사용하자는 비전을 제시하고 있다."

영국에 본부를 둔 '세계 기본소득(World Basic Income: WBI)'이라는 옹호 단체는 2020년에 글로벌 탄소 배당의 또 다른 제안을 내놓았다. 이 계획에 따르면 탄소 배출권-허가제의 수입금은 글로벌 국부 펀드로 들어간다. 이 기금은 재생 에너지 인프라 개발과 관련 연구에 투자된다. 알래스카 영구 기금과 마찬가지로 원금은 기금에서 관리하고 투자 소득investment income은 전 세계 모든 개인에게 현금으로 지급된다. 지급은 월 단위로 이루어진다.

WBI는 정의(공유 자원을 오염시킨 사람에게서 받은 보상금의 공정한 분배), 형평성("가장 오염이 심한 국가가 … 배당금 대부분을 가져가는" 상황의 방지), 인류애("극빈 퇴치와 저소득 지역의 경제와 고용 증진에 크게 기여할" 재정 이전)의 주장 외에도 글로벌 접근이 갖는 여러 장점을 언급한다(WBI 2020, 14). 실제로 국제적 접근 방식은 여러 나라의 프로그램을 조합하는 것보다 여러 면에서 관리하기가 더 쉬울 수 있다. 나라별 프로그램은 일반적으로 일련의 다양한 교역 제품에서 체현된 화석 연료 에너지를 계산해야 하는 반면, 글로벌 프로그램은 100% 상류 접근 방식을 취하고 상대적으로 적은 수의 화석 연료 공급업체에만 집중하면 된다(14~15). 또한 WBI는 화석 연료 생산이 감소하더라도 축적된 자본은 여전히 존재하며, 지속적인 전 세계 기본소득의 기반이 될 수 있다고 주장한다. (그러나 한 가지, 초기의 기금 수입금과 배당금이 가계가 에너지 가격 상승을 견딜 만큼 충분히 높을지가 우려된다.)

글로벌 탄소 배출권-허가제를 어떻게 구축할 것인지를 WBI에서는 가볍게 다루고 있다. (WBI는 이 계획이 유엔에 의해 채택되거나 독립적으로 수립할 수 있다고 간단히 언급한다.) 그러나 WBI는 다음처럼 분배 문제에는 관심을 기울이고 이 문제가 해결 가능하다는 주장을 설득력 있게 펼친다.

몇 년 전만 해도 불가능에 가까웠지만, 이제는 은행 송금과 모바일 송금을 혼합해 버튼 클릭 한 번으로 전 세계 대부분의 사람들에게 돈을 보낼 수 있게 되었다.

모바일 송금은 2007년 케냐에서 처음 개발된 혁신적인 뱅킹 서비스를 사용한다. 문자 메시지를 통해 사람들은 구식 휴대전화로 돈을 받고 사용할 수 있다. 현재 전 세계 인구의 약 3분의 2가 휴대전화를 보유하고 있으며, 나머지 3분의 1 중 상당 수는 부모를 통해 배당을 받는 자녀들이다.

 이에 힘입어 소수의 성인 그룹만이 배당금을 받기 위해 추가적인 도움이 필요할 뿐이다. 이들에게는 저렴한 휴대전화를 제공하거나(모바일 네트워크 회사는 휴대전화 사용자를 늘리는 것이 장기적인 이익에 부합하므로 제공할 가능성이 있다), 일부 난민에게 현금을 지급하는 방식과 유사하게 충전 카드를 통해 배당을 지급할 수 있다.(WBI 2020, 20)

 효과적인 국가 신분증 프로그램이 없는 국가에서는 사기를 방지하기 위해 수혜자를 등록하고 신원을 확인하는 데 어려울 수 있지만, WBI는 블록체인 기반 보편적 기본소득 플랫폼인 '만나베이스Mannabase'가 이룬 성과를 예로 들며 이러한 문제를 극복할 수 있다고 믿는다(WBI 2020, 20~21). 세계은행도 분배 문제에 똑같이 낙관적인 입장을 보인다. "개발 도상국에서 전자 현금 이체의 사용 증가와 모바일 머니 계좌의 광범위한 보급은 기술이 향후 이체 프로그램을 더 간단하고 효율적으로 만들 수 있음을 시사한다"(World Bank 2019, 44). 피스타의 캡 글로벌 카본 이니셔티브도 글로벌 분배 문제를 연구한 결과, 낙관할 만한 이유를 찾았다(Whyte 2016).

 요약하자면, 우리는 잘 검증된 탄소세와 탄소 배출권-허가제 모델을 사용해 전 세계 각국에서 탄소 가격 시스템을 구축해 나가고 있다. 탄소 가격이 상승함에 따라 단순한 경제성(높은 에너지 비용에 부담을 느끼는 가정을 구제해야 한다는 필요성)으로 인해 배당이 이러한 프로그램의 필수 요소가 될 것으로 예상할 수 있다. 전 세계적인 배출권-배당제의 도입은 아직 멀었지만, 전 세계적으로 시행된다면 몇 가지 뚜렷한 장점이 발휘될 것이며, 이와 관련된 많은 기술적 문제도 해결할 수 있을 것이다.

5장

공유부 배당의 일반화

앞의 세 장에서는 보편적 금전적 배당을 마련하는 데 활용할 수 있는 세 가지 종류의 공유부common wealth, 즉 토지, 자연 자원, 생태계 서비스를 검토했다. 이번 장에서는 이 세 가지 영역을 넘어, 이 구상을 합리적으로 어디까지 확장할 수 있을지를 살펴보고자 한다. "예를 들어, 많은 논자들이 주장하듯 이를 인공적 공유물로까지 확장할 수 있을지에 관한 논의다(Andersen 1996, 227ff; Barnes 2014, 139ff; Flomenhoft 2012; Farley et al. 2015; Paine [1797] 1945)."

우리는 이 문제를 두 가지 방향에서 탐구한다. 첫째, 지금껏 살펴본 내용을 토대로 인공적 공유물로 확장할 수 있는 이론과 원칙을 검토한다. 둘째, 인간 경제에서 배당의 원천이 될 후보 사례들을 분석한다. 일부 사례와 이론은 다른 것들보다 더 설득력이 있을 수 있다. 독자들은 보편적 배당금을 위한 적절한 공유부의 원천을 확인하는 과정에서 자신에게 가장 타당한 접근 방식을 선택하고, 포괄 범위를 어디까지 확장할지를 스스로 결정할 수 있을 것이다.

이번 장은 두 가지 주요 주제를 다룬다. 먼저, 생태적 지속 가능성ecological sustainability을 다룬 논의로 시작한다. 지속 가능성의 당위성은 언제, 그리고 어떻게 자연을 보편적 배당universal dividends의 원천으로 활용할지에 몇 가지 제약을 가한다. 따라서 배당의 인공적 원천을 논하기 앞서, 생태적 지속 가능성의 개념을 명확히 정리할 필요가 있다. 이어서 공유부 배당을 모으고 분배하는 단일 프로그램 혹은 다양한 규모와 형태의 여러 프로그램을 어떻게 운영할지에 대한 실질적인 문제를 논하며 이 장을 마무리한다.

자연부와 지속 가능성의 요구

자연은 단순히 금전적 배당의 원천에 그치지 않는다. 자연은 우리 삶을 지탱하는 기반일 뿐만 아니라, 우리 존재 깊숙이 스며 있다. 인간과 자연의 관계는 깊은 윤리적 함의를 가지며, 공유부 배당의 일반 이론을 발전시키려면 이 관계를 보다 넓은 윤리적 맥락 속에서 조망할 필요가 있다.

우선, 자연은 "선물gift"로서 존재한다. 그로티우스와 로크처럼 신을 믿는 사상가들은 자연을 구약 성경의 신으로부터 받은 선물로 봤으며, 이는 특정한 조건과 의무가 달린 선물이었다. 이러한 사고방식은 대부분의 문화권에서 유사한 형태로 공유되어 왔다. 선물을 주는 존재가 하늘의 신이든, 어머니 여신이든, 민족의 신이든, 정령의 세계이든, 혹은 강과 숲이나 짐승이 스스로를 선물로 바친다고 여기든 간에 말이다. 루이스 하이드Lewis Hyde는 예술과 인류학을 다룬 고전적 연구『선물』(The Gift, [1983] 2007)에서, 선물을 받은 사람은 윤리적 의무를 지게 된다고 설명한다. 이 의무는 보답을 의미하기도 하며, 보답할 수 없을 만치 큰 선물이라면 감사와 은혜의 마음으로 살아가며 그 선물을 나누는 형태로 나타날 수 있다. 호국 영령에게 "첫 열매"를 바치는 관행은 이러한 보답의 한 예다. 로빈 월 키머러Robin Wall Kimmerer는 『향모를 땋으며』 (Braiding Sweetgrass 2013)에서 이러한 의식이 보존 윤리를 기르고, 경관을 개선하며, 자연을 보호하는 데 어떻게 기여하는지를 설명한다. 기독교와 같은 유일신 종교는 일반화된 청지기 윤리stewardship ethic를 심어 주려고도 한다(예: Pope Francis 2015). "선물"이라는 사고 방식은 과학적이지는 않지만, 인류 역사에서 거의 보편적으로 나타난다. 이는 각 문화가 스스로를 지속 가능하게 하는 데 필요한 자원을 보존하는 기능을 맡고 있기 때문이다.

환경 윤리environmental ethic는 현대 과학의 통찰력에 의해 더욱 확고해졌다. 우리가 아는 한, 지구는 우주에서 유일하게 생명체가 살아가는 곳이며, 현재 존재하는 모든 생물종은 수백만 년에 걸친 진화의 산물이다. 눈에 보이는 생물과 미시적인 유기체의 생명 주기는 긴밀하게 얽혀 있으며, 우리는 이제야 그 복잡한 연결 구조를 막 이해하기 시작했다. 지구상의 생명이 얼마나 불확실하고 위태로운 상태에 놓여 있는지를 깨닫게 될수록, 그 생명의 소중함은 더욱 분명해진다. 앨도 레오폴드Aldo Leopold는 "생물 공동체의 통합성, 안정성, 아름다움을 보존하는 방향으로 나아갈 때 그 행위는 옳다. 그렇지 않은 경향이 있다면 그것은 잘못이다"([1949] 1989, 224~225)라는 윤리적 원칙을 명확히 제시했다. 화석 기록에 따르면, 지구는 오랜 역사 동안 다섯 번의 대멸종을 겪었다. 지금, 특히 현대 인류에게 직접적인 책임이 있는 여섯 번째 대멸종이 진행 중이다. 우리는 수백만 년에 걸친 진화의 산물을 지워 가고 있으며, 이는 행성적, 은하계적, 나아가 우주적 규모에서도 가늠하기 어려운 손실이다. 현재의 멸종 위기가 끝난다 해도, 지구는 결국 시간을 두고 회복하며 새로운 형태로 번영할 가능성이 크다. 지금, 우리가 할 수 있는 가장 위대하고 절대적이며 긍정적인 행동은 이 병목 현상을 거치는 과정에서 가능한 한 많은 종과 생태계의 기능을 보존하고 보호하며, 그 회복을 이끌어 나가는 것이다.

이러한 관점에서 볼 때, 금전적 배당이 공평하게 분배된다 하더라도 이를 위해 생태계를 파괴할지, 아니면 생태계의 번영을 보장할지를 선택해야 하는 상황에 놓인다면, 우리는 반드시 생태계의 번영을 선택해야 한다.

자연과 단절된 채 살아가는 것은 선택지가 아니다. 우리는 필연으로 자연과 상호 작용하며 살아갈 수밖에 없다. 자연을 그 자체로 소중히 여겨야 하는 윤리적 당위성뿐만 아니라, 인간의 이용과 생명 유지를 위한 자원으로써 소중히 여겨야 하는 윤리적 당위성도 존재한다. 결국, 이는 지속 가능성의 문제이다. 사려 깊음과 예의의 문제로, 우리는 자신의 보금자리를 훼손하지 않아야 할 의무가 있으며, 나아가 미래 세대가 좋은 삶을 누릴 수 있도록 충분한 자연 자본(자원, 생태계 서비스 등)을 남겨 줄 책임이 있다. 이상적으로는 미래 세대의 자연 자본을 소모하는 것이 아니라, 오히려 증대해야 할 의무를 지닌다.

지속 가능성이 요구하는 것은 무엇인가? 환경 경제학자들은 지속 가능성을 논의할 때 보통 '재생 가능 자원'과 '재생 불능 자원'으로 구분한다. 재생 가능 자원은 이자를 낳는 자산과 같으며, 미래 세대를 위해 우리는 가능한 한 소비를 하더라도 이자만을 사용하고 자본은 그대로 보존해야 한다. 즉, 어업이 매년 동일한 수준으로 지속될 수 있도록 어획량을 제한해야 하며, 지구 시스템이 안전하게 흡수할 수 있는 범위 내에서 탄소 배출을 조절해야 한다. 또한, 토양의 영양분이 고갈되었을 때에는 반드시 이를 보충해야 한다.

재생 불능 자원의 경우는 더욱 복잡하다. 화석 연료 매장지나 오랜 세월에 걸쳐 축적된 지하수와 같은 자원은 한번 고갈되면 되돌릴 수 없다. 이에 대한 합리적인 접근법 중 하나는 고갈성 자원을 활용해, 원래 자산이 사라진 후에도 미래 세대가 지속적으로 혜택을 누릴 수 있도록 다른 형태의 자산을 마련하는 것이다 (Cummine 2016). 예를 들어, 알래스카주는 석유 수입으로 영구 기금을 조성했으며, 최근 수십 년 동안 노르웨이에서 나이지리아에 이르기까지 많은 국가가 석유와 기타 광물 자원의 수입을 활용해 국부 펀드를 조성하기 시작했다(다만, 대부분 배당금을 지급하지는 않는다). 또한, 재생 불능 자원을 다룰 때는 신중한 계획과 사려 깊은 사용이 필수이다. 이러한 자원의 추출은 조심스럽게 이뤄져야 하며, 최대한 오랫동안 활용할 수 있도록 효율성을 극대화해야 한다.

이 간단한 서술이 지속 가능성에 대한 최종적인 설명은 아니다. 화석 연료가 형성되는 과정이나 깊은 대수층이 보충되는 시간과 같은 장기적 관점에서는 재생 가능 자원과 재생 불능 자원의 구분이 모호해진다. 더 긴 시간 척도, 예를 들어 태양계 수준에서 보면, 결국 지속 가능한 것은 아무것도 없다. 인간의 시간 척도에서도 기술의 발전은 어떤 자원이 가치가 있는지, 그리고 무엇을 보존해야 하는지를 끊임없이 변화시킨다. 노르웨이 경제학자 로그발두르 하네손(Rgnvaldur Hannesson 2001, 1~2)은 지속 가능성을 중시하는 어떤 아일랜드인이 자녀와 손주들에게 소득을 제공하기 위해 토탄을 조심스럽게 관리했지만, 산업 혁명으로 인해 토탄이 연료로서 가치가 사라진 교훈 사례를 소개한다. 석유도 한때 우라늄과 마찬가지로 상업적 가치가 없는 자원이었다. 또한, 의학 연구자들은 종종 희귀한 식물이나 동물 종이 획기적인 의학적 돌파구의 열쇠를 쥐고 있음을 발견한다. 따라서 종의 손실은 단순히 객관적인 우주의 빈곤을 초래하는 것에 그치지 않고, 인류의 의학적 가능성까지 제한할 수 있다. 뿐만 아니라, 어업이나 기타 재생 가능 자원의 '지속 가능한 수확량'을 결정하는 요소에 대한 우리의 이해는 본질적으로 불완전하다. 우리가 신중하지 않다면, 의도치 않게 자본을 고갈시킬 위험이 있다. 이러한 불확실성을 고려할 때, 지속 가능성을 위한 예방적 접근이 필수이다.

우리의 최근 기록을 보면 긍정적인 면도 일부 있지만, 우리는 전반적으로 지속 가능성에 대한 의무를 다하지 못해 왔다. 연구에 따르면, 약 1970년경부터 지구의 생태 발자국ecological footprint[49]이

---

[49] 인간이 자연 생태계에 미치는 영향을 측정하는 지표이다. 구체적으로, 특정 인구가 소비하는 자원과 생성하는 폐기물을 처리하는 데 필요한 토지와 수역의 면적을 의미한다. 이 개념은 우리가 사용하는 자원과 배출하는 오염 물질이 자연의 재생산과 흡수 능력을 얼마나 초과하는지를 평가하는 데 활용된다.(옮긴이 주)

지구의 수용력을 초과하기 시작했으며, 2016년까지 우리의 연간 소비량이 진정으로 지속 가능하려면 1.5개 이상의 지구가 필요하다는 결과가 나왔다(Wackernagel and Beyers 2019, 59). 다시 말해, 우리는 매년 8월이면 1년 치 자원을 모두 소비해 버리는 셈이다. '지구 과소비의 날Earth Overshoot Day'에 대한 웹사이트(footprintnetwork.org)에 따르면, 2020년의 지구 과소비의 날은 8월 22일이었다. 이는 우리가 연간 예산의 150% 이상을 초과해 생활하고 있음을 의미하며, 그 결과 우리 자신과 미래 세대가 의존해야 할 자본(물, 토양, 산림 자원 등)을 지속해서 고갈시키고 있다.

우리는 지속 가능성의 요구에 더 잘 부응할 수 있고, 반드시 그렇게 해야 한다. 지속 가능한 삶을 추구한다는 전제하에서, 환경 경제학자의 시각으로 접근해 보면 자원의 지속 가능한 활용이 어떠한 금융적 흐름을 만들어 내는지, 그 흐름이 공유부 배당의 원천으로 어떻게 활용될 수 있으며 또 어떻게 활용되어야 하는지를 보다 명확하게 이해할 수 있다.

우리는 재생 불가능한 자원을 신중하고 계획적으로 개발해 최대한 효율을 높여 활용하기를 바란다. 또한, 가능하다면 다른 형태의 자산을 마련(자본화)해 미래 세대가 지속해서 혜택을 누릴 수 있도록 하고, 이를 통해 자원 자체의 손실을 보상할 수 있기를 바란다. 이러한 요건은 다음을 의미한다. 자원과 그로부터 창출된 수입의 관리권은 전담 정부 기관이나 공적 책임을 지닌 기관에 맡겨져야 한다. 이 관리자는 자원을 점진적으로 매각하거나(또는 자원 개발을 위한 양허권을 매각) 그 과정에서 신중한 결정을 내릴 책임이 있다. 매각과 사용의 속도는 신중하게 조정되어야 하며, 가격은 시장에 의해 결정될 것이다. 자원의 관리자는 미래 세대를 위한 가치를 극대화하기 위해, 즉 자원이 화폐화될monetized 때 자본의 총 가치가 손실되지 않도록 하기 위해,[50] 개발 속도를 조절하고 낭비를 줄이며 자원의 활용도를 (주장하건대 시장의 원리에 따라) 최대로 높이는 방향으로 철저하게 협상을 추진해야 한다. 최적의 활용도를 평가할 때는 관리자의 판단이 신중할 필요가 있다. 예를 들어, 대수층의 관리자는 알팔파[51]나 쌀처럼 많은 물을 필요로 하는 작물을 재배하는 사람들이 최고가를 지불할 의사가 있더라도, 대체 불가능한 지하수를 그들의 관개용으로 사용하는 것을 제한할 수 있어야 한다.

이상적으로는 수령금receipts의 100%가 미래 세대를 위한 다른 자원으로 자본화하는 데 사용되어야 한다.[52] 이를 알래스카 영구

---

50 바수와 페그(Basu and Pegg 2020, 1374)는 구도 설정의 중요성을 강조한다. 재생 불능 자원을 개발할 때 "수입 극대화"와 "손실 제로 감내"는 수학적으로 동일할 수 있지만, 그 의미는 다르게 받아들여질 수 있다. "극대화"는 상대적으로 모호한 지침으로, 목표에 도달하지 못하더라도 어느 정도의 성취감을 느낄 수 있는 반면, "손실 제로"는 보다 엄격한 지침으로 작용하며 강한 동기 부여를 유발한다. 인간은 본능적으로 손실을 회피하는 경향이 있으며, 이는 카네만과 트베르스키(Kahneman and Tversky 1979)의 전망 이론(prospect theory)에서도 확인된다. 그들의 연구에 따르면 '손실은 이득보다 더 크게 느껴진다(Losses loom larger than gains).'
51 알팔파는 콩과에 속하는 여러해살이 작물로, 영양 성분함량이 높고 생산성이 좋아 세계적으로 가축 사육 농가에서 선호하는 풀사료이다.(옮긴이 주)
52 이는 환경경제학에서 "약한 지속 가능성(weak sustainability)"으로 알려진 개념에 해당한다. 약한 지속 가능성은 자연 자본과 다른 유형의 자본 간에 일정 수준의 대체 가능성이 있다고 가정한다. 관련된 기초적인 연구로는 솔로우(Solow, 1974)와 하트윅(Hartwick, 1977)의 저술이 있으며, 특히 사회가 고갈 가능한 자원에서 발생하는 모든 지대를 재생산 가능한 자본재에 투자해야 한다는 개념은 "하트윅의 규칙(Hartwick's

기금이 화석 연료 수입의 11~14%만을 기금에 할당하는 다소 인색해 보이는 사례와 비교해 볼 수 있다([Erickson and Groh 2012, 42]). 예를 들어, 화석 연료 수입을 원자력 또는 재생 에너지 인프라 구축에 활용하거나, 지하수 수입을 지표 수자원 개발 또는 농업 중심의 경제를 다각화하는 데 사용할 수 있다. 이는 일종의 동등한 서비스를 제공하는 방식이 될 수 있으며, 일부 혹은 전부를 알래스카 영구 기금과 같은 투자 기금에 재투자하는 것도 가능하다. 바수와 페그(Basu and Pegg 2020)는 이러한 보존된 유동 자본을 저비용 뮤추얼 펀드로 구성된 글로벌 포트폴리오에 투자하자고 제안한다.

자원의 관리자가 자원 판매 수입이나 양허 수입concession revenue[53]에서 직접 배당금을 분배하는 것은 매우 무책임한 결정이 될 수 있다. 그러나 '수입으로 조성된 투자 포트폴리오'의 이윤에서 배당금을 분배하는 것은 기금 보존을 위한 정치적 지지층을 형성하는 데 있어 합리적이고 신중한 방안이다. 나아가 투자 포트폴리오 자체가 일종의 재생 가능 자원이 될 수 있다는 점에서 필수이기까지 하다고 할 수 있다. 수입의 배당을 통해 시민들은 자신들의 이름으로 투자된 기금으로부터 구체적이고 공평한equitable 방식으로 혜택을 받을 수 있다. 안젤라 커민Angela Cummine은 『시민의 부 Citizens' Wealth』에서, 다른 국부 펀드들도 알래스카의 사례를 따라야 한다고 주장한다(2016, 135ff).

Rule)"으로 알려져 있다.
53 기관이 토지 사용권이나 채굴권 등을 부여한 대가로 얻는 수익을 말한다.(옮긴이 주)

재생 가능 자원의 지속 가능성을 보장하기 위해서는 자연 자본을 보전하고, 지속 가능한 수익만을 취해야 한다. 이를 실현하려면 규칙을 수립하고 이를 실행할 권한을 정부 기관이나 공공의 사명을 지닌 기타 기관에 부여해야 한다. 이러한 규칙은 자원이 고갈되지 않도록 설계해야 하며, 수확량이 지속 가능한 수익을 초과하지 않도록 제한하는 등의 조치를 포함해야 한다. 예를 들어, 어업 관리자는 혼획by-catch[54]을 줄이기 위해 허용 가능한 어업 기술과 관행을 규정하고, 허가 시스템을 구축할 수 있다. 공원 관리자는 폐기물 관리와 화기 사용 규칙을 정하고, 동시 방문객 수나 연간 방문객 수를 제한하는 방식으로 자원의 지속 가능성을 보장할 수 있다.

수요가 공급을 초과하면, 어업 허가증이나 공원 이용권을 제한적으로 발행하면서 자연스럽게 일정한 시장 가치를 갖게 한다. 재생 가능 자원의 관리자는 허가증과 이용권의 수입을 극대화해야 할 도덕적 의무를 지닌 것은 아니다(반면, 재생 불능 자원의 관리자는 자본 스톡을 보존하기 위해 신중한 협상을 추진할 의무가 있다). 그러나 시장 가격 그대로 판매하는 것은 이를 배분하는 한 가지 선택지가 될 수 있다. 공정성을 고려한다면, 추첨제를 도입하거나, 소득이 적은 사람들을 위해 무료 또는 보조금이 지원되는 허가증이나 이용권을 일부 배정하는 방안을 검토할 수 있다. 또한, 이미 확정된 권리를 가진 집단에 우선권을 부여하는 방식도 가능하다. 예를 들어, 일부 공원은 지역 주민에게 할인 혜택을 제공하며, 특정 어업에서는 오

---

54 목표 어종이 아닌 다른 어종이 함께 잡히는 것을 말한다.(옮긴이 주)

랜 전통을 가진 어가에 우선권을 줄 수 있다. 허가증과 이용권에 요금을 부과하는 것은, 공정성의 원칙을 준수하는 범위 내에서, 수입을 공공의 이익을 위해 활용할 수 있도록 하는 장점이 있다. 시장가 전액을 부과하면 수입을 극대화할 수 있으며, 이 수입은 무엇보다도 자원의 지속 가능한 관리를 위해 최우선으로 사용되어야 한다. 만약 순수입금이 그 이상으로 남는다면, 이는 공공의 명목으로 모금된 자금이므로 공공의 이익을 위해 활용해야 한다. 배당으로 지급하는 것도 하나의 방법이며, 다른 선택지로는 공공의 이익을 위한 투자나 국가의 일반 수입으로 편입하는 방안도 고려할 수 있다.

우리는 이미 3장에서 자원 수입금을 국가 재정에 사용하는 것의 단점을 논했다. 여기서는 2장과 4장에서 한 논의를 연결하는 차원에서, 재생 가능 자원의 수입금에서 배당금을 지급하는 적절한 시점이 언제인지에 초점을 맞추고자 한다. 우선, 토지(2장)와 생태계 서비스(4장) 모두 재생 가능 자원의 범주에 포함된다는 점을 인식해야 한다. 토지 사용에 배당금을 지급하도록 하면서 배당금을 최대화하기 위해 시장 가치를 그대로 부과하는 방식이 선호되는 이유는, 토지가 소득을 창출할 수 있는 자산이라는 사실에 기인한다. 토지는 생산 요소(예: 농업용지 또는 기타 상업 활동의 부지)로 활용될 수 있으며, 임대 가치가 있고, 시간이 지남에 따라 가치가 상승할 수 있는 투자 대상이 된다. 따라서 토지의 배타적 사용에 대한 허가증이나 통행권(즉, 증서)을 보유하지 못한 사람은 경제적 기회를 놓치는 셈이다. 이와 마찬가지로, 어장에서 물고기를 잡을 수 있는 허가증이나 통행권이 없는 사람이나 탄소 배출을 위한 허가증을 받지 못한 사람도 경제적 기회에서 배제되는 측면이 있다. 반면, 옐로스톤 국립공원에서 캠핑을 하거나 그레이트 배리어 리프Great Barrier Reef에서 스쿠버 다이빙을 할 수 있는 허가증이나 통행권을 보유하지 못한다면 다소 다른 의미로 해석될 수 있다. 우리는 허가 시스템을 크게 경제적 승자와 패자를 만들어 내는 경우와 그렇지 않은 경우로 구분할 수 있다. 전자의 경우, 허가에 대해 시장가 전액을 부과하고 그 수입금을 공공에 보상으로 환원하는 것이 강력한 정당성을 가진다. 후자의 경우에도 시장가 전액을 부과하고 재분배하는 것이 하나의 선택지가 될 수 있지만, 앞서 설명했듯이, 레크리에이션 자원 이용 기회의 평등 보장 등 추가 고려 사항도 감안해야 한다.

다시 탄소 가격제 수입금 활용 방안에 대한 논의로 초점을 돌려보자. 기후를 조절하는 지구 시스템은 재생 가능한 자원이므로, 지속 가능성을 고려할 때 자원의 관리자가 거둬들인 수입은 무엇보다도 자원 보호에 우선 사용해야 할 것이다. 그러나 4장에서 우리는 탄소 가격제 수입금의 활용 방안으로 배당이 중심이 되어야 한다고 강하게 주장했다. 그렇다면 이 두 가지는 어떻게 조화될 수 있을까? 간단히 말해, 그 해답은 기후 위기의 전례 없는 규모와 범위에 있다. 이 문제를 해결하려면 사회 전반의 자원을 총동원해야 하며, 탄소 가격제 수입금만으로는 턱없이 부족할 정도로 대규모 투자가 필요하다. 기후 변화 대응의 핵심은 탄소 가격제가 창출하는 수입 자체가 아니라, 경제 전반에 미치는 가격 신호에 있다. 이 가격 신호를 유지하려면 탄소 가격제 자체가 지속해서 운영되어야 하며, 이를 위해서는 대중의 지지를 확보하는 것이 필수이다. 반즈의 제안처럼 배당금을 지급하면 공유 자원에 대한 대중의 주인의식을 높일 수 있으며, 탈탄소화 전환 과정에서 가계가 생계를 유지할 수 있도록 충분한 지원을 제공하는 것은 단순히 좋은 정책일 뿐만 아니라, 알래스카의 영구 기금 배당(PFD) 사례에서 볼 수 있듯이 효과적인 정치적 전략이기도 하다. 프랑스의 '노란 조끼' 운동[55]처럼 기후 정책에 대한 대중의 반발을 사전에 차단하면서 탄소 가격제를 지지하는 유권자를 확보하는 데 도움이 될 수 있다(Boyce 2021).

그렇다면 탄소 가격제 수입의 100%를 배당금으로 지급해야 할까? 코스탄자와 파를리(Costanza & Farley 2010)는 수입의 일부(필요에 따라 조정 가능한 비율)는 투자를 위해 남겨 두어야 한다고 주장한다. 이들은 탄소 가격 신호로 유도된 '민간' 투자가 충분하지 않을 가능성이 있으며, 특히 "연구 개발을 민간 부문에 맡기면 새로운 기술이 특허로 보호되어 확산이 지연될 우려가 있다"고 지적한다 (33). 이에 대한 대응으로 공공 투자의 필요성이 제기된다. 새로운 기술이 빠르게 확산되고, 혁신가들이 공정한 보상을 받을 수 있도록 공공과 민간이 협력하는 방안을 마련할 수 있다. 공공 투자에 활용할 자금은 무궁무진하다. 실제로 해외 전쟁, 재난 구호, 금

---

[55] 노란 조끼 운동은 2018년 프랑스에서 유류세 인상에 반대하며 시작된 대중 시위로, 교외와 농촌 지역의 서민과 노동자 계층이 주도했다. 이후 생계비 부담과 사회적 불평등에 대한 광범위한 불만으로 확산되며 장기화됐다. 이 운동의 이름은 시위대가 착용한 노란색 안전 조끼에서 유래한다.(옮긴이 주)

융 위기, 팬데믹과 같은 긴급 상황이 발생하면, 통화 주권을 가진 정부는 필요한 자원을 즉각 조달하는 모습을 보인다. (이에 대한 자세한 설명은 5장의 '화폐 창조' 절을 참고하자.) 따라서 탈탄소화 투자 재원을 반드시 탄소 가격제 수입금에서 조달할 필요는 없다. 물론 그렇게 활용할 수도 있다. 탈탄소화 투자는 자금의 비효율적인 사용이라고 볼 수 없으며(단, 가계가 전환기에 적절한 지원을 받을 수 있을 만큼의 배당금이 확보된다는 전제하에서), 필자는 배당금이 안정적으로 지급되도록 보장하는 가장 명확한 방법은 탄소 가격제 수입의 100%를 배당금으로 활용하는 것이라고 주장하고 싶다. 수입의 일부를 다른 용도로 활용하도록 허용하면, 그 배분을 둘러싼 정치적 논쟁이 끊이지 않을 가능성이 크기 때문이다.

지금까지 자연 자원에 대한 우리의 공통 관심사를 다룬 이 책에서 소위 "공유지의 비극"에 대한 논의가 언급되지 않았다는 점을 의아하게 여긴 독자도 있을 것이다. 이제 이 주제를 다룰 적절한 시점이 되었다. 가렛 하딘Garrett Hardin의 고전적인 논문은 한정된 자원을 집단적으로 관리하지 않을 때 발생할 남용과 황폐화를 설명하고 있다. 하딘은 이를 해결하기 위해 상호 합의된 형태의 강제적 조치가 필요하다고 주장했다(Hardin 1968, 1247). 이후 하딘은 자신의 논문 제목이 사실은 "관리되지 않는 공유지의 비극"이어야 했다고 인정하기도 했다(Hardin 1991, 178). 이후 학자들은 하딘의 연구를 바탕으로 관리 체제를 구축하는 일이 얼마나 어려운지, 그리고 어떤 관리 방식이 최적의 해결책일지를 탐구했다. 특히, 중앙 집권적 관리와 분산된 소유권 중 어떤 방식이 더 적절한

지는 자원의 특성과 밀접한 관련이 있으며, 핵심적으로는 자원을 나누는 게 얼마나 어려운지, 그리고 사용자를 배제하는 게 얼마나 힘든지가 중요한 변수임이 밝혀졌다. 나아가, 목초지나 어장처럼 '공유 풀' 자원이라 불리는 관리가 까다로운 경우에도 지속 가능한 관리 체계를 마련하는 것이 충분히 가능하며, 세계 여러 사회가 이를 창의적이고 다양한 방식으로 실현해 왔음이 입증되었다. 따라서 앞서 정부나 기타 기관이 재생 불가능한 자원을 관장하고 재생 가능한 자원을 관리할 권한을 가져야 한다고 언급한 것은, 일부는 쉽고 또 다른 일부는 어려울 수 있다. 하지만, 원칙적으로 모든 경우에 가능하다는 의미로 이해할 수 있겠다.

다음 표는 지속 가능성에 초점을 맞춘 관리 체제에서 재생 가능 자원 및 재생 불능 자원에 공유부 배당 개념을 적용할 가능성에 대해서 지금껏 도달한 결론을 요약하고 있다.

자연 자원의 지속 가능한 관리 방안을 구상할 때 또 다른 질문이 제기된다. 바로, 누가 자원을 관리해야 하는가라는 질문이다. 매리 크리스티나 우드Mary Christina Wood는 『자연의 신탁: 새로운 생태 시대를 위한 환경법』((Nature's Trust: Environmental Law for a New Ecological Age, 2013)에서 자연 자원의 관리는 공공과 미래 세대를 위한 정부의 본질적 기능이며, 사실상 양도할 수 없는 주권적 요소임을 설득력 있게 주장한다. 공공 신탁 원칙은 고대 로마의 법 조항에서도 등장하며, 미국, 필리핀, 인도 등 다양한 국가의 법원에서 관습법 원칙으로 꾸준히 언급되고 있다.

우드는 수탁자의 책임에 대한 보편적인 설명을 인용한다. "수탁

표. 공유부 배당 개념의 재생 가능 자원 및 재생 불능 자원에 대한 적용

자연 자원 유형	재생 불능 자원	재생 가능 자원	
		시장 조건에 따른 이용 관리	공공 보존에 따른 관리
관리 목표	장기적 가치 극대화: *화폐 수익화 우선 *시장이 감당할 수 있는 최고 요율 부과 ('손실 제로') *지속적 부의 창출이 가능한 금융 자산이나 기타 자산에 가능한 많은 투자	1. 자원과 그것이 속한 생태계의 장기적 관리 2. 신탁 기관의 재정적 보장 3. 지대 소득의 공평한 분배	1. 자원과 그것이 속한 생태계의 장기적 관리 2. 신탁 기관의 재정적 보장 3. 공적 사명 (예: 교육, 레크리에이션)에 따라 사용을 사회적으로 최적 할당
배당 지급 필요 여부	*본래 재생 불능 자원에서: 없음(사실상 반드시 배당을 지급하지 말아야 함) *새로운 영구 자산에서: 있음, 약함 (가능한 배당 형태로 구체적 혜택 제공해야 함)	있음, 강력한 의무	의무 없음
사례	광물, 화석 연료, 화석 지하수	수산 자원, 대부분의 토지와 강과 호수와 바다, 대기	독특하거나 민감한 경관 지역

자는 … 수혜자를 위해 신탁 재산trust res 보존에 필요한 모든 행위를 할 의무가 있으며, 이는 합리적이고 신중한 사람이 자신의 유사한 재산을 신탁과 유사한 목적에 사용할 때 수행하는 행위와 같다(2013, 167)." 재산(res: 라틴어로 '사물' 또는 '물건'을 의미한다.)은 관리의 대상이며, 수혜자는 신탁 기관이 대리하는 당사자이거나 신탁 기

관이 추구하는 혜택의 당사자이다. 재산res이 자연 자원이고 수혜자는 미래 세대를 포함한 일반 대중이라면, 수탁자의 책임은 자원을 보호하고, 그 감소를 방지하며, 자원이 제공하는 사회적 가치를 극대화하고, 자원이 손상되면 복원하며, 자원을 해치는 사람들로부터 보상을 받는 것이다(Wood 2013, 167). 당연히 이것은 앞서 설명한 지속 가능성의 요구에 대한 우리의 실천적 이해와 상당히 깔끔하게 맞아떨어진다. 이러한 신탁 관리의 이상을 명확하게 고려할 때, 정부가 행한 자연 자원 관리의 실제 역사 기록은 종종 끔찍한 대조를 보인다. 예를 들어, 벌목 산업에 지나치게 열성이었던 미국 산림청U.S. Forest Service은 몇 년 동안 목재 판매를 통해 공공에 금전적 손해를 끼쳤으며, 1872년 이후 모든 민간인이 연방 토지의 재생 불능 자원을 로열티 지급 없이 미미한 선불금만으로 청구하고 이용할 수 있도록 허용한 미국 광물권 제도 또한 이러한 문제를 보여 준다. 입법자인 의원들은 신탁 선서를 하지 않으며, 자연 자원은 그들의 관심을 끄는 여러 주제 중 하나에 불과하다. 의원들의 직무도 장기적인 청지기 정신의 요구 사항에 대응하기보다는 수개월에서 수년 단위로 유권자와 후원자의 요구에 대응하도록 짜여 있다(Wood 2013, 191~192). 일상적으로 자원을 관리할 책임이 있는 책임 행정 기관은 입법부와 의원들의 변덕, 그리고 마찬가지로 좁은 시간적 지평을 가진 정치적 리더십에 대해 책임을 져야 하는 현실에 놓여 있다.

우드는 입법부와 행정 기관을 더 나은 수탁자로 만들기 위한 방안을 제안한다. 예를 들어, 기관 공무원이 로비스트가 되기 전에 대기해야 하는 기간을 늘리고, 기관 직원에 대한 보고 및 공개 요건을 강화하며, 특정 이해관계를 우대하는 '편승자riders'의 활용을 일부 제한하기 위해 입법 절차를 개혁하는 등의 조치를 제안한다 (2013, 193~200). 그러나 솔직히 말해, 이러한 방안들이 근본적인 변화를 가져올 것이라는 기대를 불러일으키기는 어렵다. 반즈는 곧 출간될 저서『우리의 것: 보편적 재산을 위한 옹호론Ours: A Case for Universal Property』(Barnes, 2021)에서 정부가 신탁 기관처럼 행동하기를 기다리기보다는, 실제로 신탁 기관을 활용해 자연 자원을 관리해야 한다고 주장한다. 숲, 호수, 광산 등의 자원을 관리하기 위해 다양한 신탁 기관에 이를 위탁할 수 있으며, 신탁 기관의 권한은 이를 설립한 정부가 부여하지만, 그 주요 책임 방식은 민주적 책임(즉, 유권자나 정치적 대표자에 대한 책임)이 아니라 법원이 강제할 수 있는 신탁 헌장의 조항에 대한 수탁적 책임fiduciary accountability이 될 것이라고 제안한다.

  이러한 신탁 기관의 모델로 삼을 수 있는 몇 가지 사례가 있다. 영국에서는 일반적으로 "내셔널 트러스트National Trust"로 알려진 '역사적 관심 또는 자연적 아름다움의 장소를 위한 내셔널 트러스트'가 있다. 이는 독립적인 자선 단체로, 역대 의회법에 따라 그 사명이 정의되고 발전해 왔다. 내셔널 트러스트는 잉글랜드, 웨일즈, 북아일랜드에 걸쳐 역사적인 주택, 성, 정원, 공원과 960평방 마일이 넘는 토지를 소유하고 운영하며 관리하는 영국 최대의 토지 소유 기관이다. 이보다 규모가 작은 사례로는 매사추세츠주에서 1891년 주 의회에 의해 설립된 비영리 단체인 '보존 신탁 관리 위원회Trustees of Reservations'가 있다. 이 기관은 경쟁을 통해 받을 수 있는 보조금을 제외하면 주 정부의 재정 지원을 받지 않지만, 주 전역의 "생태적, 경관적, 역사적으로 중요한 장소"를 보호하고 관리하는 역할을 수행한다. 이러한 단체들과 유사한 다른 기관들은 상황에 따라 운영 방식을 조정한다. 예를 들어, 수요 수준, 비용 구조, 공공 서비스 제공 및 남용 방지 의무 등을 고려해 일부 장소는 무료로 개방하는 반면 다른 장소에는 입장료를 부과하기도 한다. 또한, 사명을 지속해서 수행하기 위해 기부금이나 출연금 등 외부 재원을 필요로 한다. 이러한 신탁 기관들은 주로 상업적 가치보다는 공공 레크리에이션이나 보존 가치를 우선하는 부동산을 관리하기 때문에 배당금 지급의 의무가 강하지는 않다. 그러나 만약 우리가 보다 다양한 유형의 토지, 기타 자연 자원, 그리고 생태계 서비스를 관리하도록 신탁 기관에 위임한다면, 일부 신탁 기관은 배당금 지급에 대한 강한 의무를 갖게 될 것이며, 그렇게 해야만 할 것이다.

토지와 자연 자원, 그리고 생태계 서비스가 신탁 기관에 의해 관리되는 세상에서는 또 무엇이 달라질까?

우선, 관할권 경계의 문제가 자연스럽게 해결되어야 할 사안이다. 이는 오늘날에도 자연 자원을 감독하는 수많은 지방, 지역, 중앙 정부 기관이 겪는 문제지만, 장애물이라기보다는 해결해야 할 일련의 기술적 과제에 가깝다.

어장, 호수, 만, 혹은 국가의 광산이나 공공 산림을 지속 가능하게 관리하기 위해 설립된 신탁 기관을 상상하는 것은 어렵지 않다. 다만, 토지 자체를 관리하는 신탁 기관을 구상하는 것은 상대적으로 더 복잡한 문제다. 여기서 말하는 토지는 앞서 언급한 내셔널 트러스트나 보존 신탁 관리 위원회와 같은 전문 신탁 기관이 관리하는 독특한 특성을 지닌 토지가 아니라, 개인이나 상업적, 혹은 정부의 쓸모로 상품처럼 취급하는 토지를 의미한다. 이러한 토지는 상당 부분이 이미 개인 소유이며, 소유권을 신탁 기관으로 이전하는 과정이 복잡할 뿐만 아니라 사회적 반발을 불러일으킬 가능성이 크다. 따라서 이러한 경우에는 새로운 기관을 설립하기보다는 기존의 정부 시스템을 활용하는 게 더 현실적인 방안이 될 수 있다. 현재도 개인 토지 소유자는 재산 사용 방식에 대해 다양한 공익적 규제(예: 구역법zoning laws, 농약 사용 규정, 폐기물 처리 규정 등)와 인센티브의 영향을 받고 있으며, 이러한 규제와 유인은 생태적 지속 가능성을 고려해 최적화할 수 있다. 또한, 개인 토지 소유자는 이미 토지 가치에 대해 일종의 조지주의 세금Georgist tax을 부담하고 있지만, 대개 (a) 세금이 토지의 전체 임대 가치와 정확히 일치하지 않으며, (b) 토지 가치가 건물 및 기타 개발 요소의 가치와 분리되어 있지 않다. 이러한 점 역시 충분히 조정 가능하다. 적어도 미국에서는 부동산세가 지역 차원에서 부과되어 지역 학교와 공공 서비스의 재원으로 사용된다. 보다 공정한 방식은 여러 관할권에 걸쳐 더 광범위하게 세수를 조성한 후, 이를 (앞서 정한 원칙에 따라) 배당금으로 공평하게 분배하고, 대신 학교 및 지역 서비스 기금은 소득세, 판매세, 중앙 정부 지원금 등의 다른 수단을 통해 마련하면 된다. 이러한 변화는 다소 복잡한 조정이 필요하겠지만,

모든 상업용과 주거용 부동산의 소유권을 신탁 기관으로 이전하기보다는 훨씬 현실적인 대안이 될 것이다.

자연 자원을 관리하는 신탁 기관의 법적 관할권은 어느 범위로 설정해야 할까? 즉, 그것이 지역 단위라면 배당금을 지역 주민에게만 지급해야 하는가, 아니면 더 넓은 범위를 고려해야 할까, 혹은 전 세계적인 차원에서 접근해야 할까? 원칙적으로, 이 질문은 누가 해당 자원에 대한 청구권을 가지는가로 귀결된다. 예를 들어, 탄소 흡수원으로서 대기와 같은 지구 생태계 서비스는 원칙적으로 '전 세계 모든 사람'이 그 수혜자가 되어야 한다고 볼 수 있다. 광산이나 어장도 자원의 성격상 전 지구적 관점에서 고려해야 한다는 의견이 있을 수 있지만, 반대로 지역 주민에게 더 많은 혜택을 제공해야 한다는 주장도 충분히 설득력이 있다. 결국, 어느 정도의 범위를 설정할 것인지는 정책적 판단에 달려 있다. 토지는 원칙적으로 "해당 관할권 내에 거주하는 모든 사람"을 수혜자로 정의할 수 있으며, 이는 국민 국가nation-state 단위가 될 수 있다. 현실적으로도 국민 국가(또는 연방제 국가의 경우 주, 도, 기초 지방 정부 등)가 신탁 기관을 설립하고 운영하는 데 가장 적합한 권한과 실질적인 역량이 있기 때문에, 신탁 기관이 효과적으로 구성될 수 있는 규모는 대체로 이 수준일 것이다. 예를 들어, 알래스카 노스 슬로프에서 발생하는 석유 수익은 특정 이누이트Inuit 마을에만 귀속되는 것이 아니라, 앵커리지Anchorage를 거쳐 주 전체로 분배된다. 마찬가지로, 탄소 배당제 역시 대부분 국가 단위에서 운영될 가능성이 높으며, 시간이 지나면 국가 간 협력을 통해 초국가적 차원으로 확장될 가능성도 충분히 존재한다.

일반 이론과 원칙

앞서 논의한 바와 같이, 역사적으로 대부분의 문화권에서는 자연을 선물로 인식하는 관습이 존재해 왔으며, 이러한 인식은 윤리적 의무를 내포하고 있다. 선물의 신화가 어떻게 구성되었는지에 따라, 이러한 윤리적 의무는 보존뿐만 아니라 공정한 공유의 개념까지 포함할 수 있다. 이는 지속 가능성에 대해 앞서 논의한 맥락과도 연결된다. 인류학자 클로드 레비-스트라우스Claude Lévi-Strauss에 따르면, "야쿠트족Yakut은 이웃과 음식을 쉽게 나눌 수 있을 때, 세상의 어딘가에서 누군가가 굶주림으로 죽을 수도 있다는 사실을 믿으려 하지 않는다"라고 한다(Hyde [1983] 2007, 86). 기독교 전통에서도 이러한 나눔의 의무를 강조하는 사상이 존재했다. 2장에서 살펴본 아퀴나스의 교리와 그로티우스와 같은 사상가들의 자연법적 주장—즉, 토지와 자연 자원의 분배에 있어 일정 수준의 공정성을 요구하는 입장—역시 선물의 신화에 뿌리를 두고 있다. 이 신화는 구약 성서의 신이 인류의 공동 조상인 아담에게 유산을 물려준 이야기에서 비롯되었다.

선물 신화의 주장은 현대의 세속적 문화에서도 여전히 제기되거나 적어도 암묵적으로 함축되어 있다. 예를 들어, 반즈와 다른 현대 논자들은 "자연의 선물"이라는 표현을 사용하며, 필자 역시 이 문구를 사용한 적이 있다. 이 표현은 공정한 공유의 필요성을 암시하는, 수사적으로 유용한 개념이다. 그러나 이를 분석적으로 검토해 보면 논리적으로 취약한 부분이 드러난다. 자연이 의식적인 행위자인가? 이러한 선물은 반드시 인류 전체에게 주어졌는가, 아니면 그것을 취득한 개인에게만 주어졌다고 봐야 하는가? 전통적인 공식화 역시 이 같은 허점을 가진다. 예를 들어, 그로티우스는 자연의 열매에 대한 동등한 권리를 주장하기 위해 아담과 야훼의 이야기를 인용했지만, 필머Filmer는 같은 이야기를 불평등을 정당화하는 논거로 활용했다.

이 책에서 다루는 도덕적 직관을 보다 명확하게 정리하고 그 중요성을 강화하려면, 이를 보다 확고한 이론적 토대 위에 세워야 할 것이다. 따라서 이 절에서는 정치 이론, 재산 이론, 미시 경제학이라는 세 가지 영역에서 도출된 원칙을 살펴보고, 공유부 배당을 설명하고 정당화하는 데 있어 보다 견고한 기반이 될 수 있는지를 논의할 것이다. 이 원칙들은 대체로 상호 양립할 수 있지만 완전히 동일하지는 않다. 각각의 원칙은 고유한 장점을 가지며, 공유부 배당의 개념을 뒷받침하는 논거로서 얼마나 설득력이 있는지는 독자들의 판단에 맡기고자 한다.

정치 이론: 공공 신탁 원칙

공공 신탁 원칙은 앞서 언급한 바 있다. 우드(Wood 2013, 125)에 따르면, "이 원칙은 생태적 자산ecological assets의 수탁자인 정부에게 보호의 전형적인 의무를 부여한다. … 시민은 이러한 자연 자원에 대한 명확한 공공 재산권의 이해관계를 가진 수혜자의 입장에 서 있다."라고 말한다. 즉, 정부는 현재와 미래의 시민을 위해 생명과 번영에 필수적인 자연 자원이 지속 가능하게 관리되도록 할 권리와 책임을 가진다.

우드는 공공 신탁 원칙을 경찰권과 마찬가지로 "주권의 근본적인 속성"으로 설명한다. 연방 지방 법원의 판결에 따르면, 신탁은 주권자에 의해 유지되며 주권자의 해지에 의해서만 소멸할 수 있는 성격을 지닌다"(Wood 2013, 129). 이러한 이유로, 공공 신탁 원칙은 고대 로마 시대부터 현대에 이르기까지 실정법의 일부로 존재해 왔다. 예를 들어, 3장에서 인용한 알래스카 헌법의 선언—자연 자원은 "인민people의 최대 이익을 위해" 주state가 관리해야 한다—은 이러한 원칙을 반영한 사례 중 하나다. 또한, 공공 신탁 원칙은 보통법 체계에서 확립된 개념으로, 입법부가 이를 충분히 고려하지 않을 경우 법원이 이를 강제하는 사례도 드물지 않다.

공공 신탁 원칙의 핵심은 화폐 수익의 창출이나 배당금 지급이 아니라, 공유 자원의 지속 가능한 관리에 있다. 그러나 이 원칙은 공유부 배당 개념의 중요한 토대를 형성하기도 한다. 이 원칙은 시민을 자연 자원 관리의 수혜자로 명확히 규정하며, 법 앞에 평등한 권리를 보장하는 민주주의 체제에서는 이 수혜자 지위 역시 평등해야 한다. 따라서, 자연 자원이 화폐 수익을 창출하는 경우(단, 반드시 지속 가능한 방식으로 관리되어야 한다), 그 수익이 서비스 제공이든 현금 배당이든 모든 시민에게 공평하게 분배되어야 한다는 원칙이 도출된다.

재산 이론: 노동 재산 이론

앞서 살펴보았듯이, 그로티우스를 비롯한 기독교 전통의 초기 자연법 이론가들은 창세기의 이야기에서 자연의 공동 소유권에 대한 정당성을 찾았다. 그들은 구약 성경의 신이 아담에게 자연 세계의 소유권을 부여했다고 믿었으며, 아담의 계승자로서 모든 인간이 원래 소유권의 일정 지분을 상속받았다고 보았다. 페인의 주요 해석자인 그레고리 클레이스는 『토지 정의』에서 토지에 대한 동등한 권리를 주장하는 페인의 자연법 논리가 바로 이 신이 부여한 "지상의 원초적 재산 공동체community of property" 개념에 기반해야 한다고 보았다. 그는 이를 강조하며, 이신론deism자를 자처했던 페인이 유신론theism의 영향을 받은 것처럼 보인다고 비판했다(Claeys 1987, 21; Claeys 1989, 2016 참조). 그러나 페인은 실제로 유신론적 주장을 펼친 것은 아니었다(Ranalli 2020). 그는 그럴 필요가 없었다. 보다 세속적인 또 다른 정당화 논리가 존재하며, 그 핵심은 "인간이 지구를 만든 것이 아니다"라는 페인의 주장에서 찾을 수 있다(1797, 13).

페인이 호소하는 원칙은 여러 가지 이름으로 알려져 있다. 책임 원칙responsibility principle, 재산의 자연권 이론natural rights theory of property, 또는 노동 재산 이론(LTP) 등이 그것이다. 이 원칙은 노력에 따라 재산권이 부여된다는 개념을 바탕으로 한다. 즉, 사람은 자신이 생산한 것에 권리를 갖는다. 보다 정확히 말하면, 원초적 재산권은 재산을 창조한 행위자에게 주어진다. 물론 이후에는 교환되거나 혹은 선물로 주어질 수 있다. 원칙적으로, 재산에 대한 정당한 청구권은 자유로운 교환(또는 증여나 법적 해결 등)을 거쳐, 궁극적으로 그 재산을 창조한 개인에게까지 추적될 수 있어야 한다. 이 원칙은 (현대의 대표적인 노동 재산 이론의 이론가이자 경제학자이며 정치학자인 데이비드 엘러먼의 표현을 빌리자면) '본질적으로 태고의 것primordial' 이지만(David Ellerman [2016, 330]), 존 로크의 사상과 가장 자주 연결된다. 로크는 다음과 같이 말한 바 있다. "모든 사람은 자신의 신체에 대한 소유권을 가진다. 이는 자신 외에는 누구도 가질 권리가 없다. 그의 신체의 노동labour과 손의 작업work은 진정으로 그의 것이다([1690] 2017, 287~288)." 그러나 로크는 (2장에서 이미 살펴본 바와 같이) 자신의 소유물뿐만 아니라 하인의 손에서 나온 생산물에도 권리가 있다고 주장하며, 이 원칙을 암묵적으로 부정했다. 따라서 실제로 이 원칙을 지지하는 논거로 그를 인용하는 것이 적절하지 않을 수도 있다(Locke [1690] 2017, 289). 오히려 존 스튜어트 밀이 이 원칙을 보다 간결하고 일관되게 설명했다(John Stuart Mill 1875, 133). 그는 "재산이라는 제도는, 그 본질적 요소에 한정해서 말하면, 각 개인이 자신의 노력으로 생산한 것을 배타적으로 처분할 권리를 인정하는 데 있다."[56]라고 서술한다.

엘러먼의 연구에 따르면, "책임 원칙"은 현대 기업, 특히 그가

---

56 엘러먼은 노동 재산 이론을 상품의 가치가 그 상품에 구현된 인간 노동의 양으로 측정될 수 있거나 측정되어야 한다는 이른바 노동 가치 이론(LTV)과 구별하기 위해 애썼다. 노동 가치 이론(자연 자원에 가치가 있다고 생각하면 완전히 무너지는 문제점이 있다)은 적어도 애덤 스미스까지 거슬러 올라가지만, 특히 마르크스주의 경제학과 관련이 있다. 일부 초기 경제학자들은 노동 재산권 이론과 노동 가치 이론을 혼동하거나, 다른 하나를 근거로 다른 하나를 정당화하는 경향이 있었지만, 이 둘은 분석적으로 구별된다.

"인간 임대human rental"라고 비판한 고용 계약을 근본적으로 문제 삼는 논리를 제공한다. 이 원칙은 기업의 위험과 보상을 특정한 집단—예를 들면 자본 제공자나 창립자, 경영자—에게만 집중시 킬 게 아니라, 기업 활동에 직접 참여하는 구성원에게만 부여해야 한다고 주장한다. 다시 말해, 노동자를 단순한 '생산 요소'로 취급 하고 기업의 동등한 주체로 인정하지 않는 것은 책임 원칙을 위배 한다는 것이다. 엘러먼은 또한 "사유 재산이 책임 원칙(또는 노동 재산 이론)에 입각해 재구성될 경우, 기업은 노동자 협동조합 또는 이 와 유사한 형태의 작업장 민주주의로 운영되는 전혀 다른 시스템 으로 변화할 것"이라고 설명한다(Ellerman 2016, 320).

그러나 엘러먼이 이어서, 책임 원칙은 "자연의 산물을 보통의 사유 재산처럼 취급할 근거를 제공하지는 않는다"라고 지적한다 (Ellerman 2016, 320). 이러한 자원들은 인간이 창조한 게 아니기 때문에, 이 원칙은 그것을 특정 개인에게 할당하지 않는다. 엘러먼은 이러한 통찰을 노동 재산 이론의 "소극적 적용"이라고 지칭한다 (2016, 321). 존 스튜어트 밀은 이를 다시 한번 우아하게 표현한다. "재산의 본질적인 원칙은 모든 사람이 노동을 통해 생산하고 절 약을 통해 축적한 것을 보장하는 것이며, 이 원칙은 노동의 산물 이 아닌 지구의 원자재에는 적용될 수 없다. … 누구도 땅을 만들 지 않았다. 그것은 모든 인류의 원초적 유산이다."(J. S. Mill 1875, 140, 142)

노동 재산 이론에 따르면, 어떤 사람이 무언가를 사용하거나 소 비하면 그 소비에 대한 책임, 즉 비용을 그 사람이 부담해야 한다.

내가 지은 집을 당신이 사용했다면, 당신은 나에게 보상해야 한다. 하지만 '전체 인류의 본래 유산'인 그 집이 서 있는 땅을 사용한 것에 대해서는 누구에게 보상해야 할까?

엘러먼은 "어떤 공동 소유 계약이 필요하다"(2016, 321)라고 주장한다. 이는 사람들이 "누구도 만들지 않은" 것을 사용하고 소비한 대가를 모아, "전체 인류"를 수혜자로 삼는 방식으로 자금을 활용하거나 재분배하는 신탁 기관과 같은 공식적인 구조를 제안한다. 엘러먼은 이러한 수혜자가 현세대에 국한되지 않고 미래 세대까지 고려해야 한다는 점을 강조한다(Ellerman 2016, 341). 따라서 그는 자연계에 소극적으로 적용되는 노동 재산 이론을 통해, 이 장의 앞부분에서 논의한 지속 가능성 요건을 포함해 페인과 반즈의 논리를 실질적으로 재구성한다.

노동 재산 이론의 소극적 적용은 자연에 잘 어울린다. '인공적인 것'에까지 적용은 거의 역설로 보일 수 있다. 그러나 아래에서 자연과 인간의 노력이 결합된 인공 공유물의 사례를 논의할 때 이 원칙을 언급할 기회가 있을 것이다.

미시 경제학: 경제적 지대

여러 저자들(예: Barnes 2014, 45; Flomenhoft 2012, 88~89; Fitzgerald 2013; Gaffney 2009)은 경제적 지대를 인공 공유물로 확장할 수 있는 일반 원칙, 즉 공유 자산을 집단화해 공정하게 분배하는 원칙으로 정의한다.

일상적으로 '지대rent'는 재산 소유주에게 재산 사용에 대해, 특히 지주에게 토지나 주택 사용에 대해 지불하는 대가를 의미한다. 경제학에서 흔히 지대로 줄여서 사용하는 '경제적 지대economic rent'라는 용어는 이러한 일상적 의미에서 파생되었지만, 기술적 의미는 다르다. 애덤 스미스는 18세기 토지 소유의 맥락에서 지대를 논의하며, 소득을 노동에 대한 임금wages, 기업가적 위험 감수에 대한 이윤profits, 지주에 대한 지대rents로 구분했다. 그는 지대가 지주의 계획이나 사업과는 무관하게 발생하며, 이는 지주가 능동적으로 벌어들이는 것이 아니라고 보았다. 스미스는 지주를 타인의 노동으로 창출된 부를 수동적으로 축적하는 계층으로 간주하며, 그들의 나태와 무지를 지적했다(356~357).

스미스는 지주뿐만 아니라 독점 기업도 "자신들이 씨를 뿌리지 않은 곳에서 거둔다"고 인식했다. 그는 독점 기업이 경쟁을 억압해 "자연적으로 발생할 수 있는 것보다 더 많은 이윤을 올리고, 자신의 이익을 위해 나머지 동료 시민들에게 터무니없는 세금을 부과"한다고 지적했다([1776] 1986, 358). 스미스 이후 경제학자들은 지대의 개념을 토지 소유를 넘어 독점 이윤, '지위적 우위positional advantage'로 인한 이윤 등 모든 종류의 '초과 이득excess earnings'을 포함하도록 일반화했다(Khan 2000, 1; Bebchuk and Fried 2004, 62). 개인이나 기업의 소득에서 지대로 분류되는 부분은 일반적으로 차선으로 수익성이 높은 선택을 했을 때 얻을 수 있었던 소득을 제외해 산정한다. 따라서 문헌에서는 다양한 정의를 찾아볼 수 있다. 예를 들어, "자원 소유자의 기회비용을 초과하는 수익"(Tollison 1982, 575), "현재 작업에 [생산적] 요소를 사용하는 데 필요한 금액

이상의 초과 이득"(Shepherd 1970, 209)과 같은 기술적 정의와 함께, "경제적 또는 사회적으로 필요한 것을 초과해서 벌어들인 화폐량"(Hayes 2020), "실질 비용을 초과하는 불로 소득"(Hudson 2016) 등의 정의가 있다.[57]

지대와 관련된 사회적 비용에는 불공정성(당사자가 자신의 기여를 넘어서는 소득을 취하는 것)과 경제적 비효율성뿐만 아니라 단지 지대를 취하고 유지하기 위해 수행하는 **지대 추구**rent-seeking 활동과 관련된 자원 낭비와 정치적, 경제적 왜곡도 포함된다. 이러한 활동에는 보조금, 세금 특혜 등을 위한 로비가 포함된다. 감시 단체들은 2014~2017 회계년도 동안 포춘Fortune 100대 기업이 워싱턴 D.C.에서 20억 달러를 로비 활동에 지출하고 399억 달러의 연방 자금(대부분 계약금이며 32억 달러의 보조금이 더해졌다.)을 확보한 것으로 추산했다(Andrzejewski and Smith 2019). 로비는 이제 현대 미국 기업의 기업 비즈니스 모델의 표준적 요소가 되었으며(Andrezejewski 2019), 이러한 수치는 투자 수익률(return on investment: ROI)이 약 150%(보조금만 기준으로 할 때 이미 놀라운 수익률이다.)에서 20,000% 사이임을 나타낸다. 이러한 수익return을 감안하면 규모와 유형에 관계없이 모든 기업이 로비를 거부할 수 없는 유혹으로 여기는 게 당연하다.[58]

57 여기에 제시된 경제적 지대 분석은 크게 다음과 같은 분류를 따른다. 이 주제를 칸(Khan 2000)은 한 장(chapter) 분량의 연구로 다루고 있다. 대안적인 프레임워크로는 보이스의 네 가지 분류 체계(Boyce 2019)가 있다. 보이스의 체계는 추출 지대(extractive rent, 천연자원을 개발하는 사람들에게 발생하는 지대)와 보호 지대(protective rent, 생태계 서비스를 이용하는 사람들이 지불하는 지대)를 구분하며, 하나는 개발을 보상하고 다른 하나는 보존을 장려한다.
58 기업 로비는 항상 그렇게 강렬했던 것은 아니다. 기업 로비는 1970년대에 미국 기

정부의 특혜(및 세금 및 규제 시스템의 악용 등)와 독점적 관행(및 과점, 구매자 독점, 기타 반경쟁적 관행)으로 인해 특정 사업에 지대가 발생할 수 있다. 또한 지대는 전체 산업에 발생할 수 있다. 오늘날 금융, 보험, 부동산 등 이른바 FIRE 부문(금융, 보험, 부동산)의 산업과 적어도 미국에서는 의료 산업이 지대에 의해 이윤율이 심하게 부풀려지는 산업의 예로 자주 거론된다(Bezemer and Hudson 2016, Stiglitz 2018, The Economist 2018).

개인의 보상도 지대에 의해 심하게 부풀려질 수 있다. 일반적으로 인용되는 예로는 기업 임원, 금융업계 종사 전문직, 프로 운동선수, 기타 연예계 종사자 등이 있다(Stiglitz 2016, Morrison 1996).

겉으로는 사람들이 자신이 벌거나 기여한 만큼만 소득을 가져간다는 생각이 노동 재산 이론의 소극적 적용과 매우 유사하게 들린다. 플로멘호프트가 제시한 지대의 정의는 이러한 유사성을 더욱 강조한다. 그는 지대를 "자원의 소유권, 독점, 희소성 또는 기타 이유로 인해 노동, 위험 또는 기업가적 활동에 기인하지 않은 불로 과다 이윤으로 귀결되는 모든 불로 소득"으로 정의한다(Flomenhoft 2012, 88~89). 지대에 대한 비판을 재산 이론의 영역에서 미시경제학의 영역으로, 그리고 노동 재산 이론의 소극적 적용으로 단순히 치환한 것으로 볼 수도 있겠다. 그러나 상황은 그렇게 단순하지 않다. 노동 재산 이론은 예외를 인정하지 않는 재산 이론의 기본 원칙으로 받아들일 수 있지만, 지대는 경제학에서 다

업 운영 핵심 요소로 부상했다. 이러한 변화가 어떻게 일어났는지를 설명한 관련 문헌 검토는 라날리 외(Ranalli et al. 2018)를 참조하자.

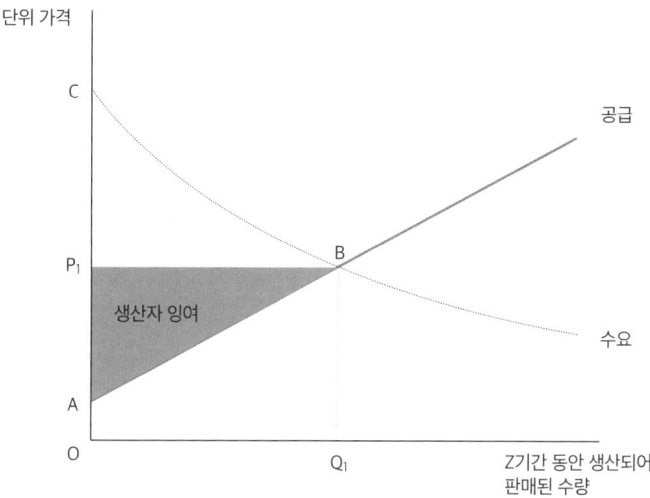

면적이고 때로는 논쟁의 여지가 있는 개념이다. 앞으로 살펴보겠지만, 모든 종류의 지대를 징수해 공유부 배당으로 분배하는 것은 실현 가능하지도 않고 정의롭지도 않으며, 공공의 이익을 위해 지대를 정당하게 징수할 수 있는 시점을 결정하는 간단한 규칙을 마련하기도 어렵고 어쩌면 불가능할지도 모른다.

모든 종류의 지대를 보유자로부터 징수하기는 실행 가능하지도 않고 정당하지도 않은 이유를 알기 위해서는 미시 경제학 입문서에 나오는 평범한 수요-공급의 그래프(위 그림)만 봐도 알 수 있다.

그래프는 수량 Q_1에서 수요와 공급이 균형을 이루고 있음을 보여 준다. 해당 기간 동안 생산된 '마지막' 단위는 총 수량을 Q_1으로 가져와 해당 단위의 생산 비용을 충당하기에 충분한 수입(OP_1)을 가져온다. (한 단위라도 더 생산해 균형점 오른쪽으로 밀어내서 판매하면 생산자는 해당 단위에 대해 손실을 감수해야 하며, 모든 단위의 가격도 균형 가격 P_1 아래로 내려가게 된다).[59] 반면에 왼쪽에 있는 "첫 번째" 생산 단위는 생산자의 비용이 훨씬 적게 든다. 시장 가격 P_1에 판매하면 생산 비용(즉, OA)을 충당하고 추가 소득 AP_1이 발생한다. 이 추가 소득 AP_1은 지대로서 생산자가 기꺼이 받아들일 수 있는 최소한을 초과한 수입이다. 이 예에서, 해당 기간 동안 생산되어 판매된 모든 단위는 마지막 단위까지 일정량의 지대를 가져온다. 삼각형 ABP_1은 이 단순 시장 균형의 예에서 생산자가 가져가는 총지대의 총액을 나타낸다. 이를 일반적으로 생산자 잉여producer surplus라고 한다.

생산자 잉여는 "좋은good" 지대로 간주될 수 있는 예시이다. 경제학자들은 이를 정태적 균형 상태의 시장이 생산하는 사회적 후생의 한 구성 요소로 간주한다. (다른 구성 요소는 BCP_1의 모양으로 표시되는 소비자 잉여consumer surplus이다. 이는 소비자가 기꺼이 받아들일 수 있는 최소값 이상으로 거래에서 얻는 추가 가치이다). 생산자 잉여는 공급 곡선이 양의 기울기를 가질 때마다 발생하며, 이는 기업 간에 생산 비용의 격차를 유발하는 차별점이 있을 때 발생한다. 예를 들어, 장날에 판매할 달걀을 생산한 여러 가정이 마을까지 이동해야 하는 거리가 다르다고 가정해 보겠다. 달걀은 동일하므로 구매자는 모든 달걀에 대해 동일한 가격을 지불한다. 시장에서 가장 가까운 곳에 살면서 이동 비용이 가장 적은 사람이 달걀 한 개당 가장 많은 수

---

59 이 단순하고 정형화된 예에서는 여러 생산자와 소비자가 경쟁하고, 모든 제품의 품질이 동일하며, 기간 동안 생산된 모든 단위가 기간 동안 판매되고, 모든 판매가 기간 종료 시 동시에 (또는 적어도 기간 동안 총생산량이 얼마나 될지 완전히 알고 있는 상태에서) 이뤄진다고 가정해야 한다.

입을 얻게 된다. 가장 멀리 떨어져 살고 이동 비용이 가장 높은 사람은 손익 분기점을 겨우 넘길 수도 있다. 가장 가까운 곳에 사는 사람들이 가져가는 추가 수입은 경제적 지대이다. 이는 "근로, 위험 또는 모험에 의한 것이 아닌 불로 초과 이윤"이다. 그러나 이는 공유부 배당으로서 징수와 공유를 정당화할 수 있는 종류의 지대가 아니다. 우선, 이 초과 이윤은 다른 사람의 주머니에서 빼앗아가는 것이 아니라 모든 사람이 이전보다 더 잘살 수 있도록 하는 시장 메커니즘에 의해 정확하게 창조된다. 또 다른 측면에서는 지대를 어느 정도 받을 수 있다는 가능성이 시장에 **참여하게** 하는 중요한 유인이 된다. Q_1의 최종 생산자뿐만 아니라 모든 생산자가 겨우 비용을 충당하는 데 그친다면, 생산자들은 생산하기보다는 손을 놓고 있을 이유가 더 많을 것이다. 시장과의 거리 외에도 생산자 비용의 차이와 생산자 잉여의 존재를 설명할 수 있는 요인들로는 다른 요소(노동, 자본 등)에 대한 상이한 비용, 상이한 기술, 상이한 관리 기법, 규모의 경제 등이 있다. 노동자를 보호하기 위한 노동법 등 일정한 범위 내에서, 우리는 이러한 영역에서 절약을 이뤄 낸 사람들이 경쟁자보다 낮은 비용으로 생산해 얻은 초과 이윤을 가져가는 것을 기꺼이 허용해야 한다.

이제 좋은 지대의 두 번째 사례로서 정태적 경제 분석이 아닌 동태적 경제 분석에서 나타나는 **슘페터적 지대**Schumpeterian rents에 대해 알아보자. 슘페터적 지대는 기업이 기술이나 경영 등의 혁신을 통해 경쟁사와 같거나 그보다 더 나은 품질의 상품을 더 저렴하게 생산할 때 일시적으로 얻는 추가 이득을 말한다. 조만간 경쟁자들이 따라잡을 것이고, 업계의 전체 공급 곡선이 아래로 내려와 오른쪽으로 이동함에 따라 전반적인 사회적 후생이 늘어나게 될 것이다. 그러나 일시적으로 혁신 기업은 독점적 지대처럼 보이는 추가 수입을 얻게 된다(Khan 2000, 16). 슘페터적 지대가 과욕을 부리는 국가에 의해 과세되거나 경쟁자가 지나치게 빠르게 따라잡아 무효화되면 혁신의 유인이 약화되며, 이는 장기적으로 경제 전체에 부정적 영향을 미칠 수 있다. 이것이 슘페터적 지대를 공유부 배당의 원천으로 취급해서는 안 되는 이유이며, 진정한 혁신이 지적 재산으로 한시적으로 보호되어야 하는 이유이기도 하다. 반면에 슘페터적 지대가 너무 오래 지속되면 독점적 지대, 즉 "나쁜" 지대로 굳어질 수 있으며, 이는 지적 재산권 체제가 기능 이상을 보여서 개혁이 필요하다는 신호가 될 수 있다.

자연 자원 지대(어장과 광산을 생각해 보자.)는 특정한 의미에서 "좋은" 지대이다. 재산권이 한 명 이상의 당사자에게 할당되어 자원의 경제적 가치가 극대화되도록 관리하면 지대가 발생하며, 재산권이 할당되지 않아서 자원이 무비용의 투입물로 낭비되면(공유지의 비극과 같이 관리되지 않은 개방형 자원처럼) 지대가 발생하지 않는다는 의미에서 "좋은" 지대이다. 이처럼 행정과 건전한 경영 비용을 뺀 "좋은" 지대는 징수와 공유에 적합하다. 이는 그것이 지대이기 때문이 아니라 자연 자원의 가치를 대변하기 때문이다. 그리고 그 자연 자원은 그것을 경영하는 당사자가 소유한 것이 아니며 단지 경영을 위해서 그들에게 할당된 것이다.

칸(Khan 2000)은 "좋은" 것으로 간주될 수 있는 지대의 추가적인 사례를 제시한다. 일반적으로 슘페터적 지대처럼 "좋은" 지대의 지위는 조건부이다. 기업의 행동 방식과 국가의 적절한 감독 여부에 따라 "좋은" 지대일 수 있는 것이 사회 후생에 해로운 "나쁜" 지대로 바뀔 수 있다. 그리고 일반적으로 슘페터적 지대와 마찬가지로, 그것들이 "좋은" 지대인 한, 목적을 수행하므로 징수와 공유에 적합하지 않다.

"나쁜" 지대의 대표적인 예는 독점(및 기타 반경쟁적 관행)과 관련된 지대와 지위적 우위(구매자나 판매자 또는 국가로부터 얻은 특혜, 또는 구매자나 판매자 또는 국가에 대한 정보 비대칭)와 관련된 지대이다. 이러한 문제는 일반적으로 세 가지 방법 중 하나로 해결할 수 있다. 첫째, 지대의 원천을 제거할 수 있다. 예를 들어, 독점을 해체하거나 보조금을 없애는 것이다. 둘째, 경쟁 진입 장벽이 높은 자연 독점natural monopoly은 국가가 개입해 기업이 터무니없는 지대가 아닌 공정한 이윤만을 얻도록 할 수 있다. 이것은 전기회사와 식수나 폐수 서비스 제공 업체와 같은 공익사업체에 적용하는 흔한 절차이다. (경쟁 관계에 있는 두 개의 수도 회사가 한 지역에 서비스를 제공하면서 모든 도로 아래에 중복된 파이프를 깔고 각 파이프를 절반 용량으로만 가동하는 것은 말이 안 되는 일이다.) 공공 서비스에서 부과하는 요금은 시장의 힘에 의해 결정되는 게 아니라, 관리 당국의 검토와 승인을 통해 정해진다. 셋째, 지대를 방지할 수 없다면 세금과 수수료 등을 통해 지대를 징수할 수 있으며, 이 수입은 공유부로 배분될 수 있다. 독과점을 해체하고 불필요한 보조금을 없애고 전기회사가 부과하는 요금을 규제하면 기업이 고객과 납세자를 부당하게 이용하지 않도록 하는 데 도움이 된다. 또한 세 번째 해결책은 이미 발생한 피해를 시정할 여지가 있다. 지대 징수 및 공유가 이뤄진다면, 이상적으로는 피해를 입은 집단(예: 고객, 납세자)에게 재분배가 이뤄질 것이다.

일반적으로 첫 번째와 두 번째 해결책이 가능하다면, 사회 후생에 해를 끼치는 것을 방지하기 때문에 더 바람직하다. 독점을 해체하고 불필요한 보조금을 없애며 전기요금을 규제하는 것은 기업이 고객과 납세자를 부당하게 이용하지 못하도록 하는 조치다. 세 번째 해결책은 이미 발생한 피해를 교정할 여지가 크다. 만약 지대의 징수 및 공유가 이뤄진다면, 이상적으로는 재분배는 피해를 입은 집단(예: 고객, 납세자)으로 향할 것이다.

투기로 인한 자본 이득, 즉 기존 자산을 매입한 후 나중에 더 높은 가격에 되파는 것도 경제적 지대의 일종으로 간주할 수 있다(Shepherd 1989).[60] 이는 전통적인 기준을 충족한다. 투기로 인한 수입은 지출된 노력과 관계가 없으며, 그것이 양의 값일 때에는 경제적 또는 사회적으로 필요한 것을 초과한다. 투기는 순수한 형태로 존재할 수도 있고, 투자의 형태로 진정한 생산 활동과 혼합될 수도 있다. 셰퍼드(Shepherd 1989)는 투기로 인한 자본 이득이 경제적 효율성을 위해 필요하다는 주장을 효과적으로 반박하고 그 비용을 열거한다. 따라서 자본 이득은 "나쁜" 형태의 지대로 간주될 수 있으며, 높은 세율로 과세해도 경제적 비효율이 발생하지 않고 불필요한 위험 감수 감소, 사회적 사기 증진, 생산적 자산(높은 가치

---

60 또는 자산을 구매하기 전에 그것을 매도하는 계약을 체결하는 공매도shorting도 가능하다.

의 인적 자본 포함)을 생산적 활동에 활용할 수 있도록 하는 등 사회적 편익을 제공할 수 있다. 투기는 예방이 아닌 과세가 가장 효율적인 교정 수단이 될 수 있는 나쁜 지대의 한 예이다.

이미 어떤 종류의 "좋은" 지대(예: 혁신과 관련된 것들)가 "나쁜"(독점적인) 지대로 바뀔 수 있다고 언급했다. 지위적 우위와 관련된 지대—일반적으로 나쁜 것으로 간주된다—도 때로는 전혀 나쁘지 않을 수도 있고 판단하기 어려울 수 있다는 점도 지적할 필요가 있다. 정부 보조금을 예로 들어 보자. 포춘 100대 기업들이 보조금과 계약금으로 수십억 달러를 받는다는 보고서를 다시 한번 떠올려 보자. 사실 보조금(보호 관세, 세금 특혜 등)은 여러 가지 이유로 지급될 수 있다. 정치적 뒷거래일 수 있고, 경제적으로 가치가 있거나 국가 안보에 필수여서일 수 있으며, 이 모든 요소를 동시에 포함할 수도 있다. 누구에게 묻느냐에 따라, 첨단 기술이나 재생 가능 에너지에 주는 정부 보조금은 한 국가가 신흥 경제 분야에서 선두를 유지하는 데 필수적인 것이거나, 혹은 규제 당국이 부적절하게 '승자를 선택한' 사례로 간주될 수 있다. 농업 가격의 지지는 장기적인 식량 안보에 필수적이거나, 심각한 지역 선심성 정치 gross pork-barrel politics의 사례로 간주될 수 있다. 그리고 정부가 관여하지 않는 지위적 지대positional rent의 예로, 노동조합의 성공적인 임금 인상 운동을 들 수 있다. 이를 경제 정의의 승리로 볼 수도 있고, 경제 효율성과 경제 경쟁력에 타격을 주는 것으로도 볼 수 있다. 패서 주니어(E. C. Paseur, Jr. 1987, 132)의 말을 빌리자면, "선한 virtuous 개입과 낭비적인 개입(지위적 지대)을 구별하거나, 선한 로비 활동과 사회적으로 해로운 로비 활동(지대 추구)을 구별할 객관적인 절차는 없다." 이것은 더 이상 다른 것으로 환원되지 않는 가치와 정치의 문제이다. 이러한 통찰은 지대 추구가 일반적으로 중요한 사회적, 경제적 문제라는 사실을 결코 약화시키지 않지만(135), 해결책을 짤 때는 우리가 주의해야 함을 알려 준다.

이러한 주의 사항과 복잡성을 염두에 두면서, 우리는 다음과 같은 질문을 던질 수 있다. 지대 비판이 이전 장에서 제시된 토지, 자연 자원, 생태계 서비스와 관련한 공유부 배당의 당위성을 통합하고, 이를 배당의 가능성 있는 인공적 재원man-made sources과 연결시키는 데 얼마나 효과적인가?

조지주의 토지세Georgeist tax on land라는 기본 사례로 곧장 돌아가 보자. 이 개념은 이미 애덤 스미스를 사로잡았고 '경제적 지대'라는 전체적 개념에 영감을 주었다. 조지주의 토지세는 모든 시장성 있는 필지(상업용, 주거용 등)가 시장에 나와 있다는 개념적 가정하에 토지 임대 시장의 생산자 잉여에 대해 100% 세금을 부과하는 것이다. 임대lease의 가치는 실제로 기술적·경제적 의미에서 지대에 해당한다. 왜냐하면 시장 가격으로 임대하는 것 외의 차선책은 임대를 하지 않고 그로부터 소득을 얻지 않는 것으로 이해되기 때문이다. (제조된 제품이나 노동이 관련된 어떤 것이든, 사람들의 시간과 에너지를 다른 수익성 있는 목적으로 사용하는 차선책이 보통 존재하지만, 여기서는 그렇지 않다.)[61] 우리가 보았듯이, 일반적으로 생산자 잉여는 징수해야 할 당

---

[61] 토지에는 노동 요소가 없기 때문에 사용하지 않는 것 외에는 '차선'의 용도가 없으며, 이동할 수 없다는 점 때문에 100%로 과세해도 공급의 왜곡을 일으키지 않는다

위성이 없는 "좋은" 지대이다. 토지의 경우 (생산자 잉여를 징수해야 하는) 예외를 인정하자는 주장은 다음과 같은 정당성을 가진다. (a) 이는 투기와 사재기를 억제해 실질적으로 다른 모든 생산 활동에 필요한 특정 경제적 투입 요소(토지)를 더 많은 양과 더 낮은 가격으로 순환circulation에 투입한다는 점, (b) (모든 사람이 정당한 청구권을 갖는) 토지의 가치를 소수의 엘리트 유한계급을 떠받치는 대신에 모든 사람을 지원하는 일에 투입한다는 점이다. 따라서 이 경우 지대를 징수하고 재분배할 수 있는 정당성은 지대가 갖는 속성이 아니라 (토지라는) 자원의 속성에 근거한다.

우리는 이미 자연 자원 지대를 살펴보았다. 자연 자원은 어업(및 산림 등)과 광산(및 유전과 대부분의 대수층 등)과 같이 시간의 흐름에 따라 변하는 비율로 징수되는 재생 가능 자원과 재생 불능 자원을 포함한다. 다시 말해, 자연 자원 지대는 관리자나 소유자가 지대를 받는 것이 경제적 효율성을 촉진하며, 이는 건전한 경영과 관리를 위한 긴 여정을 뒷받침한다는 점에서 "좋은" 지대이다. 이 지대를 널리 대중의 이익을 위해, 예를 들어 관리와 건전한 경영/관리 비용을 충당한 뒤에 아마도 배당금으로 분배하기 위해 징수하는 것은, 지대의 속성이 아닌 자원의 속성에 의해 정당화된다.

생태계 서비스가 상한선cap에 의해 관리될 때, 이 서비스를 이용하기 위한 허가권은 생산 요소가 되며, 이들의 희소성은 생산에

는 흥미로운 속성이 있다. 즉, 대안이 토지를 놀리는 것이라면, 소유자에게 세후 소득 1달러는 세금이 부과되지 않은 소득 1,000달러만큼이나 임대할 유인이 있다. 조지는 이 사실을 알고 있었고, 이를 단일세의 장점으로 활용했다.

한계를 부여할 수 있다. 이는 토지의 희소성이 생산에 한계를 부여하는 방식과 매우 유사하며, 동일한 역학이 적용된다. 탄소 가격 책정을 예로 들면, 부동산 시장에서 토지 소유자가 주기적으로 거주나 상업용 고객에게 토지를 임대하는 것처럼 어떤 대행 기관이 (또는 캘리포니아의 경우처럼 전기 및 천연가스 배급 공익사업체가) 경매를 통해 화석 연료 에너지 공급자에게 주기적으로 허가권을 판매한다고 가정하자. 경매 수익은 임대료, 즉 생산자 잉여이다. 그리고 자원의 속성 때문에(즉, 단순히 그것이 지대이거나 생산자 잉여라는 사실이 아니라), 이 소득은 대행 기관이나 이를 보유한 공익사업체에 의해 유지되어서는 안 되며, 100% 공공 목적을 위해 사용되어야 한다. (탄소세와의 상황은 허가제만큼 지대 개념으로 시각화하기는 쉽지 않지만 수학적으로 동일하다.)[62]

자연과 본질적으로 연관이 없는 지대는 어떨까? 이미 논의했듯이, 생산자 잉여는 사회 후생에 해를 끼치지 않는 "좋은" 지대의 예이다. 토지와 탄소 배출권의 예에서, 우리는 정책 목적으로 중앙 당국이 생산 요소를 배급할 때, (효율적 배분을 위해서) 그것을 시장 가치로 평가하는 것뿐만 아니라 그 수입(전체 생산자 잉여)을 소비자 기반으로 재활용해야 한다는 일반적인 규칙을 도출할 수 있다. 이

---

62 우리는 허가권의 경매 개념이 토지세보다 훨씬 더 순수하고 패러다임적인 개념이라고 생각할 수도 있다. 조지주의 토지세는 기능적으로 토지 사용 허가에 대한 경매와 동일하며, 토지 사용자가 참여하고 명목상 소유자는 아무런 역할을 하지 않는 경매이다. 이 시각화에서 경매를 통해 (토지 사용, 탄소 배출 등에 대한) 허가를 발급하는 기관은 생산자 잉여가 아니라, 앞의 예에서 재생 가능 또는 재생 불능 자원의 사용을 감독하는 기관처럼 소유자가 아닌 자원의 관리자에 불과하기 때문에 수입을 공적 용도에 사용하게 된다.

는 4장에서 논의된 이유로서, 생산 요소 사용의 특권을 위해 비용을 지불하는 기업에게 수입이 다시 돌아가는 순환을 완성하기 위해서이다. 만약 순환이 불완전하다면, 기업들이 정부에 돈을 납부함으로써 정부는 과도한 자금을 보유하게 되고 소비자들은 필요한 자금을 충분히 확보하지 못하게 된다. 이 경험 법칙은 중앙 당국에 의해 배급되는 모든 필수적이거나 제한적인 생산 요소, 심지어 자연과 연결되지 않은 요소에도 유효할 것 같다—비록 그러한 예가 즉시 떠오르지는 않더라도 말이다. (어떤 것이든 정당하게 배급을 요구하는 모든 것은 결국 자연과 연관될 수 있다는 점은 확실히 설득력이 있을 것 같다.)

반경쟁적(예: 독점) 지대는, 아마도 예외 없이 "나쁜" 지대이며, 이는 전체적인 사회 후생을 감소시키고 일부 당사자들에게 불필요한 비용을 부당하게 부담시킨다. 일반적으로 반경쟁적 지대는 경쟁을 도입하거나 복원(예: 독점 해체)하거나, 자연 독점은 공공요금의 가격을 규제해 제거할 수 있다. 따라서 배당금으로 분배할 수 있는 지대를 징수할 필요는 없다. 한 가지 가능한 예외는 네트워크 효과로 인해 형성되는 독점일 수 있다. 네트워크 효과는 상호운용성interoperability[63]이 중요한 영역에서 큰 시장 행위자가 성장하고 작은 행위자가 밀려나는 경향을 의미한다. 예를 들어 더 많은 사람들이 선도 비즈니스 소프트웨어 플랫폼이나 소셜 미디어 서비스를 사용할수록 다른 사람들도 이에 합류할 압력과 유인이 더 커진다. 따라서 시장 지배적인 항공사나 전화회사를 분할하듯이

---

63 서로 다른 시스템이나 장치가 서로 소통하고 협력해 데이터를 원활하게 주고받을 수 있는 능력을 의미한다.(옮긴이 주)

페이스북Facebook을 '분할break up'하자는 주장은 잘못된 생각이다. 사실상 네트워크 효과로 인해 하나의 소셜 미디어 플랫폼 또는 다른 소셜 미디어 플랫폼이 이전에 페이스북이 차지했던 틈새시장에서 또다시 지배적인 위치를 차지하게 될 것이다. 어떤 의미에서 네트워크 효과에 의한 독점은 일종의 자연 독점이라고 할 수 있다. 네트워크 효과에 기반한 독점이 고객이나 광고주에게 부과하는 가격을 공공 서비스를 규제하는 듯 규제하는 것도 하나의 선택지가 될 수 있다. 그러나 페이스북과 다른 주요 소셜 미디어 플랫폼처럼 회사의 비즈니스 모델이 고객에게 요금을 부과하는 게 아니라 사용자의 데이터를 수집한 다음 광고주에게 요금을 부과하는 것이라면, 광고주가 부담하게 되는 지대를 인하하는 대신 국가가 지대에 세금을 부과하고 그 세수를 회사에 많은 가치를 제공하는 데이터의 소유주인 사용자에게 돌려줘야 한다는 주장이 제기될 수 있다.

이러한 개혁을 요구하는 목소리도 있었다. 예를 들어 '데이터 배당 프로젝트(Data Dividend Project: DDP)'가 그 사례다. DDP는 캘리포니아 소비자 개인 정보 보호법California Consumer Privacy Act과 같은 법률을 활용해 미국 소비자들을 대표해 대형 기술 회사들과 집단 협상을 시도하고 있다. 어떤 의미에서 이러한 개혁도 수입 순환revenue loop을 완성할 것이다. 즉, 돈이 소비자에게서 광고주로, 광고주에게서 소셜 미디어 플랫폼으로 그리고 다시 소비자에게로 순환된다.

지위적 우위(정부 보조금, 세금 특혜 등)로 인한 지대는 해당 우위를 취소함으로써 제거할 수 있다. 앞서 살펴본 바와 같이 모든 지위적 우위가 반드시 나쁜 것만은 아니며, 실제로 어떤 것이 해로운지 판단하는 데에는 상당히 모호한 부분이 있을 수 있다. 세금이나 수수료로 지위적 우위 지대를 징수하는 것이 단순히 지위적 우위 지대를 무효화하는 것보다 더 나은 경우는 드물다.[64] 앞에서 설명한 것처럼 과세는 '투기와 관련 있는 지대'를 무효화하는 가장 효과적인 방법일 수 있다.

마지막으로, 오늘날 경제에서 '나쁜' 지대로 간주되는 몇 가지 대표 사례를 간략히 살펴보며 글을 마무리하고자 한다. 앞서 언급한 것처럼 금융 부문 이윤, 경영진 보수, 그리고 유명인 보수가 그 예이다.

최근 수십 년 동안 금융 부문이 지속적으로 기록해 온 터무니없이 높은 이윤은 전문가들조차 당혹스럽게 만들었다. 2008년 금융 위기를 겪었고, 진입 장벽을 낮추고 경쟁을 촉진할 기술이 발전했음에도 불구하고 상황은 여전히 달라지지 않았다(Crotty 2008; Smith 2016). 이에 대한 설명으로 다음과 같이 몇 가지가 있다. (a) 금융 부문과 소비자 간, 그리고 금융 부문과 규제 당국 간의 정보 비대칭, (b) 행위자들이 상품과 편의성 등에서는 경쟁하지만 가격 경

---

64 예를 들어 규제 당국이 택시 공급을 인위적으로 낮게 유지했을 때 택시 면허 소지자에게 발생하는 지대를 생각해 보자. 호주의 한 조사에 따르면 빅토리아주에서는 면허 수수료를 인상해 기존 면허 보유자로부터 지대를 징수함으로써 1억 호주달러 이상의 공공 수입을 올릴 수 있다고 한다. 그러나 더 실용적인 해결책, 즉 소비자인 '오랫동안 고통받은 택시 이용자'에게 더 나은 서비스를 제공하는 해결책은 오히려 더 많은 면허를 발급해 가격을 낮추고 지대를 낮추는 것이었다(Fitzgerald 2013, 33).

쟁은 자제하는 과점적 행태, (c) 금융 부문의 큰 부분이 소비자를 대상으로 직접 영업하지 않고 부문 내 기업들이 주로 서로에게 서비스하면서, (2008년 금융 위기에서 발생한 것처럼 금융 부문을 불안정하게 만드는 가열되는 '의자 뺏기 게임'[65]처럼) 업계의 누군가가 부채를 기꺼이 사들이는 한 사실상 무제한의 부채가 사실상 무제한의 부를 창조하는 무중력의 환경이 조성된 일 등이다.[66] 이 복잡한 반경쟁적이고 지위적 지대의 혼합을 풀어헤치기는 상당히 어려울 수 있기 때문에, 합리적인 접근 방식은 세금이나 수수료로 고르디우스의 매듭을 간단히 끊어 내는 것이라고 주장할 수 있다. 터무니없는 이윤을 올린 기업에게 횡재세를 부과한 전례는 많다. 앞서 논의한 바와 같이, 강력한 자본 이득세는 막대한 세수를 창출하고 투기적 거래를 줄일 것이다. 또한 가장 위험한 종류의 거래에 매우 적은 부과금을 매기는 토빈세Tovin Tax[67]는 투기를 억제하고 시스템적 위험을 줄이는 동시에 상당한 수입을 창출할 수 있다. 이러한 수입원을 배당으로 널리 분배하는 것이 적절한 사용 방법일 수 있다. (배당의 가능한 수입원으로서 금융 거래세에 관한 내용은 반즈(Barnes 2014, 143)와 플로멘호프트(Flomenhoft 2012, 103)를 참조하자.)

---

65 의자 뺏기 게임(Game of musical chairs)은 음악이 멈출 때 앉을 의자가 충분하지 않아서 참가자들이 의자를 차지하기 위해 경쟁하는 게임을 말한다.(옮긴이 주)
66 점점 커지는 비GDP(즉, 비생산적) 금융 부문이 실물 경제에 미치는 영향에 대해서는 Huber(2020)를 참조하자.
67 금융 거래, 특히 단기 투기 거래에 소액의 세금을 부과해 금융 시장의 변동성을 줄이고 안정성을 높이려는 세금이다. 1972년 제임스 토빈이 제안했으며, 거래 비용을 약간 증가시켜 투기 거래를 억제하고 정부에 추가 세수를 제공하는 걸 목표로 한다. 그러나 효과를 보려면 국제적인 협력이 필요하다.(옮긴이 주)

기업 경영진의 터무니없이 높은 보수는 설명하기 더 쉽다. 이는 지위적 우위 때문이다. 보수는 이사회가 감독하지만, 여러 가지 이유로 인해 이사회는 명목상으로는 자신들이 감독하는 경영진들에게 지나치게 공손하다(Bebchuk and Fried 2004). 포획의 문제 capture problem[68]를 해결하려면 법적, 제도적 개혁이 필요하며, 이게 장기적으로 가장 좋은 해결책이 될 것이다. 보수 풀compensation pool의 초과 자금은 (그것을 더 광범위하게 공유해야 할 다른 맥락상 이유가 없다면) 아마도 노동자와 공유하는 것이 가장 적절할 것이다. 이를 위한 다양한 메커니즘이 있으며, 미국에서는 종업원 주식 소유 계획(Employee Stock Ownership Plan: ESOP)이 그 예이다(Mackin 2011).

엔터테인먼트 산업의 고소득자들은 의심할 여지없이 높은 지대를 받는다. 그들이 차선의 직업에서 받을 수 있는 소득보다 훨씬 많다. 그러나 로드니 모리슨(Rodney Morrison 1996)이 지적하듯이, 프로 운동선수의 '탐욕'을 비난하는 팬들은 선수들을 고용하는 프랜차이즈의 과도한 이득에 대해서는 좀처럼 생각하지 않는다. 프랜차이즈는 강력한 '구매자 독점monopsony'으로 치우치는 경향이 있다. 구매자 독점은 강력한 구매자가 판매자에게 조건과 가격을 지시할 수 있는 반경쟁적 상황(독점의 반대 상황)의 일종이다. 역사적으로, 선수가 자유 계약 선수로 협상할 수 있기 전에는 미국 스포츠 프랜차이즈에 의한 경제적 착취가 중요한 문제였으며, 심지어 오

---

68 규제 기관이나 감독 기관이 규제 대상인 기업이나 산업의 영향을 받아, 규제 기관이 원래의 목적을 잃고 규제 대상의 이익을 대변하게 되는 상황을 말한다. 즉, 감독해야 할 기관이나 조직이 오히려 피감독 대상의 영향력 아래 놓여 그들의 이익을 보호하거나 지원하게 되는 현상이다.(옮긴이 주)

늘날에도 신인 선수와 자유 계약 지위가 없는 선수들은 프랜차이즈의 이득에 대한 한계 기여분보다 현저히 적은 보수를 받을 수 있다(265). 스포츠 프랜차이즈는 시와 주 정부로부터 세금 감면과 보조금을 받는 경우가 많으며, 그 외에도 연방 반독점법의 법적 면제를 누린다(263). 어떤 의미에서 스타 선수들에게 지급되는 터무니없는 보수는 프랜차이즈의 엄청난 수입을 조금 더 공평하게 분배하는 방식일 뿐이다. 따라서 스포츠에서 경제적 지대 문제를 해결하려면 (다른 엔터테인먼트 산업도 마찬가지로) 잘 보이는 스타들의 급여뿐만 아니라 산업 전체를 고려해야 한다.

요약하자면, 지대는 자연과 인공적 공유부 배당의 재원을 함께 분석할 수 있는 틀을 제공한다. 그러나 이는 간단하거나 명확하지 않다. 토지, 자연 자원, 생태계 서비스와 관련된 지대는 일반적으로 사회 후생을 감소시키지 않거나 오히려 증가시키는 "좋은" 지대이다. 이러한 지대를 징수해 공유부 배당으로 재분배하는 정당성은 단순히 그것이 지대이기 때문이 아니라, 그것이 공유부이기 때문이다. 또한 사회 후생을 감소시키는 "나쁜" 지대(예: 반경쟁적, 투기적, 그리고 일부 지위적 우위 지대)도 있으며, 따라서 이러한 지대는 광범위한 배당의 재원이 될 잠재력이 있다. 일부 경우에 "나쁜" 지대를 무효화하는 최선의 방법은 그것을 징수해 배당금을 조성하는 것일 수 있지만, 다른 경우에는 처음부터 이러한 지대의 형성을 방지하는 게 최선일 수 있다. "나쁜" 경제적 지대로 자금을 조성한 배당의 자연스러운 분배 범위는 지대 축적으로 인해 피해를 입은 사람들일 것이다. 이는 대체로 국가의 모든 주민이나 납세자가 그

대상이 될 수 있다.

"나쁜" 지대를 공유부 배당의 재원으로 삼는 정당성은 본질적으로 사회적 효용에 있다. 부를 공유할 뿐만 아니라 공유로부터 징수함으로써 경제 효율성, 생산성 또는 회복력을 향상시키거나 불공정을 바로잡을 수 있다. 분명히 이러한 배당금을 조성하고 공유하는 것은 사회적으로 유익할 것이다. 그러나 몰수된 지대가 토지와 자연 자원에서 발생하는 수입과 같은 의미에서 진정한 공유부로 볼 수 있을까? 또한 이러한 배당금을 받는 것이 공공 신탁 원칙이나 노동 재산 이론에 따라 조성된 배당금을 받는 것만큼 권리로서 설득력 있게 여겨질 수 있을까? 이에 대한 판단은 독자에게 맡기겠다.

공유부의 인공적 재원

앞선 논의에서는 이미 자연에서 직접 파생되지는 않았지만 공유부 배당의 재원으로 간주될 수 있는 몇 가지 부의 후보 자원들을 살펴봤다. 이 중 금융 부문과 광고 기반 소셜 미디어 부문이 가장 유망하다고 보인다. 두 경우 모두 위에서 설명하였듯 (a) 기업들이 사회적 효용의 근거로는 정당화될 수 없는 경제적 지대를 취하고 있으며, (b) 이러한 경제적 지대는 원천에서 제거하기보다 과세를 통해 징수하는 것이 더 쉽다.

이 절에서는 인공적이거나 인공적인 요소를 명확히 포함하는 몇 가지 추가(또는 중복) 재원들을 검토하고, 공유부 배당의 후보 재원으로 적합한지 평가할 것이다. 이 재원들은 다음과 같다.

- 사회적 맥락social context이 토지 가치에 미치는 기여
- 이전 세대로부터 물려받은 문화, 과학, 기술의 공동 자산
- 우리의 집합적 사회·정치·경제 제도
- 전자기 방송 주파수
- 웹 도메인 이름을 할당하는 시스템
- 화폐 창조 시스템

이 목록은 포괄적인 것이 아니라 문헌에서 논의되었거나 특히 관심을 끄는 몇 가지 주제를 정리했을 뿐이다.

사회적 맥락이 토지 가치에 미치는 기여

첫 예는 우리가 고려해야 할 새로운 수입원이 아니라, 이미 논의된 수입원—2장에서 다룬 토지 가치—이 단순히 자연에만 기반하지 않고 인간 활동에도 의존하고 있음을 명확히 하는 것이다.

한 필지의 토지 가치는 일부 그 자체의 생물학적, 지질학적 특성(독특한 특징과 아름다움, 토양의 생산성, 상업 가치가 있는 식물과 동물의 존재, 건물을 짓거나 우물을 뚫기에 적합한지의 여부 등)에 달려 있다. 그러나 필지의 가치는 인근에서 이용할 수 있는 것, 즉 인간 활동과 제도에도 일부 의존하고 있다. 맨해튼의 잡초와 부서진 콘크리트 1에이커가 아이다호 시골의 풍요로운 토지 1에이커보다 몇 배 더 비싼 이유는 바로 인간 환경의 활기 때문이다.

우리는 일반적으로 토지 가치의 두 가지 구성 요소(자연이 기여한 부분과 사회적 맥락이 기여한 부분)를 구별하지 않는다. 그러나 우리는 조지주의자가 모든 토지(토지의 총가치)를 현장 건물과 기타 현장 개선의 가치와 구별하는 것만큼 신중하게 그 요소들을 구별할 수 있다. 한번은 엘러먼(Ellerman 1988)이 재산 가치를 세 가지 구성 요소로 나누어 취급하는 방안을 제시했다. 그에 따르면, 사회적 맥락이 기여한 가치에 기반해 지방 재산세를 부과하고(즉, 적절하게도, 공동체가 각 구성원의 재산에 더해 주는 가치에 비례해, 구성원들이 세금으로 공동체를 지원하도록 하는 방식), 자연이 기여한 가치(조지주의적 세금의 잔액)는 중앙 정부를 지원하는 데 사용하며, 건물 및 여타의 개선으로 인한 재산 가치는 과세하지 않는 것이다.

사회적 맥락은 각 개인이 노동 재산 이론에 따라 이미 보상받은 직접 기여를 넘어, 과거와 현재에 걸쳐 많은 개인들이 수행한 확산적이고 집합적이며 간접적인 기여로 생각할 수 있다. 우리는 조지주의 세금의 이 구성 요소를 정당화할 수 있는 근거로써, 확산적 기여를 향유하는 사람은 대체로 소극적 노동 재산 이론에 근거해 공동체에 비례적으로 기여해야 한다는 점을 들 수 있다. 또는 우리는 적극적 노동 재산 이론에 호소해, (행위자로 구체화된) **공동체**가 이 기여를 창출했으므로 **공동체**는 보상을 받을 자격이 있다고 말할 수도 있다.

물론 사회적 맥락에는 좋은 것goods뿐만 아니라 나쁜 것bads도 존재한다. 범죄는 교향악단이 부동산 가치를 높이는 것만큼이나 확실히 부동산 가치를 떨어뜨릴 수 있다.

문화유산

자연과 마찬가지로, 문화—문학과 음악, 예술, 우리가 축적한 과학적 지식과 기술적 노하우—도 우리의 공동 유산의 일부로 간주해야 한다(예: Andersen 1996, 227ff 참조). 하지만 이는 보편적 배당의 신뢰할 만한 재원은 아니다. 혁신이 저작권과 특허법에 의해 일정 기간 보호되는 한, 그 소득은 노동 재산 이론에 따라 개별 창작자에게 귀속된다. 이러한 재산권이 (있는 경우에) 만료되고 문화 작품이 공공 영역에 들어가면, 그것들은 본질적으로 무한한 공유가 가능해지며, 전혀 희소하지 않게 된다. 따라서 누구도 그것에 비용을 지불할 필요가 없으며, 수집하고 분배할 수 있는 소득의 흐름도 존재하지 않는다. 이는 예를 들어 인터넷의 기반을 이루는 기술과 프로토콜에도 해당한다. 이러한 것들은 창작자들이 의도적으로 공공 영역에 두었다(2003, 101ff; Flomenhoft 2017, 9394 참고).

사회·정치·경제 제도

반즈는 전직 기업가로서 적은 비용으로 기업을 설립하고, "미국인들이 여러 세대에 걸쳐 구축한 모든 법적, 금융적, 물리적 인프라와 함께 3억 명의 소비자가 있는 미국 시장에 진입할 수 있는 면허를 얻는 게 얼마나 놀라운 일인지"를 지적한다. 여기에는 '유한 책임과 영속성limited liability and perpetual life'뿐만 아니라 주 및 연방 정부에 의해 회사의 물리적, 지적, 금융적 자산을 보호받는 보장이 포함된다. 또한 반즈는 자신과 그의 파트너들이 회사를 상장했다면 '유동성 프리미엄liquidity premium'[69]을 추가로 누려 회사의 가치를 크게 높였을 것이라고 말한다(Barnes 2014, 45ff; cf. Flomenhoft 2017, 87). 그가 얻은 교훈은 일반적으로 부자가 된 사람들은 스스로 부를 축적하는 게 아니며, 그들 자체가 부의 축적을 촉진하는 사회·경제·정치 시스템에 착근되어 있다는 점이다. 어떤 의미에서 이것은 페인이 『토지 정의』에서 토지에서 다른 유형의 부로 논의를 확장하며 "개인 재산은 사회의 효과이며, 개인이 사회의 도움 없이 개인 재산을 획득하는 것은 그가 처음으로 토지를 만들기만큼이나 불가능하다"라고 선언한 주장과 매우 유사하다([1797] 1945, 620).

여기에는 분석해야 할 몇 가지 사항이 있다. 첫째, 부의 흐름을 보호하고 증대하는 공공 및 준공공 기관이 제공하는 특정 서비스를 고려할 수 있다. 잘 규제된 금융 시장은 기업에 안정적이고 공평한 유동성 공급을 보장한다. 법 집행 기관과 법원은 유형 및 지적 재산을 보호한다. 이러한 정부 서비스를 최대한 활용하는 사람들은 일반적으로 세금으로 한 기여보다 더 많은 가치를 얻는다. 그 공정성을 고려한다면 사용자 수수료나 거래 수수료와 같은 정책 구상을 제안할 수 있다. 사용자 수수료나 거래 수수료는 반즈가 제안하듯 신탁 기금에 납부해 일반 대중에게 분배할 수도 있지만(2014, 143), 이러한 수수료는 서비스를 제공하는 공공 기관의 업무를 지원하는 데 사용해야 한다는 설득력 있는 원칙적인 주장도

---

[69] 기업이 상장해 주식 시장에서 주식을 쉽게 거래할 수 있을 때, 투자자들이 추가로 지불할 의사가 있는 그 기업 주식의 가격 상승분을 의미한다.(옮긴이 주)

제기될 수 있다.

그리고 반즈(Barnes 2014, 61)가 "'전체의 부wealth of the whole'—우리 경제 자체의 규모와 시너지 효과로 추가된 가치"라고 부르는 개념이 있다. 이는 애덤 스미스의 통찰을 인용했는데, 우리가 모두 노동의 전문화와 분배에서 혜택을 얻는다는 점이다. 이는 아마도 위에서 인용한 페인의 주장과 가장 가까울 것이다. 그러나 여기서 스미스를 우리의 지침으로 삼는다면, 분배할 부의 흐름은 실제로 존재하지 않는다. 스미스의 주장은 경제의 모든 참여자가 자동적으로 노동의 전문화와 분배에서 혜택을 얻는다는 것이다([1776] 1986, 110ff). 소비자는 더 많은 다양한 상품을 더 낮은 비용으로 이용할 수 있고, 기업가와 노동자는 더 많고 다양한 생산 기회를 갖게 된다.[70]

마지막으로, 반즈는 막대한 부를 축적한 사람들이 종종 경제적 지대를 확보하기 위해 우리의 집단적 제도를 교묘히 이용한다고 지적한다(Barnes 2014, 45ff). 이는 경제적 지대를 논의하며 이미 살펴본 바와 같이 생산적인 탐구 방향이다. 막대한 부와 엄청난 이윤을 검토하는 것—즉, "돈의 흐름을 따라가는 것"—은 사회 후생에 해로운 지대의 축적을 식별하는 데 도움을 줄 수 있으며, 그중

---

70 애덤 스미스의 이 주장을 비판하는 관점은 라날리(Ranalli 2016a, b)를 참조하자. 흥미롭게도 스미스가 『국부론』에서 그의 유명한 '보이지 않는 손'의 논리를 사용하기 몇 년 전, 스미스는 이를 『도덕 감정론』에서 시험적으로 사용했는데, 그곳에서 다소 경솔하게, 그리고 조지 H. 에반스를 예견하며 다음과 같이 썼다. "부자들은 보이지 않는 손에 이끌려, 지구가 모든 주민들에게 동일한 부분으로 나누어졌을 때와 거의 동일하게 생활필수품을 분배하게 된다(Smith [1759] 1976, 304)."

에서 '원천적으로 없애는 것이 가장 잘 처리하는 방법인 지대'와 '광범위한 배당금의 자금으로 활용할 수 있는 지대'를 구분하는 데 도움을 줄 수 있다. 이는 특정 기업과 산업을 개별적으로 살펴보며 사례별로 이뤄져야 한다. 일부 개괄적인 산업 수준의 분석은 위에서 다룬 경제적 지대 논의에 포함되어 있으며, 추가적인 내용은 이어지는 여러 절에서 다룰 예정이다.

방송 주파수

방송 주파수는 한정된 자원이다. 라디오, 텔레비전, 휴대전화 신호 등을 전송하는 데 적합한 대략 3kHz~300GHz의 일정한 방송 주파수의 범위가 있다. 여러 당사자가 동시에 동일한 방송 주파수를 사용하려고 시도하고, 서로 지리상 너무 가까운 곳에 있다면 신호가 간섭을 일으킨다. 따라서 일반적으로 주파수 할당을 위해서는 일정한 권한이 필요하다는 것이 일반적으로 받아들여진다. 국제적 수준에서 이러한 권한은 국제 전기 통신 연합(International Telecommunication Union: ITU)에 있다. 대부분의 유엔 기구와 마찬가지로 ITU의 역할은 주로 조정이며, ITU헌장은 "각 국가가 통신을 규제할 수 있는 주권적 권리를 인정"하고 있다(ITU, n.d.).

각 국가는 각기 다른 목적으로 방송 주파수 대역을 다양한 사용자에게 할당한다. 일부 주파수는 텔레비전이나 라디오 방송사에, 일부는 휴대전화 서비스 제공 업체에 할당된다. 또한 일부는 군사나 법 집행, 공공 안전이나 내비게이션 용도로 예약되어 있다. 일부는 전파 천문학이나 위성 통신용으로 할당되고, 일부는 아마추어 무선을 위해 따로 할당되어 있다.

이 점에서 토지에 비유하기 쉽다. 방송 지형은 제한되어 있기 때문에 가치가 있으며, 그것은 누구도 창조하지 않았다.[71] (사실 그것은 자연 자원으로 간주될 수 있으며, 가장 완벽하게 재생시킬 수 있는 종류의 재생 가능 자연 자원이다.) 그렇다면 소극적 노동 재산 이론(negative LTP) 논리에 따르면, 정부는 해당 필지를 시장 가격으로 사용자에게 임대하고 그 수입금을 공공의 이익을 위해 사용해야 한다(반즈Barnes 2014, 145)와 플로멘호프트(Flomenhoft 2012, 99~100)의 주장처럼 배당금을 지급하는 방식이 될 수도 있다). 정부가 자원을 소유하고 민간 사용자에게 임대하는 이와 같은 제도는 2장에서 논의한 것처럼, 제임스 브론테레 오브라이언이 한때 토지에 대해 구상했던 것을 방송 주파수 영역에서 실현할 수 있다.

실제로 초창기에 미국의 규제 당국은(미국을 선구적인 예로 들면) 텔레비전과 라디오 회사에 방송 권한을 무료로 부여했다.[72] 정부는, 공공의 것인 공중파의 사용자가 '공공의 이익'을 위해 봉사해야 한다고 요구했다. 시간이 지나면서 이 요구 사항은 부분적으로 품위(예: 노출이나 욕설)에 관한 규칙으로 성문화되었고, 논란이 되는

---

71 주파수는 얼마나 대체(교환)가 가능한가? 낮은 주파수는 더 넓은 지리적 범위에서 손쉽게 방송할 수 있으며 벽과 같은 장애물을 더 잘 통과할 수 있다. 고주파는 정보를 더 조밀하게 담을 수 있으며 일반적으로 전송에 더 적은 전력을 필요로 한다. 어떤 애플리케이션은 전체 주파수 범위가 적합하지 않을 수도 있지만, 대부분은 매우 넓은 범위가 적합할 것이다.
72 미국의 무선 재산권 제도의 기원과 유럽에서 이뤄진 병행적 발전은 크루즈(Kruse 2002)를 참조하자. 또한 미국의 무선 주파수 사용과 규제에 관한 고전적인 연구로는 1971년 레빈(Levin)의 『보이지 않는 자원(The Invisible Resource)』이 있다.

공적 주제를 공평하고 균형 잡힌 방식으로 제시해 시청자와 청취자가 다양한 견해에 노출되도록 보장하는 '공정성 원칙fairness doctrine'이라는 요건도 포함되었다.

  1980년대 레이건 행정부 시절, 연방 통신 위원회(Federal Communications Commission: FCC)는 공정성 원칙을 폐지했다. 공정성 원칙을 폐지한 주된 명분은 이 원칙이 언론의 자유에 대한 수정 헌법 제1조의 권리를 침해하고, 라디오와 텔레비전 방송사에게 인쇄 언론사가 공유하지 않는 제한을 가한다는 점이었다. 라디오와 텔레비전 방송사는 공공 전파를 사용하기 때문에 추가적인 공적 책임이 있다는 반박은 당시에는 승리를 거두기에 충분하지 않았다. 공정성 원칙의 소멸은 보수적인 토크 라디오와 '충격 진행자shock jock' 프로그램의 등장으로 이어졌고, 유선 케이블 텔레비전, 인터넷, 소셜 미디어 등(명목상 방송 스펙트럼에서 독립되어 있어 FCC의 공익 요건을 적용받지 않는) 미디어의 사일로silo[73]화를 예고하는 신호탄이 되었다. 오늘날 분열된 미디어는 민주적 통치 구조에 심각한 문제를 야기하고 있다. 최근 트럼프 대통령 시절이 분명히 보여 주었듯이, 친트럼프 진영과 반트럼프 진영이 2020년 미국 대선 결과를 포함해 미국과 세계 사건을 서로 정반대되게 말하거나, 때로는 환상적인 이야기에 빠져 있었다. 그러나 이 문제를 해결하려면 방송 주파수를 사용하는 일부 미디어에 대해 공정성 원칙을 복원하는 것만으로는 부족하다. 방송 주파수 사용자가 공익을 위해 봉사하도록 보장하는 문제에서, 사용자가 공중파 사용에 대해 공공에 충분히 보상하

---

73 미사일 발사 장치를 넣어 두기 위한 지하 설비를 말한다.(옮긴이 주)

도록 하는 것이 초점이며, 이게 더 의미 있고 적절하다.

이 방향으로 가는 변화가 1980년대에 시작되었다. 휴대전화 서비스는 1984년에 처음 상업적으로 허가되었다(Rosston 2014, 222). 이 새로운 시장의 출현과 함께 라디오와 텔레비전 주파수 대역의 포화도가 증가하면서 주파수 부족 위기가 인식되었다. 이에 대응해 1983년 의회는 연방 통신 위원회(FCC)가 추첨을 통해 면허를 부여할 수 있도록 허용했다. 하지만 이는 매우 불만족스러운 해결책이었다. 많은 면허가 기술적으로 면허를 사용할 능력이 없는 당사자에게 부여되었고, 그들 중 일부는 "오로지… 더 효율적인 사용자에게 '당첨된' 주파수를 재판매해 지대를 추출하기 위해" 추첨에 참여한 투기꾼으로 밝혀졌다(Connolly et al. 2018, 6). 투기로 인한 스캔들과 함께 합법적인 방송사들조차도 비용을 지불하지 않고 귀중한 면허를 무상으로 받고 있었다는 점을 알게 되면서 변화의 요구가 커졌다. 연방 통신 위원회는 새로운 주파수 할당에 경매 방식을 도입하는 방향으로 나아갔다. 1994년에 열린 첫 번째 경매에서 연방 통신 위원회는 6억 1,700만 달러를 벌어들였다(Christopher 2016). 이후 다른 규제 기관들도 채택하고 변형한 경매 모델은 전 세계적으로 주파수 사용자들로부터 2,000억 달러 이상의 공공 기금을 모으는 데 사용되었다(Christopher 2016).

이후 수십 년 동안 주파수 수요가 증가하고 이를 수용하기 위한 규제 당국의 혁신이 계속되었으며, 주파수 사용자들이 적은 비용으로 더 많은 일을 할 수 있게 하는 기술적 진보가 이뤄졌다. 이번 세기 두 번째 10년 동안, 연방 통신 위원회는 UHF 텔레비전 방송

사들을 주파수의 좁은 구간에 더 압축적으로 '재포장repack'해 확보된 주파수를 새로운 용도로 경매에 부치는 작업을 수행했다(주로 휴대전화 서비스용). 이러한 재포장은 텔레비전 신호의 인코딩 방식을 아날로그에서 보다 효율적인 디지털 인코딩으로 전환함으로써 가능해졌다. 또한 이 재포장은 연방 통신 위원회가 처음으로 실시한 '역경매reverse auction'에 의존했는데, 이 경매에서 정부는 텔레비전 방송국에 자발적으로 대역폭을 양보하는 대가로 금액을 지불했다. 최근에는 연방 통신 위원회가 여러 계층의 사용자가 단일 대역폭을 공유할 수 있는 라이센스 모델(CBRS 대역, 이른바 시민 광대역 무선 서비스Citizens broadband Radio Service)을 도입하고 있으며 각 계층에 할당된 사용 권한의 우선순위에 따라 가격이 책정된다.

    더 발전된 기술로는 **인지 라디오**cognitive radio가 있다. 이는 트래픽을 모니터링하고 간섭이 최소화될 수 있는 주파수 대역을 찾아 신호를 자동으로 이동시키는 송수신 장치를 사용한다. 인지 라디오의 기술적 요구 사항은 전통적인 수신기나 송신기의 회로 하드웨어를 디지털로 시뮬레이션하는 **소프트웨어 정의 라디오**software-defined radio의 유연성을 통해 달성할 수 있다. 인지 라디오는 마치 자율 주행 자동차처럼 도로 규칙을 준수하도록 프로그래밍된 '스마트' 장치들이 규제 당국의 방송 주파수 할당을 필요 없게 하는 방송 주파수의 미래 비전을 열고 있다. 이러한 진보는 심지어 주파수 희소성이라는 개념 자체에 의문을 제기하기도 한다. 적절한 기술과 함께 인위적인 희소성을 조장하는 규제의 해체가 이뤄진다면(예를 들어, 해즐레트Hazlett는 FCC가 처음부터 새로운 경쟁을 억제하려는 기존 방송사들에게 '포획되었다'고 주장한다. Hazlett 1997), 우리는 희소성이 아닌 풍요로움이 특징인 새로운 패러다임의 주파수 사용으로 진입할 수 있다(Werbach 2002; Ryan 2005). 이 관점에서 주파수를 지배하는 은유는 아마도 희소성을 암시하는 토지가 아니라, "이론적으로 무한한" 공기(Goodman 2004, 272)나 "너무 넓어서 분할할 필요가 없는" 바다(The Economist 2003; cf. Werbach 2002, 2)여야 할 것이다.

기술 발전과 더불어 넉넉한 간격의 블록과 대역으로, 주파수를 할당하는 규제 기관의 기존 접근 방식을 넘어서기만 해도 주파수 사용의 효율성이 급격히 향상된다면, 우리에게 새로운 패러다임이 필요할 것 같지는 않다. 스펙트럼을 아무리 세분화하고 효율적으로 사용하더라도, 주파수는 여전히 유한한 자원으로 남을 것이다. 기술이 발전하고 주파수 할당/배분의 효율성이 향상됨에 따라, 가격이 낮아지면 수요는 분명 증가한다. 주파수 희소성(물리적 희소성과 경제적 희소성 모두)이 항상 우리와 함께한다는 가정이 합리적이다(Gaffney 2009, 359~360 참조).

그러나 위에서 제안된 대안적 은유 역시 진정한 대안 패러다임을 제공하지는 못한다. 공기와 바다는 무한한 풍요를 떠올리게 하지만, 과거에는 토지 역시 그렇게 여겨진 바 있다(2장에서 한 논의처럼 겉보기에 무한했던 북아메리카의 풍요가 그 예이다). 그리고 우리는 지금 대기와 해양에도 한계가 있음을 아주 잘 알고 있다(특히 4장에서 논의한 탄소 흡수원으로서 가진 한계). 따라서 주파수는 향후에도 시장 가치를 가질 것으로 예상된다. 그렇다면 공공을 위해 지대는 어떻게 징수할 수 있을까?

우선 실제 측면에서 우리는 대규모 주파수 경매가 계속되리라고 예상할 수 있다. 주파수 공유를 가능하게 하는 기술 발전에도 불구하고, 규제 당국은 적어도 일부 주파수를 대규모의 독점적(또는 거의 독점적인) 블록으로 할당할 가능성이 크다. 신뢰할 수 있는 전화 서비스와 고화질 TV 방송을 기대하는 대규모 고객 기반을 가진 대기업들은 독점적으로 사용할 대규모 주파수 블록을 임대하기를 고집할 것이며, 이에 대한 프리미엄을 지불할 의향이 있을 것이다. 또한 규제 당국이 급변하는 기술에 적응해서 일부 대역을 '밴드 매니저band manager' 라이선스 소지자에게 경매나 임대로 넘기고, 그들에게 해당 주파수 부분을 가장 적합한 방식으로 나누고 재임대할 권한을 전부 줄 수도 있다(Hazlett 2001, 140). (역사적으로 FCC는 특정 대역의 승인된 용도를 엄격히 통제해 왔으며, 최근에 와서야 라이선스 소지자에게 더 많은 재량권을 부여하기 시작했다.)

소규모 상업용 주파수 사용자는 경매를 통해 권리를 구매하거나(우선순위 계층에서 공유 사용 가능), 상업용 대역 관리자로부터 대역폭을 재임대할 수 있다. 그러나 인지 라디오 방식은 대역폭을 판매하거나 임대하는 게 그다지 실용적이지 않을 것이다. 왜냐하면 인지 라디오에는 각각 다양한 대역폭에서 작동하는 많은 독립적인 행위자가 관여하기 때문이다. 인지 라디오가 다른 주파수 트래픽에 영향을 미칠 만큼 충분히 큰 상업적 틈새시장을 개발한다면, 그러한 사용을 화폐 수익화monetize하는 가장 합리적인(아직은 거친) 방법은 관련 장비/소프트웨어 판매에 관세나 세금을 부과하는 것일 수 있다. 이론적으로는, 와이파이, 블루투스, 차고 문 개폐기나 원격 제어 장치와 같은 '비면허' 주파수 사용에도 동일한 방법을 적용할 수 있다. 이러한 사용은 특별히 예약된 주파수 대역 내에서 제한적으로 허용된다. 비면허 사용의 조건 중 하나는 전파의 전달이 매우 좁은 공간 범위 내에서 이뤄져야 한다는 점이며(대부분의 응용 프로그램이 '가정용' 응용 프로그램임), 간섭 우려는 거의 없다. 그러나 비면허 대역이 혼잡해지고 화폐 수익화가 필요해진다면, 장비에 추가 요금을 부과하는 게 가장 쉬운 방법일 수 있다.

현재, 정부나 연구 분야 등 비상업적 주파수 사용에는 일반적으로 금전적 대가를 지불하지 않는다. 따라서 이러한 사용은 사실상 보조금을 받는 셈이다. 공공 부문 활동에 보조금을 지급하는 것은 소극적 노동 재산 이론 원칙의 정신에 위배되지 않는다. 그러나 주파수 사용에 보조금을 지급하는 것은 경제적 비효율을 초래한다. 미국의 군사나 기타 정부 기관들은 상업용 대역폭을 늘리기 위해 수년간 주파수 할당을 절약할 방안을 모색하라는 압박을 받아왔다(Serbu 2014). 정부 기관의 주파수 사용에 가격을 매기면 의사 결정자들이 시장의 힘을 활용해 가장 효율적인 해결책을 더 쉽게 찾을 수 있게 된다. 연구자, 지역 경찰, 응급 구조대 등 연방 정부 이외의 비상업적 사용자로부터 시장 가격으로 대금을 받는 게 더 어려울 수 있지만, 이러한 전환을 관리할 수 있다면 그렇게 해도 분명히 효율을 높일 것이다(Hazlett 2001, 178ff).

요약하자면, 방송 주파수는 보편적 배당을 위한 중요한 재원이 될 수 있다. 우리는 주파수 사용권usage rights을 수익화해 사용자가 그로부터 나오는 지대 가치를 갖게 하는 게 아니라 지대를 징수하는 방향으로 천천히 나아가고 있다. 이 추세가 계속됨에 따라 대중이 활용할 여지가 있는 자금의 양은 늘어날 것이다. 대기업 사용자(특히 라디오, 텔레비전, 무선 전화)를 대상으로 하는 경매는 계속해서 가장 큰 재원이겠지만, 정부나 기타 비상업적 사용자로부터의 공정한 시장 가치 보상, 소규모 사용자로부터의 장비 수수료 등의 다른 재원도 활용할 여지가 있다.

웹 도메인 이름

가장 유명한 최상위 도메인(.com, .org, .net)의 경우에 도메인 이름의 등록을 유지하는 책임은 2002년에 베리사인Verisign이 인수하기 전까지 NSI(Network Solutions Inc.)로 알려진 한 회사에 있었다(CNET 2002). NSI/베리사인은 미국 상무부와 국제 인터넷 주소 관리 기구(Internet Corporation for Assigned Names and Numbers: ICANN)의 감독하에 등록소 관리자 역할을 수행했다. 상무부와 NSI/베리사인 간의 협정에 따라 이 회사가 도메인 이름의 연간 등록에 대해 청구할 수 있는 가격이 정해진다. 1998~1999년에는 등록 기관의 역할이 NSI의 등록소 관리자 역할에서 분리되었다(ICANN 2012). 오늘날에는 여러 회사들이 ICANN으로 알려진 인터넷 주소 관리 기관이 관리하는 시장에서 고객에게 줄 도메인 이름을 등록하기 위해 서로 경쟁하고 있으며, 종종 그 서비스와 다른 서비스들을 패키지로 제공하기도 한다.

시간이 지나면서 도메인 이름에 대한 시장이 형성되었고, 이 시장에 사실상 모든 기업과 조직, 정부 그리고 많은 개인들이 참여하게 되면서, 도메인 이름은 부동산과 비슷한 명성을 얻게 되었다. 이제 도메인 이름은 단순한 사업 도구가 아니라 그 가치가 상승할 수 있는 투자 자산이기도 하다. 투기자들은 나중에 더 높은 가격에 "되팔기flipping"위해 도메인 이름을 구매하기도 한다(Flomenhoft 2017, 91).

상무부와 ICANN은 등록 기관을 위한 경쟁 시장을 조성하고 NSI/베리사인을 공익사업체처럼 규제해, 등록 관리자라는 불가피한 독점적 기능을 수행하게 함으로써 행정 시스템에서 경제적 지대를 억제하는 적절한 조치를 취한 것으로 보인다. 그러나 도메인 이름 시장은 투기의 존재에서 알 수 있듯이 여전히 경제적 지대의 장이다. 문자와 숫자로 이뤄진 문자열 자체는 토지와 마찬가지로 시장 가치가 있는 한정된 자원으로, 누구도 만들 수 없고 따라서 노동 재산 이론을 근거로 누구에게도 귀속될 수 없다.[74] 문자열의 가치는 길이에 따라 다를 수 있으며(짧은 도메인 이름이 일반적으로 더 가치가 있음), 문자와 숫자의 조합이 의미 있는 조합을 이루는 정도에 따라 달라질 수 있다. 이는 토지가 위치와 자연적 특성에 따

---

[74] 도메인 이름은 정말 제한된 원천인가? 도메인 이름은 253자로 제한되어 있고, 문자열의 마지막 문자는 공인된 최상위 도메인(TLD)을 배치해야 하며, 현재 이런 최상위 도메인은 천 개가 넘는다. 따라서 합법적인 도메인 이름의 수는 한정돼 있지만 그 규모는 매우 방대하다. 또한 규칙이 변경되면 그 수가 늘거나 줄어들 수 있다. 도메인 이름에 시장 가치가 생기는 이유는 절대적인 희소성이 아니라 유용한(짧고 의미 있는) 도메인 이름의 희소성에서 비롯된다. 대략 비유하자면 은하계(육지 행성, 소행성 등)에 있는 '땅'의 양은 유한하지만 사실상 무한히 크다. 땅의 시장 가치는 위치나 여러 특성 때문에 잠재 사용자가 실용적이고 매력으로 보는 한정된 양의 땅에 의해 결정된다.

라 더 가치 있거나 덜 가치 있을 수 있는 것과 같다. 도메인 이름의 가치는 또한 소유자가 이를 어떻게 사용하는지에 따라 달라지며, 이는 개간으로 토지의 가치를 증대시키는 것과 유사하다. (예를 들어, 'Amazon.com' 도메인은 문자가 인식 가능한 단어를 형성하기 때문에 'Anzmao.com'보다 고유 가치가 높지만 'Amazon.com'이라는 도메인 이름의 가치 중 더 큰 부분은 그 기반이 되는 비즈니스의 브랜드 인지도이다.) 토지와의 비유는 여기까지만 가능하다. 도메인 이름은 토지에 비해 대체 가능성이 훨씬 낮다. 즉, 토지는 다양한 소유자가 다양한 용도로 사용할 수 있지만, 일반적인 도메인 이름은 좁은 범위의 소유자, 심지어는 한 명의 소유자만 관심을 갖고 사용할 수 있는 경우도 많다. 도메인 이름은 시장 가격을 형성할 수 있는 임대 시장의 범위가 거의 없다. 중재자가 (타당한 이유가 있는) 도메인 이름, 상표나 저작권과 일치하는 도메인 이름에 대한 당사자의 권리를 인정하면 시장은 완전히 사라진다.

그렇다면 도메인 이름 시장에서 경제적 지대를 억제하기 위한 적절한 조치는 무엇일까? 한 가지 가능성은 행정 등록 수수료 외에, 제한된 공동 자원의 독점적 사용에 대해 모든 도메인 소유자에게 소액의 연간 수수료를 부과하는 것이다. 그러나 도메인 이름은 토지보다 대체하려 하지 않는다는 사실—나는 아마도 당신의 도메인 이름을 거의 사용하지 않겠지만, 원칙적으로는 당신의 토지를 어느 정도 사용할 수 있을 것이다.—때문에 이 방법은 설득력이 떨어진다. 더 유용한 방법은 투기의 원천을 추적해 근절하는 것이다. 투기는 새로운 최상위 도메인(Top-Level Domain: TLD)이 도입될 때(.info 혹은 .biz 같이) 발생한다. 특히 기회주의자들이 가장 짧고 시장성 있는 도메인 이름을 사들여 되팔기 위한 목적으로 확보하거나, '클릭당 지불' 광고를 배열해 실수로 들어오는 트래픽을 착취하려고 시도할 때 발생한다. 또한 투기는 도메인 이름이 만료될 때 마치 쓰레기 더미를 뒤지는 사람처럼 이를 다시 확보한 자들이 마찬가지로 되팔기 위한 목적으로, 심지어 원래 소유자에게 높은 가격으로 되팔기 위해 사용하거나, 광고 함정을 설치하려고 할 때도 발생한다. 그래서 ICANN은 투기 활동을 억제하기 위해 몇 가지 조치를 취했다. 특히 등록자가 대량의 도메인을 등록해 상업적 가능성을 테스트한 후 비용을 물지 않고 반환하는 걸 허용하던 '유예 기간' 정책을 변경해서 투기를 억제하려 했다(ICANN 2009). 다른 가능한 조치로는 투기자들이 가장 선호하는 종류의 도메인 이름(짧고, 의미가 있으며, 상표 충돌이 없는 것)을 경매를 통해 할당하는 방법이 있다. 이렇게 하면 시장 가치를 공공 목적으로 포착할 수 있으며, 이를 공유부의 배당금으로 사용할 수 있다.

화폐 창조

은행 시스템은, 전반적으로 금융 부문과 마찬가지로, 경제적 지대로 가득하다. 이윤은 은행 운영과 관련된 실제적인 사업 위험에 비례하는 정도를 훨씬 넘어서는 일이 자주 있다(예: Lifschutz 2019). (미국의 상황을 예로 들어 보겠다. 미국 연방 예금 보험 공사(FDIC)는 개인 예금자를 보험으로 보장함으로써 은행 파산의 위험을 실질적으로 없애 버렸다. 그리고 연방 준비 제도Federal Reserve system는 모든 은행이 미결제 대출에 비례해 준비금을 보유하도록 하고 은행 부문에 유동성을 공급함으로써 건전한 은행과 건전하지 않은 은행 모두 주기적으로 붕괴되곤 했던 시스템 리스크를 크게 줄였다.) 그러나 은행 부문은, 더 정확하게 말하자면, 화폐 시스템은 일반적인 경제적 지대와는 상당히 다른 맥락에 있지만, 보편적 배당의 또 다른 원천이 될 수 있는 대상이다.

현대 경제는 화폐가 경제 규모에 비례해서 공급되도록 뒷받침될 때 디플레이션과 하이퍼-인플레이션을 피할 수 있다. (즉, 화폐 공급을 수요에 맞게 조절함으로써 통화의 가격을 안정적으로 유지한다.) 따라서 화폐는 주기적으로 창조되어야 하고 때로는 소멸되어야 한다. 화폐는 두 가지 방식으로 창조될 수 있다. 지출을 통해서 창조되거나 대출을 통해 창조된다. 은행과 신용조합이 가계, 기업, 정부에 주는 대출이야말로 화폐 창조의 주된 원인이다.[75] 때때로 정부 자신이 직접 적은 양의 화폐를 지출해서 경제 순환에 넣는다. (미국에서는 1860년대부터 연방 재무부가 제한된 양의 지폐, 즉 "미국 지폐United States Notes"를 순환에 투입했지만 1971년부터는 주화만 유통시키고 있다.) 화폐 공급을 조절하는 임무를 맡은 연방 준비 제도와 같은 중앙은행은 이 둘을 모두 수행한다. 아울러 다른 금융 기관과 정부에 돈을 빌려주기도 한다. (연준(Fed)은 공적 임무에 따라 매년 연말에 대출을 통해 얻은 이자를 미국 정부에 환급한다.) 또한 새로운 화폐를 사용해 공개 시장에서

---

75 이 점을 분명히 말씀드리자면, 현대 은행은 대출을 실행할 때 일반인들이 흔히 생각하듯 돈을 한 곳에서 다른 곳으로 옮기지 않는다. 은행은 예금 계좌에 이전에는 존재하지 않았던 돈을 입금한다. 새로 생성된 화폐는 화폐를 발행하는 정부의 전적인 믿음과 신용이 뒷받침되기 때문에 은행은 본질적으로 공적인 기능을 수행하고 있다.

금융 자산(일반적으로 국채와 같은 정부 채무 상품)을 매입함으로써 화폐를 공급하기도 한다. 중앙은행은 화폐를 없애야 할 때 이러한 자산을 재판매해 경제에서 화폐를 빼낼 수 있다. 중앙은행은 또한 단순히 정부 당좌 계좌에 새 돈을 입금함으로써 돈을 창조할 수 있다(또는 더 정확히는 그 지출을 촉진할 수 있다).

민간 은행의 대출이 화폐 공급에 크게 역할하게 하는 체제는 몇 가지 위험이 따른다. 예를 들어 변동성volatility을 불러올 수 있다. IMF의 한 보고서가 지적했듯이, "은행의 신용 확대 의사에 갑작스러운 변화가 생기면 신용 붐이나 파산뿐만 아니라 즉각적인 화폐의 과잉 또는 부족이 일어날 수 있다"(Benes and Kumhof 2012, 6). 이로 인해 중앙은행은 너무 자주 위기 관리의 상황에 놓이게 된다. 1930년대에 고안되어 광범위하게 연구되었지만 아직 실행되지 않은 이른바 시카고 계획Chicago Plan을 비롯한 몇몇 제안들이 있다. 이는 100% 준비금 요건을 도입하고 민간 은행의 화폐 창조 권한을 폐지해, 민간 은행이 본인 명의로 보유한 유동 자산liquid assets으로만 대출하게 하자는 제안이다. 이는 개인이 돈을 빌려주는 방식과 같으며, 은행은 이미 그렇게 하고 있다고 다들 오해하는 방식에 가깝다(Benes and Kumhof 2012). 민간 은행은 여전히 예금 관리, 대출 신청자 심사, 결제 서비스 제공 등 자신들이 가장 잘하는 일을 하고 있을 것이다. 또한 이들은 중앙은행으로부터 자체적으로 대출을 받아 (돈을 창조하는) 대출 활동을 자유롭게 확장할 수 있다.

물론 중앙은행은 막강하고 독점적인 권한, 기술 관료적 엘리트주의로 인식되는 점, 책임감이 부족해 보이는 점 등으로 인해 대중의 불신을 자주 불러일으킨다. 그리고 선출된 정부 관리들에게 화폐 발행을 맡기는 주요 대안은 무분별한 지출과 하이퍼-인플레이션을 불러올 수 있는 것처럼 보인다.[76] 사실 미국의 독립 전쟁 이전에 영국의 아메리카 식민지에서 발행된 매우 성공적인 스크립 통화scrip currencies와 1860년대 연방의 전쟁 자금을 조달한 '그린백greenbacks'을 포함해 정부가 직접 돈을 찍어 내는 '포지티브 머니positive money'[77]의 풍부하고 용기를 북돋우는 역사가 존재한다(Brown 2008, 81ff). 로버트 호켓Robert Hockett과 제임스 아론Aaron James는 2020년 저서 『무에서 나오는 화폐Money from Nothing』에서 "왜 우리는 부채에 대한 걱정을 멈추고 연방 준비 제도를 사랑하는 법을 배워야 하는가"라는 부제를 달고, 중앙은행은 전반적으로 우리에게 유익하고 공익적으로 봉사하는 기관이며, 그 사명이 확대된다면 사회 전체를 위해 더욱 많은 역할을 할 수 있다고 주장한다. 궁극적으로 화폐 공급을 관리하는 데에는 여러 가지 유효한 방법이 있지만, 중요한 것은 화폐 공급은 관리되어야 한다는 점이

---

76 물론 다양한 유형의 지역 화폐와 같은 다른 대안이 많다(예: Hallsmith and Leitaer 2011 참조). 이 대안들은 특정한 틈새를 메우는 데 쓸모가 있다. 하지만 널리 유통되는 정부 보증 화폐(government-backed-currencies)를 원하는 수요가 부족할 리 없다는 바로 그 이유 때문에 지역 화폐는 '보완 화폐(compleméntary currencies)'로 알려져 있다.
77 현 화폐 시스템에서 거의 모든 화폐는 중앙은행이 경제 내의 자산(국채 등)을 매입하는 방식으로 경제 순환에 투입된다. 이를 달리 말하면 자산을 담보로 중앙은행이 화폐를 빌려주는 것과 마찬가지이다. 그래서 지폐로 불리는 은행권은 중앙은행의 부채이다. 이런 현대의 화폐는 부채 기반 화폐(debt-based money)이다. 이에 반해 정부가 화폐를 창조해 지출로써 경제에 공급하면 그 화폐는 어느 누구의 부채도 아닌 화폐(debt free money)이며, 그런 맥락에서 포지티브 머니(positive money)라고도 한다.(옮긴이 주)

다. 역사적 기록에 따르면 대용 화폐를 발행하는 정부이든 공적 임무를 가진 중앙은행이든 기타 다른 제도이든 화폐 공급을 적극적으로 관리한 사회는 안정적인 통화를 누리는 경향이 있었고, 반면에 민간 대출 기관이 난립하도록 방치한 사회는 그렇지 않았다(Benes and Kumhof 2012, 12~17).[78]

민간 대출 대 화폐 공급의 공공 관리라는 문제를 넘어 대출 lending 대 지출spending이라는 보다 일반적인 문제로 넘어가면, 현재 우리가 계속 확대되는 대출에 과도하게 의존하는 것은 건전하지 않음을 알게 된다. 대출은 경제에 부채 부담을 가중시켜 경제의 회복력을 떨어뜨린다(경제 충격이 더 많은 파산을 초래할 가능성이 높다는 점에서 그러하다). 더욱이 대출이 지속적으로 확대될 경우, 우리는 불필요하거나 환경에 악영향을 끼치는 경제활동, 나아가 인간의 건강과 복지에 해로운 경제활동을 계속 확대하도록 사실상 강요받게 된다(Positive Money 2018).

화폐는 때때로 지출을 통해 경제에 투입되기도 한다. 그렇다면 우리가 앞으로 대출보다는 지출에 더 많이 의존해야 한다고 이해할 경우, 한 가지 질문이 제기된다. 그러한 지출의 일부를 가계가

---

78 베네스와 쿰호프는 다음과 같이 말한다(Benes and Kumhof 2012, 16). "물론 역사적으로 정부가 발행한 통화가 높은 인플레이션으로 인해 붕괴된 사례는 있었다. 그러나 이러한 에피소드에서 얻은 교훈은 너무나 명백하고 정부가 통화 통제를 행사했다는 사실과 관련이 없으므로 여기서 언급할 필요가 없다. 교훈은 다음과 같다. 첫째, 유죄 판결을 받은 살인자나 도박꾼 또는 이와 유사한 인물을 통화 시스템의 책임자로 두지 말 것(프랑스의 1717~1720년 존 로(John Law) 에피소드). 둘째, 전쟁을 시작하지 말고, 전쟁을 시작했다면 패하지 말 것(전쟁, 특히 패전은 통화 통제권을 정부가 행사하든 민간이 행사하든 상관없이 모든 통화를 파괴할 수 있다)."

담당할 수 있는가 혹은 담당해야만 하는가? 존 메이너드 케인스와 밀턴 프리드먼Milton Friedman을 비롯한 경제학자들은 새로운 화폐를 경제에 투입하는 한 가지 유효한 방법으로, 적어도 이론상으로는 광범위한 분배 방식을 오래전부터 인정해 왔다(Jackson 2013, 45ff). 최근의 사건들은 이러한 논의를 더욱 확대하여 주류 담론으로 끌어올리고 있다.

우선 2008년의 금융 위기 대응이 있었다. 금융 부문이 붕괴 직전(즉, 금융 기관이 회수 불가능한 서브프라임 모기지와 기타 부채에 시달려 다른 당사자에게 상환할 수 없는 상황)에 처했을 때 중앙은행은 '양적 완화quantitative easing' 또는 QE로 알려진 절차를 통해서 새로 만든 화폐로 이러한 기관이 보유한 수십억 달러의 '문제 자산troubled assets'과 기타 부채 상품을 매입했다. 그리고 이후 몇 년 동안 그들은 은행이 새로운 대출을 더 쉽게 실행하도록 해 경제를 활성화한다는 의도로 은행으로부터 더 많은 부채 수단을 계속 사들였다. 화폐를 새롭게 창조하는 이 방식은 널리 알려졌고, 당국이 그 화폐를 어떤 방식으로 사용했는지에 대한 비판이 일어났다. 이른바 모두를 위한 양적 완화(QE for the people)의 주창자들은 새로 만든 돈을 어려움을 겪고 있는 주택 소유자를 구제하는 데 사용할 수 있었음에도 왜 은행 구제와 안정에 사용했는지 물었다(예: Blyth et al. 2015). 은행 구제가 주택 구입 대출mortgages에서 '자산 가치가 잠식된' 주택의 소유자를 직접 돕지는 않는다. 반면, 주택 구입 대출로 곤경에 처한 주택 소유자를 돕는 것은 동시에 은행을 안정화할 수 있는 방법이다. 또한 중앙은행가들이 헬리콥터에서 현금 뭉치를 떨어뜨리는 이미지를 연상시키는, 밀턴 프리드먼의 유명한 사고 실험(1969)의 이름을 따서 '헬리콥터 머니Helicopter Money'로 불리는 방식은, 새로 만들어진 돈을 일반 사람들이 지출하도록 하자는 것이다. 이는 대출과 차입을 더 장려하기보다, 부채에 허덕이는 경제를 활성화시키는 훨씬 나은 방법일 수 있다(Jackson 2013).

둘째로, 최근 몇 년 동안 이례적으로 낮은 인플레이션(인플레이션이란 시간이 지남에 따라 물가가 상승하는 현상)이 오랜 기간 지속되었다. 중앙은행은 보통 인플레이션율을 낮고 안정적으로 유지하는 걸 목표로 하며, 연방 준비 제도는 현재 연간 인플레이션율 2%를 목표로 삼고 있다. 인플레이션이 목표 수준 아래로 떨어지면 경제가 디플레이션 영역(물가가 하락하는 경향이 있는 상태. 이는 높은 인플레이션보다 더 심각한 문제일 수 있음)에 빠질 위험이 있다. 중앙은행이 인플레이션을 조절하는 주요 도구 중 하나가 단기 금리를 조작하는 방법이다. 금리를 인하하면 대출이 촉진되어 통화 공급이 증가하고, 이는 인플레이션을 상승시키는 역할을 한다(반대로 금리를 인상하면 인플레이션을 하락시키는 역할을 한다). 하지만 중앙은행이 기준 금리를 0까지 낮춰도 낮은 인플레이션이 지속되면, 다른 비통상적인 unconventional 방법을 찾아야 한다. 이 중 일부는 지출을 통해 통화 공급을 증가시키는 방식을 포함한다.

2006년부터 2014년까지 연방 준비 제도 의장을 지낸 벤 버냉키 Ben Bernanke는 이 주제를 탐구하는 세간의 이목을 끈 연설과 저술로 인해 헬리콥터 벤Helicopter Ben이라는 별명을 얻었다. 이러한 연설과 저술에서 그는 디스인플레이션disinflation[79]과 싸우기 위해 새로운 돈을 경제에 투입하는 여러 방법을 자세히 설명하고 있다.

1. 버냉키는 프리드먼의 발언을 상기시키며, '인쇄기를 돌리는' 선택지, 정부가 단순히 돈—즉, 앞서 우리가 '포지티브 머니'라고 정의한 것—을 창조하고 지출하거나 분배하는 방식이 디플레이션을 퇴치하는 (실행 가능하지만 다소 거친) 안전장치를 제공한다고 주장한다(Bernanke 2002).
2. 대안적으로, 중앙은행이 돈을 창조해 사람들에게 직접 분배할 수도 있다. 버냉키는 이 방식이 기술적으로는 통화 공급을 확대하는 다른 방법들만큼 효과가 있다고 언급하지만(Bernanke 2016), 미국에서는 이 방법이 연방 준비 제도의 임무 범위를 넘어선다고 본다. 버냉키는 돈이 어떻게 지출되고 분배되는지는 의회가 결정해야 한다고 생각한다. 연준이 버냉키의 감독하에 양적 완화(QE)를 시행할 때 이미 민간 부문에 광범위하게 개입해 어떤 종류의 자산을 구매하고 어떤 종류의 기관이 직접 지원을 받을지를 결정했다는 사실을 고려할 때, 이는 이상하리만큼 사소한 문제처럼 보인다. 호켓과 제임스(Hockett and James 2020)는 이와 관련해 적극적인 연방 준비 제도의 역할을 인식한다. 즉, 모든 미국 시민 또는 거주자는 연준에 당좌 계좌를 가질 수 있으며, 연준이 통화 공급을 확대할 필요가 있다고 판단할 때마다 그 계

---

[79] 인플레이션율이 감소하는 현상을 의미한다. 즉, 물가 상승 속도가 둔화됨을 말한다.(옮긴이 주)

좌에 새로운 돈을 입금할 수 있다.

3. 버냉키는 중앙은행과 정부 간의 협업을 포함하는 해결책을 선호한다. 그 원형이 화폐 창조로 조달된 감세money-financed tax cut이다(Bernanke 2002, 2003, 2016). 정부는 감세를 통해 (또는 다른 수단으로—예를 들어 가계에 이전 지급transfer payment이나 화폐의 직접 지출을 통해) 경제에 돈을 투입한다. 이에 대응해 중앙은행은 새로운 돈으로 동일한 금액의 정부 부채를 매입해 그 같은 이전(또는 지출)에 자금을 조달finance한다. 이 선택지는 정부의 부채를 증가시키지만, 버냉키는 일종의 신사협정에 따라 중앙은행에 대한 부채는 결코 상환되지 않고, 만기가 될 때마다 새로운 채권으로 대체된다고 가정하는 것 같다. 그는 다음과 같이 기술했다. "재무부는 1,000억 달러의 부채를 발행할 수 있으며, 연준은 이를 무기한으로 매입하고 보유하며, 받은 이자를 재무부에 반환한다(Bernanke 2016)." 버냉키는 특히 수십 년 동안 디플레이션으로 고군분투해 온 일본을 위해 이 유형의 운영을 추천했다(Bernanke 2003, 18).

4. 더욱 세련된 방식은 부채가 아예 없다. "연준이 재무부의 중앙은행 '당좌 계좌'에 1,000억 달러를 입금하고, 그 자금을 새로운 지출 또는 세금 환급에 쓰게 한다(Bernanke 2016)." 이는 선택지 2번과 유사하지만, 새로운 돈을 어떻게 분배하고 지출할지 결정하는 데 중앙은행이 스스로 거리를 두고 떨어져 있음으로써 버냉키의 우려를 해소한다. 버냉키의 생각으로는, 권력 분립 측면에서 의회가 연준에게 재무부를 위해 특별한 당좌 계좌를 만들

도록 승인하는 설정이 이상적이었다. 이 계좌는 평상시에는 비어 있지만, 연준은 통화 당국으로서 가진 재량에 따라 경제에 돈을 투입해야 한다고 판단할 때 계좌에 돈을 창조할 수 있다. 그런 다음 의회와 재무부는 계좌를 인출할지 여부, 얼마를 인출할지, 그리고 돈을 어떻게 사용하거나 분배할지를 독립적으로 결정하면 된다(Bernanke 2016).

마지막으로, 최근 COVID-19 팬데믹을 계기로 각국 정부는 경제 침체를 막기 위해 앞다투어 특단의 조치를 취하고 있다.

이러한 조치에는 가계에 주는 이전 지급이 포함되었으며, 이는 사람들이 기본적인 필요를 충족하고 소비 지출을 증가시키기 위함이다. 미국에서는 이러한 이전 지급이 위에서 설명한 어떤 화폐 창조 전략도 사용하지 않고 단순히 정부 차입으로 재원을 조달한 것으로 보인다. 그럼에도 불구하고, 이러한 조치는 가계에 주는 이전 지급의 전례를 세우고 분배 메커니즘의 실행 가능성feasibility을 입증하며, 사회 과학자들이 광범위한 이전 지급의 거시 경제적 효과와 기타 효과를 연구할 수 있게 해 줄 것이다.

따라서 우리는 보편적 배당을 전적으로 독자적인sui generis 추가적 재원으로서 통화 정책의 한 축으로 고려할 수 있다. 위기 상황이든 일상의 과제이든, 정책 입안자들이 통화 공급의 확대가 필요하다고 판단할 경우, 보편적 배당은 그 목표를 실현하는 하나의 수단이 될 수 있다. 배당금은 수표나 전자 이체로 분배될 수도 있고, 심지어 중앙은행의 개인 당좌 계좌에 입금될 수도 있다. 대출 확대를 위해 금리 인하하기(통화 공급을 증가시키는 통상적인 방법)의 대안으로서, 새로 창조된 돈을 정부나 중앙은행이 단순히 지출하는 것의 대안으로서, 심지어 감세의 대안으로서 보편적 배당금을 분배하는 것은 몇 가지 뚜렷한 이점이 있다. 첫째, 위기 상황에서 가계를 즉각적으로 도울 수 있다. 둘째, 부채를 동시에 늘리지 않으면서 통화 공급을 늘릴 수 있다. 셋째, 정부 기관이나 중앙은행이 어떤 기업이나 개인을 선택적으로 지원하는 것보다 훨씬 더 공정하다. 마지막으로, 저소득층과 중산층에게 돈을 제공함으로써 경제를 활성화하는 데 도움이 될 수 있다(반면 감세는 부유한 계층에게 편중되게 유리할 수 있으며, 이들은 돈을 지출하기보다는 저축하거나 주식과 기타 자산의 가격을 올릴 가능성이 더 클 수 있다).

주류 경제학자들이 보편적 배당을 정규적인 통화 정책 도구의 일부로 삼는 착상에 서서히 익숙해지고 있는 동안, 다른 그룹들이 이를 오랫동안 옹호해 왔다는 점을 주목해야 한다. 20세기 초 메이저 더글러스Major C.H. Douglas 소령에 의해 시작된 포퓰리즘적 '사회 신용 운동Social Credit movement'은 많은 면에서 놀라울 정도로 현대적인 화폐관을 가졌으며, 여기에는 통화 공급이 금이나 다른 금속의 공급과는 독립적이면서 유연해야 한다는 사고가 포함되어 있다. 현재에도 옹호자들이 있는 사회 신용Social Credit은 전체 경제 생산성에 따라 결정된 금액만큼의 보편적 배당을 지급하자고 주장하고 있으며, 또한 인플레이션을 억제하기 위한 특유의 메커니즘을 갖고 있다(Heydorn 2014; Ranalli 2015).

위에서 살펴본 바와 같이 안정적인 통화를 유지하려면 때로는 화폐를 창조하기보다는 소멸시켜야 할 때도 있다. 따라서 화폐 창조에 따른 배당금 지급은 꼭 시계처럼 규칙적이지 않아도 된다. 이는 경제 조건에 따라 주기적일 수도 있고 간헐적일 수도 있으며, 환경적 이유로 탈성장degrowth 전략을 얼마나 진지하게 추구하는지, 그리고 세금, 중앙은행의 공개 시장 조작이나 기타 수단을 통해 자금이 경제에서 얼마나 빠르게 빠져나가는지에 따라 달라질 수 있다.

실무적 문제들

여기서는 공유부 배당 프로그램을 설계할 때 발생하는 몇 가지 실무적인 문제들을 논하고 검토한다.

무고한 구매자 문제

광산 채굴권을 획득해 채굴하는 사람들에게 원광의 가치를 내놓도록 요구하는 것은 무척 간단해 보일 수도 있다. 이 요건은 채굴세로서 계약 조건에 삽입될 수도 있고, 사후에 횡재 이윤세 windfall profits tax로 부과될 수도 있다. 하지만 회사 A가 광산을 운영하며 광물의 가치를 챙기고 있는데, 횡재 이윤세가 부과되기 전에 회사 A가 회사 B에게 채굴권을 매각한다고 가정해 보자. 회사 B는 광구의 채굴권의 과거 수익성, 횡재 이익 등을 모두 반영한 매입 가격을 제시했다고 가정해 보겠다. 이때 주 정부가 횡재 이윤세를 부과하면 회사 B는 예상치 못한 재정적 타격을 입게 된다. 만약 회사 B가 구매 대금을 지불하기 위해 돈을 빌린다면, 횡재 이윤의 손실로 인해 대출을 상환하지 못할 수도 있다.

이는 공유부에 대한 조세나 수수료 부과를 포함해 조세 체제의 변경에 영향을 미칠 수 있는 '무고한 구매자innocent buyer' 문제의 예시이다. 당사자들이 세금이나 수수료가 부과되리라는 예상 없이 토지, 광산이나 임업 채굴권, 어선 등을 사고팔다가 세금이나 수수료가 부과되면 현재 소유자가 불이익을 받게 된다. 이 문제를 어떻게 해결할 수 있을까?

그저 될 대로 되라는 식으로 운에 맡겨 둘 수도 있다. 이는 훔친 물건 거래에 취하는 접근 방식과 유사하다. (토지처럼 소유권이 거의 예외 없이 정복conquest으로 거슬러 올라가는 점을 감안하면, 이 비유가 그리 억지스럽지도 않다.) 만약 내 차가 도난당한 후 여러 번 팔렸다면, 판사는 그 차를 나에게 돌려줄 것이고, 현재 소유자는 단순히 운이 나쁜 셈이다. 자원의 지속 가능성을 위해 설계된 새로운 세금이나 수수료를 부담해야 하는 산림이나 어업 채굴권의 구매자는, 도난당한 차를 포기해야 하는 개인보다 불만을 제기할 이유가 훨씬 적다고 할 수 있다. 세금이나 수수료는 자원의 장기적 활용 가능성을 보장하기 위한 체제의 일부이므로, 이는 채굴권 소유자의 장기적 이익에 부합한다. 자원의 특성을 알고 있는 산림이나 어업 채굴권의 신중한 구매자는 수요가 공급을 초과하기 시작할 때 그러한 조치가 취해진다는 것을 합리적으로 예상해야 한다.

한편 현재 소유자들이 겪을 수 있는 어려움을 덜어 주기 위한 조치를 취할 수도 있다. 예를 들어 충분한 사전 경고와 함께 세금이나 수수료를 점진적으로 부과할 수 있다. 이것은 헨리 조지가 토지에 대해 선호했던 접근 방식이다(예: George [1885] 1901). 많은 토지 소유자들을 보호하기 위해, 토지 자체에 대한 세금을 인상하는 동시에 개량에 대한 세금을 줄일 수도 있다. 토지의 소유자는 기업뿐만 아니라 가계도 포함되므로 무고한 구매자 문제를 완화하는 게 특히 중요하다.

때로는 무고한 구매자 문제가 발생하지 않을 수 있다. 화석 연료 회사들은 탄소세 납부나 탄소 배출권 구매로 인해 재정적 어려움을 겪지 않는다. 그들은 이러한 비용을 고객에게 직접 전가할 수 있다. 따라서 해당 부문 내 모든 기업에 탄소 가격을 적용하고 국경 조정을 통해 공정한 경쟁의 장을 보장해야 한다. (물론, 다른 관점에서 보면 화석 연료 회사들은 무고한 구매자 문제에 놓여 있다. 탄소 가격 책정의 핵심은 화석 연료를 다른 에너지 원천보다 덜 경쟁력 있게 만들어 그들의 시장 점유율을 줄이자는 것이다. 하지만 21세기에 화석 연료 에너지 회사의 주식을 구매하는 사람은 이를 합리적으로 예상해야 한다.)

배당금의 지급 여부는?

공유 자원의 수입은 어떻게 지출되거나 처리되어야 하는가? 이 장과 책 전체에 걸쳐 이 질문에 답변하는 '페인주의자'와 '조지주의자' 사이에는 긴장감이 흐른다. 조지는 그 수입이 국가의 일반 소득general income이 된다고 가정했다. 반면에 페인은 100%를 개인에게 분배하자고 주장했다.

위에서 살펴본 이론적 접근법(공공 신탁의 원칙, 노동 재산 이론, 사회적으로 해로운 경제적 지대의 징발)은 통상 이 질문에 대한 답을 제시하지 않는다. 대부분 이러한 이론적 접근법은 불가지론적이다. 따라서 모든 관련 당사자에게 공평하게 혜택을 주는 방식으로 돈이 지출되거나 처리된다면 이러한 이론적 접근법의 요구는 충족된다.

자연 자원의 경우에 우리가 보았듯이 지속 가능성의 요구로 인해 몇 가지 매개 변수가 추가된다. 재생 가능 자원이 계속 번성하도록 하는 활동이 자원의 수입에 대한 첫 청구권을 가지며, 배당금의 지급 문제는 그 잔액에만 적용된다. 재생 불능 자원을 책임성 있게 관리하는 방법에는 자원 수입을 사용해 다른 준재생 가능 자원quasi-renewable resource을 (인프라나 투자 기금과 같이) 자본화하는 것을 포함하며, 이는 원칙적으로 배당금의 원천이 될 수 있다.

3장에서 논의된 '자원의 저주'를 고려하면, 개인에게 배당금을 지급하는 게 낫다. 유권자에게 과세해 존립하는 정부는 그 유권자들을 책임지는 경향이 있지만, 독립적인 소득원을 가진 정부는 그렇지 않다. 이는 공유 자원의 자금 조달common resource funding을 정부의 일반 소득에서 **제외**하고, 배당금으로 분배해야 한다는 주장을 지지한다. (물론 정부가 세금을 통해 일부를 회수할 수도 있다. 이렇게 하면 한 사회가 자원의 저주를 피하면서도 그 수입을 정부 활동에 사용할 수 있다). 정부 당국이 아닌 신탁 기관에 의해서 수입이 징수되는 경우에는 자원의 저주 문제는 발생하지 않는다. 자원의 저주는 정부의 민주적 **책임성**을 저해한다. 위에서 논의된 바와 같이, 신탁 기관의 책임성 방식은 민주적이지 않고 수탁적fiduciary이다. 만약 신탁 기관이 공유부 기금을 오용한다면, 그 해결책은 법원 시스템에서 찾을 수 있다. 또한 포지티브 머니의 발행은 자원의 저주와 동일한 유형의 도덕적 해이를 일으킬 가능성이 있다는 점도 유의해야 한다. 즉, 정부가 지출하는 돈이 세금에서 파생된 것이 아니라 무無에서 창출된 것이라면(또는 사실상 미래의 세금에서 차입했다면), 책임성이 줄 것이다. 이는 위에서 언급한 (위기 상황에서 가계를 직접 구제하고, 경제에 직접적인 '분수 효과trickle up'를 일으키는 등) 포지티브 머니를 정부가 직접 지출하는 것보다 배당금으로 지급하고 가계에서 지출하도록 하는 게 낫다는 또 다른 강력한 논거를 제공한다.

또 다른 고려 사항들도 배당금 지급의 구상을 지지한다. 하나는 자금이 모든 수혜자에게 **공평하게** 혜택을 주는 방식으로 사용되어야 한다는 당위성이다. 3장에서 논의된 바와 같이, 특정 정부 프로그램이나 서비스는 일부 개인에게 더 직접적으로 혜택을 줄 가능성이 있기 때문에, 정부 지출은 공유부 수입을 완벽히 공평하게 사용하는 방법이 되지 못할 수 있다. 공평성을 보장하는 가장 엄격한 방법은 각 개인에게 동일한 금액의 수표를 발행하는 것이다.

또 다른 고려 사항은 공유부 관리 정책으로 인해 소비자에게 비용이 부과될 때 돈을 소비자 손에 쥐어 줘야 하는 당위성이다. 이는 탄소 배출권의 경우에 가장 명확하게 확인할 수 있다. 개인에게 배당금을 분배하면 탄소 배출자, 정부, 소비자 간에 수입이 순환하도록 하는 순환 고리가 완성된다. 우리는 토지에도 동일한 논리가 적용된다는 주장을 이미 확인했다. 토지는 소비자가 구매하는 대부분의 물건에 비용으로 더해지는 보편적인 생산 요소이기 때문이다. 토지 소유자에게 조지주의적 세금을 부과한 후에 그 세수를 배당금으로 분배하면 토지 사용자, 토지 소유자, 정부, 소비자 간에 토지 지대의 수입이 순환한다. 또한 데이터 배당에도 동일한 논리가 적용되어야 한다는 주장도 확인했다(수입이 광고주, 네트워크 효과 독점 플랫폼, 관리 당국, 소비자 간에 순환된다).

전체적으로 볼 때, 다른 용도로 지정되지 않은(즉, 관리 비용을 충당하거나 지속 가능성을 고려할 필요가 없는) 공유부를 배당금으로 지급하는 데에는 몇 가지 타당한 논거가 있다. 탄탄한 공유부 배당금을 지급하는 사회는 흔히 언급되는 기본소득의 많은 혜택을 누릴 것으로 기대된다. 개인은 더 높은 생활 수준을 위해 소비를 늘리고, 교육과 기술에 투자하거나 저축을 통해 경제적 안정을 추구하는 등 보다 넓은 경제적 자유(권한, 자율성)를 누릴 수 있을 것이다. 기본소득에 대한 일부 표준화된 우려, 예를 들어, 고용주가 임금을 낮추어 직원들의 배당금 가치를 흡수하려 하거나, 집주인이 임대료를 올려 이를 흡수하려 할 수 있다는 우려가 있다. 또한 정부가 보편적 현금 지급을 제공하면서, 개별 지급으로는 대체할 수 없는 중요한 보편적 사회 서비스를 제공하는 일에서 손을 떼려 할 수 있다는 정치적 우려도 있다(Brown 2020). 이러한 질문을 깊이 다루는 것은 이 책의 범위를 벗어나지만, 1장에서 "게으름laziness" 주장을 언급한 내용을 반복하고자 한다. 이러한 우려는 배당금 지급의 잠재적 복잡성으로서 주목할 만하지만, 그렇다고 배당금을 지급하지 말아야 할 타당한 이유는 아니다.

그럼에도 불구하고, 공동체가 공유부 소득을 개인에게 직접 지급하는 것보다 하나로 모으는pooling 것이 더 효율적이라고 판단할 수도 있다. 이는 공유부 배당이라는 구상이 사실상 '근대적'인 문화를 넘어 수출될 수 있다는 전망을 고려할 때 특히 그렇다. 기후 배당과 관련해 피스타는 "개인 성인에게 [배당금을] 분배하는 것은 매우 서구적인 접근 방식이며[80] 일부 비서구 사회는 더 집단적 또는 공동체적으로 운영되며… 그러나 국민 국가도 서구의 개념이며, 개인에게 분배하는 것이 일부 지역에서는 부적절할 수 있다고 해서 [수입이] [반드시] 중앙 정부에 돌아가야 한다는 의미는 아니다."라고 말한다. 오히려 문화적 민감성을 고려한다면, 사회가 대안적인(예컨대 부족과 같은 거버넌스 구조라면), 개인에게 직접 배당금을 지급하는 것보다 공동체 차원에서 배당금을 한데 모으는 것이 공동체 구성원에게 최선의 이익이 될 수 있는지(또는 적어도 공동체 구성원들이 원하고 해롭지 않은지) 고려해야 한다(Feasta 2008 Cap-and-Share, 16). 여기서 적절한 비유는 19세기 북미의 유럽계 식민 정부들neo-European governments이 그곳의 많은 원주민 사회에 가한 혁신으로, 원주민 부족의 토지를 가계 구획으로 나눈 것을 들 수 있다. 이로 인해 부족의 통치가 약화되었다. 공동체 차원에서 공유부 배당금을 한데 모으는 합의는 부족 구성원들이 새로 부여된 개인 토지를 신탁 기관에 맡기고 전통적인 부족 구조에 의해 관리

---

80 이러한 맥락에서 필자는 (전근대 또는 토착적인 것에 반대되는 의미에서) '근대(modern)'가 올바른 구분이라고 생각한다. 많은 '비서구' 사회가 근대성(modernity)의 특징인 개인주의와 국민 국가 통치 구조를 공유하고 있으며, 큰 문화적 혼란 없이 공유부 배당과 같은 혁신을 도입할 수 있을 것이다. 이러한 구분에 대한 자세한 내용은 라날리(Ranalli 2016c)를 참조하자.

되는 데 동의하는 것과 같다.[81] 문화적 감수성의 당위성은 자연스럽게 대안적 관리 구조에 의해 개인이 착취당하거나 억압받지 않도록 해야 한다는 당위성과 균형을 이뤄야 하며, 이는 잠재적으로 까다로운 윤리적 문제가 될 수 있다.

배당금은 누가 지급하나?

우리는 많은 종류의 자연 자원에 대해 신탁 기관을 설립해 자원 지대를 징수하고, 자원 관리 활동을 수행하며 (적용 가능한 경우에) 배당금을 분배하도록 하는 것이 유익할 수 있음을 살펴보았다. 그러나 토지 자체(상품으로서 토지)의 혼란이 가장 적은 선택지는 현재 지방(또는 기타) 정부가 담당하는 세금 징수를 그대로 유지하고, 부동산세를 조지주의적 토지세로 전환하며, 토지 세수를 배당금으로 분배할 수 있도록 예산 절차를 재정비하는 것일 수 있다. 다른 유형의 경제적 지대(즉, 자연 자원이 포함되지 않는 것들)는 정부나 기타 권한 있는 기관이 세금, 수수료 또는 경매를 통해 회수할 수 있다.

배당금의 분배와 관련해 각 신탁 회사 또는 정부 기관은 수표를

---

[81] 몽골에서의 여론 조사 결과는 광산 수입을 배당금으로 분배하기보다는 국가가 투자하거나 장기적인 사회 발전(예: 건강과 교육)에 사용하기를 선호하는 강한 경향을 보였다. 이에 대해 커민(Cummine 2016, 147)은 "일부 공동체에서는 현금 배당금보다 현물 혜택이 수혜자 인구의 선호를 더 잘 충족시킬 수 있다"라고 언급했다. 문화적 요인이 여론 조사 결과를 설명하는 데 역할을 할 수 있지만, 몽골은 국가로서 100년의 역사가 있으며, 더 이상 목축업에 의존하지 않는다. 인구의 60%가 수도에 거주하고 있어 대부분의 국가와 마찬가지로 "근대적(modern)"이다(Yeung and Howes 2015, 5). 그러나 또 다른 타당한 설명은, 3장에서 한 설명처럼 몽골 사람들이 광산 수입이 영구적이지 않다는 것을 이해하고, 그것을 장기적인 투자에 사용하기를 원했으며, 이는 재생 불능 자원을 관리하는 데 있어 바람직한 원칙과 일치한다.

별도로 작성하거나 전자 이체 등을 시작할 수 있다. 또는 분배를 중앙 집중화해 효율성을 개선할 수도 있다. 예를 들어 미국은 기존의 사회 보장 인프라를 모든 정부와 비정부 차원에서 지급되는 배당금의 분배 경로로 활용할 수 있다(Barnes 2014, 87; Lerman 2018, 74~75).

배당금은 누가 받게 되나?

위에서 논의된 바와 같이, 배당금 지급의 지리적 범위는 주로 두 가지 요소 즉, 자원의 성격 또는 지대의 원천, 그리고 제도를 확립하고 관리하는 당국의 지리적 관할 범위에 따라 달라진다. 많은 사람들은 탄소 흡수원인 대기와 같은 전 지구적 자원에서 나오는 배당금은 전 세계적으로 분배되어야 하며, 어업과 같은 지역 자원에서 나오는 배당금은 지역적으로 분배되어야 한다는 데 동의할 것이다. 실제로 대부분의 배당 제도는 국민 국가 또는 주나 지방과 같은 하위 국가 단위의 경계에 따라 그 범위가 정해질 가능성이 크다. 그 배당 제도를 확립하고 운영하는 권한이 존재하고 행사되는 곳에서 말이다. 독립적인 신탁 회사에 의해 운영되는 배당 프로그램의 경우, 그 경계는 다소 특수할 수 있다(예: 특정 호수나 만 주변의 모든 도시와 읍을 포함하는 경우). 드물게는 특정 사업이나 산업에서 추출된 "나쁜" 지대가 전체 시민이 아닌, 영향을 받은 피고용인이나 고객에게 분배되는 것도 상상할 수 있다.

공공 신탁 원칙은 정치적 경계 내에서 재분배한다는 개념을 강화한다. 그러나 노동 재산 이론을 엄격하게 해석하면, 모든 공유부 배당 제도는 적용 범위가 보편적(전 지구적)이어야 함을 시사한다. 결국 정치적 경계는 자의적이기 때문이다. 현재로서는 진정한 의미의 글로벌 공유부 배당 제도가 당장 실현될 가능성은 없지만, 충분히 고려할 만한 가치가 있는 일이며, 아마도 열망할 만한 일이다. 4장에서 언급했듯이 이미 글로벌 탄소 배출권 배당 프로그램을 요구하는 목소리가 높아지고 있으며, 그 목표를 향한 디딤돌로써 양자 간 배당 프로그램을 연합하자는 제안도 나오고 있다. 이미 대부분 연합으로 묶인 유럽이 이 분야에서 주도적인 역할을 하고자 한다면 또 다른 모델을 제시할 수 있다. 글로벌 탄소 배당 프로그램이 확립되면 다른 유형의 배당 프로그램을 연합하거나 다른 유형의 배당금 분배를 세계화하는 것에 대해 훨씬 쉽게 생각할 수 있다.

배당금을 지역에 한정해야 한다는 주장 중 하나는, 어떤 경우에는 지역 주민들이 자원을 보존하고 유지하기 위해 직접 희생을 감수한다는 점을 근거로 한다. 오랫동안 어업을 해 온 가구들이 (관리 계획에 따라) 남획을 막기 위해 자제력을 발휘하고, 메인주의 대수층을 오염시키지 않기 위해 정화조를 설치하는 주민들이 (법에 따라) 정화조를 설치하는 것을 생각해 보자. 당연히 이 집단은 수천 마일 떨어진 낯선 사람보다 더 많은 보상을 받을 자격이 있다. 이를 실현하는 한 가지 방법은 배당금의 범위를 지역 커뮤니티로 제한하는 것이다. 또 다른 방법은 기금의 잔액을 보편적 배당금으로 분배하기 전에 총수입(예: 재생 가능한 자원 관리를 위한 예산)에서 직접 지역 주민들의 재정적 희생과 손실을 보상하는 것이다. 힉켈(Hickel

2012, 133)은 이것이 알래스카 모델을 개선할 한 가지 방법이라고 제안한다. (4장에서 설명한 대로 화석 연료에서 벗어남으로써 일자리를 잃은 사람들을 돕기 위해 총 탄소 가격 수입에서 지급하는 전환 기금 구상도 비교해 보자.)

여러 저자들이 공유부 배당의 규모와 적용 범주에 대해 서로 다른 제안을 해 왔다. 알프레드 앤더슨(Alfred Andersen 1985, 149~156)은 지역적 차이를 완화하기 위해 수입을 계층 간에 상호 공유하는 중첩된 신탁 계층 구조를 설명한다. 또 다른 선택지는 특정 유형의 지대(예: 수자원이나 토지 가치)는 지역 신탁에, 다른 유형(예: 석유 자원이나 탄소 허가권)은 국가 또는 글로벌 신탁 기관에 할당하는 방식이다(Hartzok 2012, 61; Barnes 2006, 136ff).

기본적으로 배당은 개인에게 지급된다고 가정할 수 있지만(위의 비서양 문화권에 대한 주의 사항을 염두에 두고), 개인이 아닌 가구가 수령 단위가 된 사례(예: 3장에서 논의한 이란과 4장에서 논의한 캘리포니아)도 있다. 정책 입안자들은 배당금을 시민에게 지급할지, 거주자에게 지급할지, 그리고 무수히 많은 예외적인 경우를 어떻게 처리할지 결정해야 할 것이다. 예를 들어 알래스카의 거주자 자격 규정에 따르면 학업이나 군 복무 등을 위해 주를 떠난 사람도 1년 중 최소 72시간 연속으로 주에 거주하고 다른 요건을 충족하면 배당금을 신청할 수 있다. 자녀에 대한 배당금 지급과 관련해서는 4장에서 간략하게 설명한 것처럼 여러 학설이 있다. 자녀에게 전액 배당금보다 적은 배당금(예: 절반 배당금)을 지급하거나 특정 연령에 도달할 때까지 배당금을 신탁할 수 있는데, 이는 청년이 사회생활을 시작할 때 각자에게 둥지를 마련해 주는 페인의 구상과 유사하다.

결론

이 장은 공유부 배당의 개념을 깔끔하게 마무리하지 못하고 있다. 그것을 설명하고 정당화하기 위해서 소환할 수 있는 이론적 틀은 최소한 세 가지이며, 이 개념을 자연의 영역에서 부의 인공적 재원으로까지 확장할 수 있는 다양한 방법이 있다.

우리가 지금까지 살펴본 도덕적 직관에 대해 말할 수 있는 것은 그것이 생성적generative이라는 점이다. 그 직관은 공정성에 대한 보편적 관심의 한 표현으로서, 여러 영역에서 나타나며 다양한 상황에 적용될 수 있다. 다양한 학문 분야가 그 직관을 조명하고 있으며, 여기서 한 논의들만으로는 그 모든 것을 다 설명할 수 없다.

공유부의 공정한 나눔을 보이는 사례는 지난 몇 세기 동안 이론과 현실에서 여러 차례 독립적으로 재발명되거나 재발견되어 왔다. 알래스카의 영구 기금(APF)처럼 어떤 경우에는 충분한 지식과 의도를 갖고 시행된 경우도 있다. 다른 경우에는, 이란의 연료 보조금 폐지와 세수의 일부를 납세자에게 돌려주는 다양한 일반적인 탄소 가격 책정 프로그램처럼, 정책 결정자들은 단순한 편의성 때문에 이를 시행했다. 그러나 공유부를 나누는 프로그램을 개발하고 실행하는 사람들이 이 책에 소개된 이론이나 역사를 알지 못하더라도, 페인과 조지, 해먼드와 월퐁, 반즈와 한센의 연구를 알지 못하더라도, 단지 한 발 앞만 내다보며 필요하고 공정해 보이는 일을 할 뿐이어도, 그들은 여전히 기존 전통의 틀 안에 머무른다. 가장 실용적인 동기, 즉 단순히 가계를 금전적으로 유지하는 데 필요하기 때문에, 그리고 그것이 분명히 공정하고 다른 대안보다 더 공정하기 때문에 자원의 수입금을 가계로 돌리는 것 자체가 페인이 원래 제안한 본질이다.

경제에서 대부분 부의 흐름은 눈에 보이지 않는다. 광산, 숲, 어장, 대수층, 탄소 흡수원 등은 눈앞에 직접 보이지 않기 때문에 (우리가 푸른 대기를 바라보면서도) 우리는 그것들을 공유부의 원천으로 인식하지 못하며, 우리 자신을 그 자연스러운 수혜자로 여기는 습관을 쉽게 들이지 못한다. 페인, 해먼드, 그리고 다른 이론가와 주창자들이 기울인 노력의 가치와, 필자가 이 책을 통해서 제공하길 바라는 것은 바로 그 상상력의 습관을 발전시키도록 우리를 고무하는 것이다. 다시 말해 그 점들을 연결하고, 우리 자신과 서로를 지구와 문명의 공유부 수혜자로서 존엄한 존재로 바라보고, 그에 걸맞은 정책을 요구할 준비를 하도록 고무하는 것이다.

옮긴이 해제

유승경

브렌트 라날리는 『공유부 배당: 역사와 이론』을 통해서 땅, 공기, 물과 같이 인류에게 본래부터 주어진 자연이 인류의 공동 유산이라는 생각이 모든 문화권에서 발견된다는 점을 출발점으로 삼아, 인류가 공동으로 소유한 공유부common wealth의 개념을 도출한다. 정말로 공유부가 있다면, 그것의 혜택은 당연히 공동 소유자 모두에게 동등하게 배분되어야 한다.

라날리가 정의한 공유부 배당은 공유부의 혜택을 모두에게 균등하게 분배하는 제도이다. 즉, 공유부 배당은 공유부를 독점적으로 사용해서 화폐 수익을 올리는 주체가 공동체에 그 수익의 일정 부분을 납부하도록 해, 공동체가 구성원들에게 일정한 금전적 배당을 지급할 수 있도록 하는 제도이다. 라날리는 책의 상당 부분을 공유부 배당의 구상이 역사적으로 등장했던 구체적인 사례들을 소개하는 데 할애한다. 그리고 공유부 배당의 원리를 자연에 한정하지 않고, 인간이 공동으로 창조한 인공 공유물까지 확대해 적용하기 위한 일반 이론의 정립을 시도한다.

옮긴이 해제에서는 라날리의 저서가 공유부 배당의 정당화와 일반 이론화 과정에서 남긴 부분, 그리고 빠뜨리거나 분명히 하지 못한 부분을 정리해 공유부 배당의 일반론 정립 논의를 보완하고 자 한다.

공유부란?

라날리는 책 제목에 공유부 배당을 내세웠지만, 책의 내용에서 그 개념을 엄격하게 정의하지는 않았다. 이는 다소 의외다. 아마도 저자가 공유부 배당의 일반 이론 정립을 향후 과제로 남겨두었기 때문에 엄밀한 정의를 시도하지 않았거나, 혹은 잠정적인 정의조차 필요하다는 점을 간과했을 수 있다. 그러나 우리는 '공유부 배당'이라는 단어 자체로부터 그 의미를 추론할 수 있다.

공유부는 '다수가 공동으로 소유권을 갖는 부'이다. 소유권을 정의하자면, '어떤 대상에 대한 절대적 지배권으로서, 이를 사용하고, 그로부터 나오는 수익을 누리며, 또한 이를 처분할 수 있는 권리'이다. 따라서 공유부는 '다수가 공동으로 어떤 대상에 대한 사용권, 수익권, 처분권을 갖는 부'로 정의할 수 있겠다. 여기서 '부 wealth'란 무엇인가, 곧 정의도 필요하다. 여기서는 '부'를 화폐 소득을 발생시키는 대상으로 한정해 정의하도록 하자. 따라서 공유부란 다수가 소유권을 가지며 화폐 소득을 발생시키는 특정한 대상이라 할 수 있다.

소유권은 사용, 수익, 처분의 권리로 구성된다. 이 중 사용권과 처분권은 정해진 절차에 따라 행사될 수 있으며, 수익권은 소유권자들에게 수익을 균등하게 할당함으로써 충족된다. 이 소득의 할당이 바로 배당이다. 그렇다면 공유부 배당이란 자연스럽게 그 의미를 도출할 수 있다. 공유부 배당은 '다수가 공동으로 소유권을 갖는 부에서 발생하는 소득을 소유권자들에게 균등하게 할당하는 제도'라고 정의할 수 있다. 이러한 정의는 책 전반에 걸쳐 저자가 설명한 공유부 배당의 내용과 정확히 부합한다.

공유부 배당은 기본소득 보장과 밀접히 관련되어 점차 큰 관심을 끌고 있다. 공유부 배당이 현실에 구현된 첫 사례인 알래스카 영구 기금 배당은 기본소득 지지자들에 의해서 '부분 기본소득'의 사례로 꼽히기도 한다. 라날리는 공유부 배당과 기본소득 간의 결정적 차이를 두 가지로 든다. 하나는 공유부 배당은 재원이 계획에 포함되어 있다는 점이다. 또 다른 하나는 공유부 배당은 사회공학적 설계의 산물이 아니라 하나의 '권리'로서 제안하고 있다는 점이다. 그래서 라날리는 공유부 배당이 기본소득보다 기술적으로 덜 어렵고 정치적 논란이 덜하다고 평가한다.

라날리는 자연이 인류의 공동 유산이라는 도덕적 직관을 논리 전개의 출발점으로 삼는다. 그는 이 직관이 과학적 진술은 아니라는 점을 인정한다. 그럼에도 불구하고 라날리가 이 직관을 논리의 기반으로 삼는 이유는 "자연은 선물gifts"이라는 인식이 기독교 문화권을 포함해 모든 문화권에서 보편적으로 나타나며, 각 문화가 스스로를 지탱하는 데 필요한 자원을 유지하도록 돕는 기능적 역할을 해 왔기 때문이라고 본다.

토머스 페인의 공유부 이론

라날리는 2장에서 공유부 배당의 최초 진술로서 토머스 페인의 사상을 소개한다. 페인은 미국 독립과 프랑스 혁명에 지대한 영향을 미친 영국 출신의 사상가이다.

페인의 주장은 '지구는 전 인류에게 공동으로 주어졌다'라는 전제를 출발점으로 한다. 그는 "지구는 모두가 함께 누리도록 부여된 곳이며, 만약 일부 소수 계층, 즉 지주들이 독점했다면, 그들은 나머지 사람들에게 마땅히 보상할 책임이 있다"라고 주장한다(이 책의 33쪽, 이하 쪽수만 밝힘). 이러한 논리를 바탕으로 그는 "토지 상속에 세금을 부과하고 그렇게 모은 기금을 노인과 장애인을 위한 연금과, 21세가 되는 모든 젊은 남녀에게 종자 자본seed capital의 형태로 분배하자"라고 제안했다.

페인은 "세상에는 두 종류의 재산property이 있다"라고 말한다. 하나는 땅, 공기, 물과 같은 인류에게 본래 주어진 자연적 재산 natural property이며, 다른 하나는 인공적artificial 또는 획득한acquired 재산으로서 인간의 발명품이다. 페인에게 인공적 재산의 평등한 분배는 가능하지도, 정당하지도 않다. 그러나 자연적 재산은 누구나에게 평등해야 한다고 주장하며, 모든 토지 소유자는 일정한 지대를 공동체에 지불해야 한다고 강조한다(33쪽). 다시 말해, 토지 소유자들은 자신들이 소유한 토지 중 모든 시민이 공유하는 자연적 재산에 해당하는 부분에서 나오는 지대를 공동체(정부)에 납부해야 하며 공동체는 이렇게 조성된 자금을 통해 모든 시민에게 분배하고, 장년층이나 장애인을 위한 연금과 젊은이들을 위한 종자 자본의 형태로 분배하자고 제안했다(33쪽).

라날리는 페인의 사상을 그보다 앞서 재산권 이론을 서구에서 전개했던 아퀴나스, 그로티우스, 로크 등과 마찬가지로 "공공 토지라는 신성한 선물에 대한 평등한 권리라는 윤리적 이상과 토지의 불평등한 분배라는 현실적 상황을 조화시키려 시도"한 사상들의 흐름에서 파악한다.

　기독교 전통에 서 있던 서구의 주류 사상가들에게 자연은 하나님이 아담과 이브에게 준 유산이었다. 토머스 아퀴나스는 자연이 인류의 공동 유산이기 때문에 그 일부를 사유 재산으로 보유하기 위해서는 몇 가지 전제가 수반된다고 주장했다. 그 전제는 사유 재산이 공동의 이익에 부합해야 하며, 필요한 경우에 사유 재산을 기꺼이 공유해야 하는 의무가 있다는 것이다. 특히 부자는 가난한 이를 도와야 할 의무를 진다고 보았다. 그래서 아퀴나스는 '생계를 위한 자연권적 권리가 재산권에 우선한다'라고 주장했다. 후고 그로티우스는 인류가 신이 주신 물질(토지)과 노동력을 혼합해 생산-저장하면서 사유 재산권 개념이 인간의 협약으로 등장했다고 보면서 공동체적 의무감 유지의 당위성을 논증했다. 그도 사람들의 '생존권이 재산권에 우선한다'라고 보았다. 존 로크는 신은 지구를 모든 인류에게 주었으며, 그로 인해 그것의 공유까지는 요구하지 않지만 주인이 정해지지 않은 것은 먼저 자유롭게 취할 수 있다고 전제했다. 로크는 키케로, 그로티우스를 의식하면서 하나하나 다른 사람의 동의가 필요하다면 인류는 굶주려 사멸했을지도 모른다고 말한다. 로크는 공유물을 전유하는 데 필요한 것은 자신의 노동력을 공유물과 결합하는 것뿐이라고 주장했다. 그러나 로크는 사유 재산화가 '다른 사람에게 좋은 것이 충분히 남아 있다는 조건에서 자신이 향유할 수 있을 만큼만' 가능하다는 전제를 달았다. 그리고 가난한 자를 도울 의무가 있다고 보았다. 로크에 있어서 특이한 점은 부조의 의무가 자선의 차원이 아니라 정의의 차원에서 가난한 자의 권리라고 본 점이다.

이 같은 입장은 한편으로는 토지 소유 계급의 특권을 정당화하고 평등의 개념을 경멸한 로버트 필머와 같은 아담론자와, 다른 한편으로는 현상 유지를 뒤집고 토지 공유화를 주장하던 토마스 뮌처, 영국의 디거스, 토머스 스펜스, 바뵈프 등 급진적 평등주의자 간의 균형잡기 시도로 볼 수 있다(39~40쪽). 페인이 제안한 개혁은 극심한 빈곤을 제거함으로써 그리고 토지 소유 계급과 토지 없는 계급을 화해시킴으로써 사회 질서를 안정시키고 더 이상의 혁명적 갈등을 미연에 방지하기 위함이었다. 그는 "정의와 인류애를 위해서뿐만 아니라 재산의 보호를 위해서라도, 사회의 한 부분을 비참함으로부터 보호하는 동시에 다른 부분을 약탈로부터 지켜낼 시스템을 형성하는 게 필요하다"라고 주장했다.

페인 이후에도 많은 사람들은 "신이 지구를 인간의 자녀들에게 주었고, 인류에게 공동으로 주었다"는 공동 상속의 자연법 원칙을 계속 탐구했다(57~58쪽). 라날리는 그런 인물로서 영국의 공상적 사회주의자 로버트 오웬, 미국의 개혁가인 헨리 조지 등을 소개한다. 조지는 지구를 공동 유산으로 공유하는 또 다른 접근 방식으로 '토지에 세금을 부과하고 정부가 그 돈을 공동체의 이익을 위해 지출하자'라고 제안했다.

자연 자원과 알래스카 모델

라날리는 아퀴나스부터 페인을 거쳐 조지까지 사상가들이 표현한 도덕적 직관이 토지에서 다른 자연 자원으로 확장될 수 있다고 보았다. 그리고 그런 도덕적 직관에 따르면, '자연 자원은 (종교 사상가에게) 신의 선물이며 (세속 사상가에게) 만들어진 것이 아니라 발견된 것이기 때문에 누구도 이를 독점할 수 없으며, 공동체 구성원은 모두 그 혜택을 요구할 청구권을 갖는다'는 입장으로 이어진다. 라날리의 입장에서 이 같은 직관이 현실에 구현된 첫 번째 사례는 토지가 아닌 석유와 관련된 알래스카의 사례이다.

1960년대에 알래스카주 당국의 소유지 아래에 막대한 석유 매장고가 있다는 사실이 밝혀졌다. 1970년대에 걸쳐 정치인과 대중은 예상되는 횡재를 어떻게 처리할지를 논의했다. 1976년에 석유부의 일정 비율을 적립하고 투자할 영구 기금(APF)을 설립하기 위해 주 헌법 개정을 입법부가 제안했고 유권자가 승인했다. 1980년대 초에 입법부는 기금의 연간 이득 중 일부를 알래스카 주민들에게 배당으로 지급하기로 결정했다. 1982년 이래 매년 10월에 주민들에게 지급되는 영구 기금 배당(PFD)의 규모는 1인당 수백 달러에서 2,000달러를 넘는 금액에까지 다양하다.(72쪽)

알래스카 영구 기금과 그에 따른 배당의 탄생은 우연이었다. 미국의 연방 의회는 '알래스카 주 설치법'을 통해서 주 정부가 해당 토지 아래의 광물권을 보유한다는 조건으로 1억 3000만 에이커의 연방 토지에 대한 청구권을 주 정부에 양허했다. 이후 1968년 그 지역에 유전이 확인되어 10여 년에 걸쳐 알래스카에서는 그 수익금을 어떻게 사용할지 논의가 전개되었다. 논의 끝에 석유 수입의 50%를 투자하고 그 배당금을 주에 거주한 연도마다 하나의 지분을 배정받는 시민들에게 지급하기로 결정하면서 '알래스카 영구 기금(APF)'과 '영구 기금 배당(PFD)'이 탄생했다.

하지만 그 과정이 순조롭지만은 않았다. 1969년 첫 수입 9억 달러는 신생 주의 인프라와 인적 자원 개발에 사용되었는데, 1970년대 그 막대한 금액이 빨리 소진된 것에 대중의 당혹감이 팽배해졌고, 그러한 분위기에서 우선 합의된 방향은 석유 수입의 일부를 투자 목적으로 예치하는 영구 기금을 설립하자는 내용이었다. 처음에는 기금의 이익을 어떻게 사용할지는 명시하지 않았지만, 주의 유전이 고갈되어도 주 정부에 정기적인 소득을 제공하도록 하기 위함이었다. 이는 재생 불능 자원non-renewable resource을 지속 가능하게 하는 방안이었다. 아직까지 APF의 목적에 남은 모호함은 해결되지 않았는데, 오늘날까지 '기금의 소득은 배당금, 인플레이션 방지 그리고 입법부가 선택한 기타 지출에 사용한다'라고만 규정되어 있다. 그러나 많은 주민들에게 영구 기금은 어떤 모호함도 없이 배당금을 조성하기 위한 수단일 뿐이다.

APF와 PFD의 도입을 주도한 사람은 해먼드 전 알래스카 주지사이다. 그가 이 기획을 성공적으로 관철시킨 데에는 그가 그보다 앞서 추진했던 브리스톨 베이 주식회사라는 구상의 실패 경험이 큰 역할을 했다. 그가 일했던 브리스톨 자치구는 경계 내에서 잡힌 물고기 수입의 97%가 다른 곳으로 흘러간다는 것을 알게 되었다. 그래서 해먼드는 물고기에 사용세 부과를 구상했다. 그렇게 하면 지역 주민이 3달러를 지불하면 자치구는 97달러의 수입을 올릴 수 있었다. 그는 그 수입을 브리스톨 베이 주식회사에 배정하고 자치구의 모든 주민들이 지분을 갖도록 하여 배당금을 받도록 하는 계획을 구상했다. 그러나 그 계획은 주민들의 세금에 대한 조건 반사적인 반대를 극복할 수 없어서 실패했다. 우여곡절 끝에 다른 세금을 없애는 대신 물고기 사용세를 부과하게 되었지만 그 자금으로 배당을 주는 데까지는 이어지지 못했다.

APF와 PFD는 오랫동안 지역적 관심사였지만 1999년경부터 세계적으로 주목받기 시작했다. 알래스카 방식이 모범적 사례로 관심을 끈 가장 큰 요인은 '자원의 저주'를 피할 수 있는 효과적인 방안으로 보였기 때문이다. 자원의 저주란 '막대한 광물 자원을 보유한 나라에서 비효율적이고 권위적인 정권이 등장하고 경제가 취약해지는 경향이 있다'는 뜻이다. 자원의 저주는 정부가 세수를 시민에게 의존하지 않기 때문에, 시민들이 효율성과 건전한 운영을 요구할 동인이 약해지는 데서 비롯된다고 평가된다. 정부가 시민의 세수에 의존할 때 강력한 중산층 세금 기반을 조성하기 위한 투자의 유인을 갖게 되지만 다른 수입원을 갖게 되면 그렇지 않았다. 즉, 과세에 따른 의무는 사회 계약에 해당하지만, 조세 외의 국가 수입은 사회 계약을 형성시키지 못한다. 이처럼 석유 자원은 대부분 양날의 검이었다. 석유 부의 유입은 재정 규율의 이완을 초래하고 돈을 낭비했으며, 호황이 끝났을 때에는 지속될 수 없는 방식으로 지출되는 경우가 허다했다.

1999년 해먼드를 인터뷰한 세계은행의 관계자에 따르면 나라의 자원에서 파생된 부의 일부를 배당금으로 지급하면 자원의 저주를 피할 수 있다고 했다. 그 이유는 크게 두 가지이다. 하나는 배당금 분배는 자원 수입의 처리 과정에서 투명성과 책임성을 강화한다. 공유부 수입이 배당금으로 분배되면 모든 시민은 돈의 흐름을 추적하고 감시하기 때문이다. 둘째는 배당금은 자원의 저주를 근본에서 없애고 정부의 효율성과 책임을 증진시킨다. 그래서 현재 많은 나라들이 자원 지대를 포착하는 데에 좋은 성과를 내고 있다. 예를 들어 노르웨이, 쿠웨이트, 볼리비아 등은 국부 펀드를 조성해 재생 불능 자원의 부를 투자 수익의 흐름으로 전환하고 있다(배당은 하지 않지만). 또 다른 사례로 미국 메인주에서 있던 "물 배당 신탁" 설립 움직임이다. 메인주에서는 지하수 추출에 부과한 소액의 세금으로 자금을 조달하고자 계획하고 있다. 나아가 신탁 회사를 세워 그 수익을 지역 주민에게 배당금으로 지급한다는 구상도 갖고 있다. 또한 사담 후세인 실각 이후 이라크에서는 석유 자원 기금화와 배당 지급 계획이 타진된 바 있다. 몽골에서도 지하자원을 대상으로 공유부 배당 계획이 검토되고 있다.

생태계 서비스와 탄소 배당

4장에서는 공유부 배당의 대상으로서 다소 유형적이지는 않지만 자연의 선물인 생태계 서비스를 제시하고 있다. 지구 온난화 위기를 해결하려면 대기 중에 배출되는 이산화탄소 등의 양을 제한해야 한다. 그 방법 중에는 '탄소 배출권-허가제carbon cap-and-permit'가 있는데, 그것은 세 가지 종류로 나눌 수 있다. 1) 배출권을 무료로 나눠 주는 방법 2) 정부가 배출권을 유료로 판매하고 그 수입을 적절한 곳에 지출하는 방법 3) 배출권을 신탁 기관에 제공하고 신탁 기관이 그것을 판매한 뒤 그 수입을 배당으로 지급하는 방법이다. 피터 반즈가 제안한 "하늘 신탁"은 세 번째 유형의 배출권-허가제이다. 하늘 신탁은 여러 의미를 지닌다. 첫째, 하늘 신탁은 대기의 희소한 폐기물 흡수 역량의 경제적 가치를 "정당한 소유자인 우리 자신에게" 돌려준다는 페인의 주장을 연상시키는 공유물에 대한 집단적 소유권의 주장이다. 둘째, 저소득 가구는 고소득 가구보다 에너지를 덜 쓰기 때문에 하늘 신탁은 누진 소득 재분배 기능을 하게 된다. 마지막으로, 배당금은 기본소득을 다룰 때 자주 언급되는 혜택을 제공하게 된다.(비록 반즈가 그 용어를 사용하지는 않았지만). 예를 들어, 집에 머무는 부모와 아이들을 지원함으로써 그 제도는 가족 친화적이며, 이는 아이들을 위한 투자로 간주된다.

기후 변화를 완화하려면 행동과 인프라의 변화가 필요하다. 선각자들이 탈탄소의 방향을 행동과 인프라로 바꿨다고 했을 때 화석 연료의 수요가 줄면서 그 가격이 하락하게 된다. 다른 영역에서는 화석 연료의 가격이 하락해서 그 수요와 소비가 늘게 된다. 이를 반등 효과라고 한다. 따라서 화석 연료의 소비에 가격을 매길 필요가 있다. 이것이 애덤 스미스가 제안한 시장적 해법이다.

탄소 가격제는 공급, 수요, 가격 간의 역동적인 관계를 활용해서 화석 연료의 공급을 제한한다. 탄소 가격제에는 탄소세와 배출권-허가제가 있다. 탄소세는 인위적으로 가격을 인상해 유효 수요와 공급량을 통제하는 방법(가격 통제)이며, 배출권-허가제cap-and-permit system는 인위적으로 수요를 제한하고 이를 통해 가격을 올리고 공급을 감소시키는 방법(물량 통제)이다.

탄소 가격제는 무상 배출권-허가제가 아닌 한 수입금을 발생시킨다. 그 수입금은 기후 변화 우선순위에 따라 지출하거나, 일반 예산의 일부로 지출하거나 혹은 개인 및 법인세 감면, 배당금 지급 등에 쓸 수 있다. 이 중에서 배당금 지급을 정당화하는 논리는 두 가지를 들 수 있다. 첫째, 대기권은 공유 유산의 일부이다. 탄소 흡수 역량이 화폐 수익화된다면 모든 사람은 일정 몫을 받을 자격이 있다. 둘째, 현실 정치의 논점으로서 배당금을 받을 수 있다는 전망이 이 정책을 유권자에게 더욱 매력적으로 보이게 만든다. 이런 점을 고려하면 배당금은 탄소 가격제의 설계에서 핵심이라고 할 수 있다.

화석 연료를 대체하려면 탄소 가격이 충분히 높아야 하며, 이는 결국 일반 가정의 연료비 부담을 증가시킨다. 따라서 저소득층과 중산층이 이 같은 비용 상승에 적응할 수 있도록 재정적 지원이 필요하다. 이 경우 보편적 배당이 확실한 방법이다. 배당금이 보편적이고 균등한 반면에 탄소 비용에 따른 부담은 개인의 구매 결정과 생활 방식에 따라 달라지기 때문에 배당금은 탈탄소 행위를 방해하지 않는다. 또한 탄소 가격 책정 프로그램 자체는 역진적이지만, 100%의 보편적 배당금은 누진적인 재정 조치이기도 하다.

공유부 배당의 일반화

라날리는 공유부 배당의 논리를 앞서 검토한 세 가지 사례(토지, 자연 자원, 생태계 서비스)를 넘어서 인공적 공유물에까지 확대하는 일반론의 정립을 시도한다. 즉, 인공 공유물을 공유부로 규정하고 그에 기인하는 화폐 소득을 공평하게 분배하는 원칙을 정립하고자 한다. 그리고 일반화를 위해 활용할 수 있는 논리로서 공공 신탁 원리, 노동 재산 이론, 경제적 지대론을 제시하고 검토한다.

우선 공공 신탁 원칙에서는 생태적 자산은 시민의 공공 재산이며 정부는 그것의 관리 책임을 맡은 수탁자trustee라는 점을 기본으로 한다. 이 원칙에 따르면 정부는 생태적 자산을 지속 가능하게 관리할 책임이 있으며, 시민은 자연 자원의 동등한 수혜자이다.

두 번째는 노동 재산 이론이다. 그로티우스와 같이 기독교 전통의 자연법 이론가들은 자연의 공동 소유권을 전제하고 있었다. 그들은 공동 소유권의 정당성을 성서에서 찾았다. 즉, 모든 사람은 아담의 계승자로서 모든 이가 자연에 대한 일정한 지분이 있다고 생각했다. 페인도 지구(혹은 토지)에 대한 원초적인 공동 소유권을 전제했기 때문에 스스로 기독교의 신을 믿지 않는다는 이신론자의 논리에서 벗어났다고 비판을 받기도 했다. 그러나 라날리는 페인이 기독교 논리가 아닌 세속적인 논리인 노동 재산 이론에 근거해서 원초적인 공동 소유권을 주장했다고 설명한다.

라날리에 따르면 노동 재산 이론은 '노력에 따라 재산권이 부여된다'는 것을 함축한다. 다시 말해, 사람은 자신이 생산한 것에 대해 권리가 있다. 이는 로크의 사상에서 기원한다. 로크는 '모든 사람은 자신의 신체에 대한 소유권이 있으며, 그의 신체의 노동과 손의 작업은 진정으로 그의 것이다'라고 말한다. 노동 재산 이론은 어떤 사람이 남의 생산물을 소비하면 그에 따른 대가를 지불해야 한다는 논리도 함의하고 있다.

그런데, 노동 재산 이론은 "자연의 산물을 보통의 사유 재산처럼 취급할 근거를 제공하지는 않는다."(190쪽) 왜냐하면 그것들은 사람이 창조한 것이 아니기 때문이다. 이를 '노동 재산 이론의 소극적 적용'이라고도 한다. 로크는 사유 재산제 등장 이전의 지구라는 재화 공동체를 '소극적'이라고 보았다. 그렇다면 노동 재산권 이론에서 자연은 자연스럽게 공동 소유권이 성립되는 게 아니라 누구의 것도 아니게 된다. 그런데 라날리는 이와 관련해 더 이상의 논의를 전개하지 않는다. 이러한 소극적 재화의 공동체에서 사유 재산이 어떻게 성립하는가를 밝히는 이론적 논의를 깊이 다루지 않고 있다.

그 대신 라날리는 '공동 소유권 계약이 필요하다'는 엘러먼의 논리를 가져와서 노동 재산 이론의 빈 공간을 채우고자 한다. 사람들이 "누구도 만들지 않은" 것을 사용하고 소비하고 지불한 대가를 거둬들인 다음에 "전체 인류"를 수혜자로 삼는 방식으로 자금을 활용하는 신탁 기관과 같은 공식 기관이 필요하다고 주장한다.

라날리는 세 번째로 경제적 지대의 개념을 공유부 배당을 인공 공유물로 확장할 수 있는 일반 원칙으로서 검토한다. 라날리는 지대의 기원을 정확하게 설명한다. 지대는 토지 사용에 대해서 지주에게 지불하는 대가를 말하며, 일반적으로 재산 소유주에게 재산 사용의 대가를 지불함을 말한다. 그런데 애덤 스미스에서 기원하는 고전 경제학은 지대를 부정적 의미로 사용했다.

스미스는 소득을 세 가지로 구분했다. 노동에 대한 임금, 기업가적 위험 감수에 대한 이윤, 그리고 지주에게 지불하는 지대이다. 스미스는 지대를 씨를 뿌리지 않은 곳에서 거두는 것으로서 불로 소득을 지칭하는 용어로 사용했다. 애덤 스미스에게 지대는 "지주의 계획이나 추진 사업과는 무관하게" 귀속되는 소득이다. 즉, 지대는 '노력과 희생 없이' 타인이 창출하는 부를 수동적으로 축적하는 사회 계급의 특징을 보여 준다. 스미스 시대 이후 경제학자들은 지대의 개념을 토지 보유를 넘어 독점 이윤 등 '지위적 우위'로 인한 모든 종류의 '초과 이득'을 포함해 일반화했다. 그래서 어떤 이는 지대를 '자원의 소유권, 독점, 희소성 또는 기타 요인으로 인해 발생하며, 노동work, 위험risk, 도전enterprise에 기인하지 않는 불로 초과 이윤 형태의 불로소득unearned income'으로 정의한다.

이런 지대에 대한 일반적 개념을 배경으로 인해 라날리는 지대 이론을 공유부 배당의 근거로 삼으려고 한다. 그 논리에 따르면 경제적으로 긍정적 기능을 하는 지대가 있고 그렇지 않은 지대가 있다. 라날리는 경제적으로 긍정적 기능을 하지 않는 지대를 "나쁜" 지대로 명명하고, 배당의 후보 자원으로서 검토한다. "나쁜" 지대는 원천적으로 그 발생을 차단하거나 그럴 수 없다면 그것을 징수하자고 제안한다.

그런데 경제적 지대의 개념은 여러 논점을 남긴다. 첫째, 무엇을 기준으로 좋은 지대와 나쁜 지대를 나눌까라는 문제이다. 라날리가 인정하듯이 그 기준은 '가치'와 '정치'의 문제이다. 둘째, 생산자 잉여와 슘페터적 지대가 과연 본래적 의미의 지대인가 하는 문제이다. 슘페터적 지대는 마르크스의 개념에서는 특별 잉여 가치이다. 셋째, 징수된 나쁜 지대가 과연 공유부인가의 문제이다(198쪽). 역으로 좋은 지대는 공유부가 절대로 아닌가라는 논점도 남는다. 라날리도 이러한 한계를 인지하고 공유부 배당의 일반화를 해결해야 할 과제로 남긴다.

인공 공유물의 후보 자원들

라날리는 인공적이거나 인공적 요소를 명확히 포함하며 공유부 배당의 재원으로 간주할 수 있는 몇 가지 후보 자원들을 제시한다. 이 재원들은 다음과 같다.

- 사회적 맥락social context이 토지 가치에 미치는 기여
- 이전 세대로부터 물려받은 문화, 과학, 기술의 공동 자산
- 우리의 집합적 사회·정치·경제 제도
- 전자기 방송 주파수
- 웹 도메인 이름을 할당하는 시스템
- 화폐 창조 시스템

물론 이 목록은 포괄적인 것이 아니라 문헌에서 논의되었거나 특히 관심을 끄는 몇 가지 주제를 정리했을 뿐이다.

라날리는 하나의 도덕적 직관에서 출발해서 공유부 배당에 대한 일반 이론 정립의 기초를 다지고, 그 이론의 적용 대상을 인공 공유물까지 확대하고자 한다. 그는 이 책을 통해서 공유부 배당과 관련된 이론 검토와 그것을 실현하려는 현실의 운동을 다각적이고 포괄적으로 소개하고 있지만, 이론적 엄격성 면에서는 해결해야 할 몇 가지 문제를 남겼다. 무엇보다도 공유부 배당의 첫 번째 진술로서 풍부한 이론적 적용 가능성이 있는 페인의 이론을 다소 부족하게 설명한다. 라날리의 책에서 다소 미흡한 페인의 논리를 보충 설명하고 공유부 배당의 일반 이론화를 위해 도입했던 여러 이론들을 종합해서 평가해 본다.

페인의 논리 재구성

모든 사람이 '자연 상태state of nature'에서 지구의 공동 소유자라는 사고는 전 세계에서 보편적으로 관찰되며, 특히 기독교 전통에서 분명하다. 그렇지만 현실에서 모든 사람이 개간된 땅의 공동 소유자가 아닌 것도 분명하다. 애초에 지구가 인류에게 공동으로 주어졌는데, 그 공동 소유가 문명사회에서 계속 이어지지 않고 (많은 부분이) 사적 소유로 된 이유는 무엇일까(Robert Lamb 2015, 123). 서구의 재산 이론가들은 이 문제에 답하기 위해 여러 논리를 전개했다. 페인의 이론도 그런 흐름 속에서 파악할 수 있다.

공동 소유였던 지구에서 사적 소유 재산이 등장하는 과정을 설명하는 서구의 논리에는 크게 세 가지가 있다. 첫째는 독일의 법학자인 푸펜도르프Pufendrof의 논증이다. 그는 (명시적이든 암묵적이든) 사회적 합의인 동의가 있었다고 설명한다. 즉, "분쟁을 피하기 위해 … 사물에 대한 … 소유권은 신의 의지에 따라, 인간들 사이의 동의와 적어도 암묵적인 합의에 의해 처음부터 도입되었다."(Robert Lamb 2015, 124)는 것이다. 그래서 푸펜도르프의 입장에서 재산은 개인들 간의 실제 합의를 통해 발생함으로 이는 필수적이고 바람직하다. 따라서 이러한 재산의 점유를 권리 침해로 보는 것은 의미가 없으며, 그 존재는 오히려 다른 권리 행사의 전제 조건이 된다. 그러나 페인은 이를 받아들이지 않았다. 왜냐하면 동의는 언제든지 바뀔 수 있어서 소유권을 동의로써 설명하면 그것은 결코 안정적일 수 없기 때문이다.

이에 반해 그로티우스는 지구를 '재화의 소극적 공동체'로 보았다. 재화의 적극적 공동체는 지구의 모든 재화가 공동 소유라는 의미인 반면에 재화의 소극적 공동체는 주인이 정해지지 않은 것은 누구든지 소유권을 주장할 수 있다고 전제한다. 그로티우스는 재화의 소극적 공동체를 설명하기 위해서 키케로의 극장 좌석의 예를 든다. 먼저 앉는 사람이 좌석을 차지하는 것처럼, 그로티우스는 재화의 소극적 공동체에서 선점(일차적 점유)이 배타적 소유권을 합법적으로 가질 수 있는 권리로 보았다.

로크도 그로티우스와 마찬가지로 지구를 재화의 소극적 공동체로 보았다. 하지만 로크는 선점이 아니라 노동의 투여를 사적 소유권 확립의 근거라고 주장했다. 로크에 따르면 생물체가 처음에는 '모두의 권리'였다고 할지라도, 그가 '그것에 노동을 들였기 때문에 사냥꾼이 사슴을 소유했다'라고 말할 수 있다. 로크는 노동이 자연 자원에 더하는 가치를 설명한다. 노동이 없으면 개인들은 '도토리, 물, 잎'을 갖고 있을 뿐이고, '빵, 와인, 옷'을 가질 수 없다고 말한다.

그런데 이 같은 '노동 혼합'에 기반한 정당한 취득이란 설명은 여러 문제를 야기한다. 아마도 가장 명백한 문제는 로버트 노직 Robert Nozick이 제기한 것이다. 그는 '왜 자신의 노동을 무엇인가에 보태는 것이 그것의 소유자가 되는 근거가 되는가?'라고 묻는다. 그는 이어서 '왜 내가 소유한 것을 내가 소유하지 않은 것과 섞는 것이, 내가 소유하지 않은 것을 얻는 방식이 아니라 내가 소유한 것을 잃는 방식이 되지 않는가?'라고 반문한다. 이런 비판에는 로크도 반론을 갖고 있었다. 노동은 신의 명령이기 때문이다.

페인은 로크의 노동 재산 이론을 계승했지만 로크의 논리를 그대로 받아들이지 않았다. 로크의 논리대로 지구를 재화의 소극적 공동체로 해석하면 지구의 원시 공산주의 상태와 사유 재산 발생 사이의 명백한 모순을 즉시 해결할 수 있지만, 페인이 주장하는 모든 인간이 본래부터 가진 소유권을 도출할 수는 없기 때문이다. 페인에게 있어서 '모든 개인은 특정 종류의 재산에 대해 정당한 생득권이 있으며' 재산이 없는 사람들은 '자연 상속을 도둑맞은 것'이기 때문이다. 개인들이 자신의 권리를 도둑맞았다고 할 수 있는 유일한 방법은 개인들이 애초에 자연 자원에 대해 침해할 수 없는 청구권을 가지고 있는 경우이다. 이는 재화의 소극적 공동체 상황이 아니며 키케로의 극장 좌석 배정 비유는 적합하지 않다.

이와 관련해 페인은 '창조한 자가 창조된 것의 소유권을 갖는다'는 원리를 주장한다. 인간은 지구를 만들지 않았다. 인간이 지구를 점유할 자연적 권리가 있었지만 어떤 부분도 영구히 자신의 재산으로 삼을 권리는 없었다. 배타적 소유권은 농업 단계에서 지구를 '경작'하면서 생겨났다. 경작을 하면서 노동에 따른 개선의 가치가 땅 자체의 가치보다 커지면서 그것을 흡수했다. 그래서 경작(개간)한 자가 모든 것을 가져갈 수 없다고 주장한다. 페인은 경작한 자가 자신들이 스스로 창조한 것만 가져가야 하는데 본래적인 것까지 가져가고 있는 게 현실이므로 모든 사람들의 본래적 소유권에 대해서 보상해야 한다는 논리를 이끌어 낸다.

페인이 자연 재산과 인공 재산을 구분하고 각각에 대해 정당한 권리를 보유할 수 있는 근거를 설명한 논리는 상당히 간명하다. 모든 개인은 평등하게 물려받았다. 그리고 특정 개인은 경작을 통해서 인공 재산에 대한 정당한 소유권을 가질 수 있으며, 동시에 자연 재산도 부당하게 소유할 수 있었다. 이런 경우에 과세를 통해 자연 재산의 가치를 소유주로부터 가져와 정치 공동체의 모든 개인이 동등한 지분을 그 배당금으로 분배받아야 한다고 본다.

그런데 페인은 자신의 과세 체계가 토지의 가치뿐만 아니라 돈과 같은 "개인 재산"도 재분배하고자 한다는 점을 충분히 인정했기 때문에 또 다른 추가적 논리가 필요했다. 이와 관련해 그는 개인 재산은 사회의 결과물이며, 개인이 사회의 도움 없이 개인 재산을 취득하는 것은 토지를 만드는 것만큼이나 불가능하다는 논리를 전개한다. 개인을 사회로부터 분리하고 그에게 섬이나 대륙을 소유하게 하면 그는 개인 재산을 획득할 수 없다. 그는 부자가 될 수 없다. 모든 경우에 수단은 목적과 불가분의 관계에 있으므로 수단이 없으면 목적도 성취 불가능하다. 그러므로 개인 재산의 모든 축적은 자신의 손으로 생산한 것 이상으로 사회에서 생활함으로써 파생된 것이며, 그는 정의, 감사, 문명의 모든 원칙에 대해 전체 축적의 일부를 빚지고 있다는 논리를 전개한다. '개인 재산'을 '사회의 효과'로 보는 이 논리는 "사회의 도움 없이 자신의 욕구를 충족시킬 수 있는 사람은 아무도 없다"(Robert Lamb 2015, 139)는 페인의 또 다른 주장에 부합한다. 즉, 화폐의 취득에는 사회란 존재가 있어야 하므로 정의로움은 상속받은 자연 재산의 가치에 더해 화폐 같은 인공 재산에도 동등한 소유권과 그에 부합하는 과세를 요구한다. 페인의 이 같은 논리는 인공적 공유물에도 적용할 수 있는 일반 원칙의 가능성을 제기한다.

공유부 배당론의 일반이론에 대한 평가

페인에게 공유부는 토지이지만 토지 전체는 아니다. 토지는 자연적 재산과 인공적 재산의 분리할 수 없는 결합물이다. 따라서 공유부는 토지 전체가 아니라 토지를 구성하는 자연적 재산만을 의미한다. 그리고 토지 배당의 재원은 그 자연적 재산 부분이 전체 지대에서 차지하는 정도로 조성될 수 있다. 만약 토지가 현실에서 사적 소유로 되어 있다면 그 토지의 지대 중에서 인공적 재산 부분은 토지의 사적 소유자에게 귀속되어야 하지만, 자연적 재산의 대응하는 지대 부분은 공동체 성원 모두를 위한 재원이 되어야 한다. 그러면 특정 토지에서 자연적 재산과 인공적 재산의 비율은 어떻게 결정될까? 이것은 지극히 사회적 합의에 의해 결정될 수밖에 없다.

 이 논리를 알래스카의 석유 자원에 적용해 보자. 알래스카의 석유는 일반적인 토지와 달리 주의 소유지였다. 석유 자원에 인공적 부분과 자연적 부분이 있다고 했을 때, 인공적 부분의 소유자도 공공이다. 그래서 문제가 간단하다. 알래스카는 석유 자원에서 정기적으로 나오는 수익의 일정 부문은 재투자하고 일정 부문은 배당한다. 그렇다면 배당 중에서 일정 부분은 자연적 재산에서 오고, 일정 부분은 인공적 부문에서 나온다고 할 수 있다. 그리고 공공 부문이 그것을 배당하기로 하면서 알래스카 주민들은 인공적 부문과 자연적 부분의 지대를 모두 배당으로 지급받는 것이다.

 이제 생태계 서비스의 메커니즘을 알아보자. 일단 페인의 논리를 적용해 보자. 생태계는 탄소를 일정 비율로 유지시키는 서비스를 제공하고 있다고 볼 수 있다. 그런데, 그 서비스의 양이 정해져 있기 때문에 그 서비스에 가격을 매겨서 그 서비스의 사용량을 통제하려는 것이 탄소 가격 정책이다. 그 탄소 가격 정책에는 서비스 가격을 높여서 사용량을 통제하는 탄소세 방안이 있고, 사용량 자체의 한계를 결정하는 배출권-허가제가 있다. 탄소세는 세수가 확보되며, 배출권-허가제 역시 배출권을 유상으로 제공하면 수입이 확보된다. 그 수입을 공동체 성원에게 균등하게 배분하는 것이 바로 탄소 배당제이다. 그러면 생태계 서비스 자체가 자연적 재산으로서 공유부이다. 생태계 서비스를 인공적 재산과 자연적 재산으로 나눌 이유는 없다.

이런 관점에 선다면 공유부 배당론은 경제적 지대 이론과 충돌한다. "나쁜" 경제적 지대의 징수를 통해서 배당의 원천을 마련하자는 주장은 지대 자체가 기여 없이 소유의 지위에 의해 소득을 확보하는 것에 대한 비판이기 때문이다. 앞서 말한 공공 신탁 원칙과 (소극적) 노동 재산 이론에 따르면, 누구도 창조하지 않은 자연의 부는 공동의 소유이며, 이 공동 소유에 대한 관리를 맡은 수탁자인 정부는 그것에서 기인하는 수익을 공공자산의 공동 소유주인 모든 이에게 공평하게 분배하자는 것이다. 이렇게 보면 공공 신탁과 소극적 노동 재산 이론은 소유에 따른 지대를 모두에게 분배하자는 것이다. 이에 반해 경제적 지대론은 근본적으로 소유에서 나오는 소득을 비판한다. 따라서 소유에 따른 소득을 불로 소득으로 삼는 경제적 지대론과 소유에 기반한 공유부 배당은 조화되기 힘들다. 공유부 배당론 역시 공동 소유에서 나오는 수익을 배당하자는 것이며 결국 소유권 기반의 이론적 구성이기 때문이다.

로크는 노동 재산 이론의 근거를 다음과 같이 이야기한다. "대지와 … 피조물은 만인의 공유물이지만 사람은 자기 자신의 일신에 대해서는 소유권을 갖고 있다. 신체에 대해서는 … 본인 이외의 어느 누구도 아무런 권리를 갖지 못한다. (그래서) 그의 육체의 노동과 그의 손이 하는 일은 바로 그의 것이라고 말할 수 있다." (John Locke 1988, 287)사람이 어떤 것에 대해서 소유권을 갖는 것은 자신의 소유물이 기여한 결과물이기 때문이다. 노동이 결과물의 생산에 기여했고 노동은 그 사람의 것이기 때문에 그 사람이 그 결과물에 대한 소유권을 갖는다는 것이다. 그렇다면 사람이 다른 소유권을 갖는다면 그 사물의 기여도 그 사람의 것이다. 그런데 애덤 스미스는 지대를 희생과 노력 없는 소득이라고 규정한다.

그러나 농산물이 토지의 기여 없이 생길 수 있는가? 그래서 땅의 주인은 그 정도를 가늠하긴 힘들지만 정당한 소득의 청구권이 있다고 봐야 할 것이다. 페인의 논리는 바로 그 땅의 주인은 적어도 자연적 재산의 논리에 따라 토지의 사적 소유자가 아니라 모든 인류라고 말하고 있다.

글을 마치며

브렌트 라날리는 이 책에서 토머스 페인의 이론에서 시작된 공유부 배당의 논리를 토지뿐만 아니라 자연 자원, 생태계 서비스, 인공 공유물까지 포괄하는 일반 이론으로 정립하고자 했다.

라날리가 제시한 이론적 근거들은 각기 강점과 한계를 지닌다. 공공 신탁 원리는 공유부를 공공의 자산으로 간주하며, 정부는 이를 시민을 위한 신탁으로 관리해야 하는 책임이 있다. 이는 정부가 단순한 규제자가 아니라 수탁자로서, 현재뿐만 아니라 미래 세대를 위해 자원을 보호하고 공정하게 배분해야 함을 의미한다. 그러나 공공 신탁을 효과적으로 운영하기 위해서는 정부의 정책적 일관성과 독립성이 보장되어야 하며, 정치적 이해관계에 의해 왜곡되지 않도록 관리할 필요가 있다. 이에 따라 공공 신탁을 정부가 직접 운영하는 방식 외에도, 독립적인 신탁 기구를 활용해 정치적 개입을 최소화하는 방안이 대안으로 논의될 수 있다.

노동 재산 이론은 인간의 노동을 통해 창출된 재산과 자연이 부여한 재산을 구별해 공유부 배당의 필요성을 설명하지만, 사적 소유권의 범위에 대한 추가 논의가 필요하다.

경제적 지대론은 소유로부터 발생하는 소득을 비판하며, 이를 공유부 배당의 재원으로 삼아야 한다고 주장한다. 그러나 공유부 배당 자체가 소유에서 나오는 권리를 보장하는 측면이 있는 만큼, 소유에서 발생하는 소득을 일정 부분 정당한 것으로 인정할 수밖에 없으며, 이러한 점에서 경제적 지대론과 조화를 이루기 어렵다는 한계가 있다.

따라서 공유부 배당의 일반 이론은 단일한 원리에 의존하기보다는 다양한 이론을 종합적으로 고려하는 방식으로 발전되어야 한다. 알래스카 영구 기금 배당은 공유부 배당의 실현 가능성을 보여 주는 대표적인 사례다. 그러나 라날리가 강조했듯이, 공유부 배당의 적용 범위를 자연 자원에서 디지털 자산, 전파 주파수, 금융 시스템 등 인공 공유물로까지 확장하려면 기존과는 다른 정책적 접근이 필요하다.

결론적으로, 공유부 배당은 소유와 분배의 방식을 새롭게 정립하는 방향으로 논의될 필요가 있다. 이를 위해서는 소유와 소득의 관계를 재검토하고, 다양한 이론적 근거를 종합해 공유부 배당의 도덕적, 정치적 정당성을 체계적으로 정립해야 한다. 라날리의 논의는 이러한 이론적 확장을 위한 중요한 출발점을 제공했다는 점에서 의미가 크다.

참고 문헌

An Act to Preserve Maine's Drinking Water Supply. 2005. *The Maine Woods* 8 (2, Late Summer): 4.

Andelson, Robert V., ed. 2001. *Land-Value Taxation Around the World: Studies in Economic Reform and Social Justice, 3rd ed.* Hoboken, NJ: Wiley-Blackwell.

Andersen, Alfred F. 1985. *Liberating the Early American Dream.* New Brunswick, N.J.: Transaction Books.

Andersen, Alfred F. 1996. *Challenging Newt Gingerich, Chapter by Chapter.* Eugene, OR: Tom Paine Institute.

Andrzejewski, Adam, and Thomas W. Smith. 2019. *Federal Funding of Fortune 100 Companies: Open the Books Oversight Report.* https://www.openthebo oks.com/federal-funding-of-fortune-100-companies-open-the-books-oversi ght-report/.

Andrzejewski, Adam. 2019. How the Fortune 100 Turned $2 Billion in Lobbying Spend Into $400 Billion of Taxpayer Cash. *Forbes* (May 14).

Banai, Ayelet. 2012 Freedom, Development, and Oil: Citizens' Capital Accounts for Iraq. In *Exporting the Alaska Model: Adapting the Permanent Fund Dividend*, ed. Karl Widerquist and Michael W. Howard, Chapter 16. New York: Palgrave Macmillan.

Barnes, Peter, Robert Costanza, Paul Hawken, David Orr, Elinor Ostrom, Alvaro Umaa, and Oran Young. 2008. *Science* 309 (February 8): 724726.

Barnes, Peter. 1971. Reconsidering Henry George. *The New Republic* (December 11).

Barnes, Peter. 2001. *Who Owns the Sky?* Washington, DC: Island Press.

Barnes, Peter. 2006. *Capitalism 3.0.* San Francisco: Berrett-Koehler.

Barnes, Peter. 2014. *With Liberty and Dividends for All.* San Francisco: BerrettKoehler.

Barnes, Peter. 2021 [in press]. *Ours: The Case for Universal Property.* Cambridge, UK: Polity Press.

Basu, Rahul, and Scott Pegg. 2020. Minerals Are a Shared Inheritance: Accounting for the Resource Curse. *The Extractive Industries and Society* 7 (4): 13691376.

Basu, Rahul. 2018. Will India Be First? *The Future We Need.* November 24. https://medium.com/@thefutureweneed/will-india-be-first-738f809d7f57.

Basu, Rahul. 2019. India: Minerals are a Shared Inheritance. *The Future We Need.* March 16. https://medium.com/@thefutureweneed/india-mineralsare-a-shared-inheritance-8278d98106eb.

Basu, Rahul. 2020. Global Estimates of Loss Rates. *The Future We Need.* April 5. https://medium.com/@thefutureweneed/global-estimates-of-lossrates-21ae4b48b065.

Bebchuk, Lucian, and Jesse Fried. 2004. The Managerial Power Perspective. In *Pay Without Performance: The Unfulfilled Promise of Executive Compensation*, ed. Lucian Bebchuk and Jesse Fried. Cambridge, MA: Harvard University Press.

Benes, Jaromir, and Michael Kumhof. 2012. *The Chicago Plan Revisited*. IMF Working Paper WP/12/202. August.

Bernanke, Ben S. 2002. Deflation: Making Sure 'It' Doesn't Happen Here. Remarks Before the National Economists Club, Washington, DC. November 21. https://www.federalreserve.gov/boarddocs/speeches/2002/20021121/ default.htm.

Bernanke, Ben S. 2003. *Some Thoughts on Monetary Policy in Japan: Remarks before the Japan Society of Monetary Economics*, Tokyo, Japan. May 31. https://fraser.stlouisfed.org/title/statements-speeches-ben-s-bernanke-453/ thoughts-monetary-policy-japan-8879.

Bernanke, Ben S. 2016. What Tools Does the Fed Have Left? Part 3: Helicopter money. Brookings Institution. April 11. https://www.brookings.edu/blog/ ben-bernanke/2016/04/11/what-tools-does-the-fed-have-left-part-3-helico pter-money/.

Bezemer, Dirk, and Michael Hudson. 2016. Finance Is Not the Economy: Reviving the Conceptual Distinction. *Journal of Economic Issues* 50 (3, August 11): 745768.

Birdsall, Nancy, and Arvind Subramanian. 2004. Saving Iraq From Its Oil. *Foreign Affairs* 83 (4): 7789.

Block, Ben. 2008. A Look Back at James Hansen's Seminal Testimony on Climate, Part Two. *Grist* (June 18). https://grist.org/article/a-climate-herothe-testimony/.

Blunden, J., and D. S. Arndt, eds. 2020. State of the Climate in 2019. Special Supplement to *the Bulletin of the American Meteorological Society* 101 (8, August).

Blyth, Mark, Eric Lonergan, and Simon Wren-Lewis. 2015. Now the Bank of England Needs to Deliver QE for the People. *The Guardian* (May 21). https://www.theguardian.com/ business/economics-blog/2015/ may/21/now-the-bank-of-england-needs-to-deliver-qe-for-the-people.

Boehm, Christopher. 2009. *Hierarchy in the Forest: The Evolution of Egalitarian Behavior*. Cambridge, MA.: Harvard University Press.

Bollier, David. 2003. *Silent Theft: The Private Plunder of Our Common Wealth*. New York: Routledge.

Boyce, J.K., and M.E. Riddle. 2008. *Keeping the Government Whole: The Impact of a Cap and-Dividend Policy for Curbing Global Warming on Government Revenue and Expenditure*. Political Economy Research Institute. Working Paper No. 188. November.

Boyce, James K. 2018. Carbon Pricing: Effectiveness and Equity. *Ecological Economics* 150: 5261.

Boyce, James K. 2019. *Economics for People and the Planet: Inequality in the Era of Climate Change*. London: Anthem Press.

Boyce, James K. 2019. *The Case for Carbon Dividends*. Medford, MA: Polity.

Boyce, James K. 2021. A Litmus Test for the Climate. *Bangor Daily News* (January 26). https://bangordailynews.com/2021/01/26/opinion/contri butors/a-litmus-test-for-the-climate/.

Boyce, James K., and Matthew Riddle. 2007. *Cap and Dividend: How to Curb Global Warming While Protecting the Incomes of American Families*. Political Economy Research

Institute. Working Paper No. 150. November.
British Columbia. 2019. Climate Action Tax Credit Boost Helps B.C. Families. *Ministry of Finance Information Bulletin* (July 2). https://archive.news.gov.bc.ca/relcases/news_releases_2017-2021/2019FIN0065-001371.htm.
Brittan, Samuel, and Barry Riley. 1978. A People's Stake in North Sea Oil. *Lloyds Bank Review* 128: 118.
Brown, Ellen Hodgson. 2008. *Web of Debt: The Shocking Truth About Our Money System--the Sleight of Hand That Has Trapped Us in Debt and How We Can Break Free*, 2nd ed., Expanded and Updated. Baton Rouge, LA: Third Millenium Press.
Brown, Halina. 2020. The Perils of Privatization. Contribution to GTI Forum, "Universal Basic Income: Has the Time Come?" November. https://greatt ransition.org/gti-forum/basic-income-brown.
Brulle, Robert. 2018. 30 Years Ago Global Warming Became Front-Page NewsAnd Both Republicans and Democrats took it seriously. *The Conversation* (June 19). https://theconversation.com/30-years-ago-global-war ming-became-front-page-news-and-both-republicans-and-democrats-took-itseriously-97658.
Buck, Susan J. 1998. *The Global Commons: An Introduction*. Washington, DC: Island Press.
Burtraw, Dallas, and Samantha Sekar. 2014. Two World Views on Carbon Revenues. *Journal of Environmental Studies and Sciences* 4: 110120.
Buttigieg, Jean. 2018. *The Human Genome as Common Heritage of Mankind*. Stuttgart: ibidem-Verlag.
Buxton, Carol R. 2004. Property in Outer Space: The Common Heritage of Mankind Principle vs. He First in Time, First in Right, Rule of Property. *Journal of Air Law and Commerce* 69: 689.
California Public Utilities Commission (CPUC). 2012. CPUC Issues Proposal on Use of Revenue from Sale of Greenhouse Gas Allowances by Utilities. Press Release. November 16. https://docs.cpuc.ca.gov/PublishedDocs/Pub lished/G000/M034/K966/34966395.PDF.
CapGlobalCarbon. 2017. Submission to the Irish Citizens' Assembly. August 11. https://www.capglobalcarbon.org/wp-content/uploads/2017/08/cgccitizens-assembly.pdf.
CapGlobalCarbon. n.d. The Thinking Behind CapGlobalCarbon. https://www.capglobalcarbon.org/the-thinking-behind-capglobalcarbon/.
Carbon Tax Center. 2020. Where Carbon Is Taxed. Online Resource: https:// www.carbontax.org/where-carbon-is-taxed. Accessed August 30, 2020.
Carl, Jeremy, and David Fedor. 2016. Tracking Global Carbon Revenues: A Survey of Carbon Taxes Versus Cap-and-Trade in the Real World. *Energy Policy* 96: 5077.
Christopher, Ben. 2016. The Spectrum Auction: How Economists Saved the Day. *Priceonomics*. August 19. https://priceonomics.com/the-spectrum-auc tion-how-economists-saved-the-day/.
Ciais, P., C. Sabine, G. Bala, L. Bopp, V. Brovkin, J. Canadell, A. Chhabra, R. DeFries, J. Galloway, M. Heimann, C. Jones, C. Le Qur, R.B. Myneni, S. Piao, and P. Thornton. 2013. Carbon and Other Biogeochemical Cycles. In *Climate Change 2013: The Physical Science Basis. Contribution of Working Group I to the Fifth Assessment Report of the Intergovernmental Panel on Climate Change*, ed. T.F. Stocker, D. Qin, G.-K. Plattner, M. Tignor, S.K. Allen, J. Boschung, A. Nauels, Y. Xia, V. Bex, and P.M. Midgley. Cambridge,

UK: Cambridge University Press. https://www.ipcc.ch/site/assets/uploads/ 2018/02/ WG1AR5_Chapter06_FINAL.pdf.
Claeys, Gregory. 1987. *Machinery, Money and the Millennium: From Moral Economy to Socialism, 1815~1860*. Princeton, NJ: Princeton University Press.
Claeys, Gregory. 1987. Paine's Agrarian Justice and the Secularisation of Natural Jurisprudence. *Bulletin of the Society for the Study of Labour History* 52 (3): 25.
Claeys, Gregory. 1989. *Thomas Paine: Social and Political Thought*. London: Unwin Hyman.
Claeys, Gregory. 2016. Paine's Rights Reconsidered. In *New Directions in Thomas Paine Studies*, ed. Scott Cleary, Ivy Linton Stabell, and Quinlan Short. New York: Springer.
Clemons, Steven C. 2003. Sharing, Alaska-Style. *New York Times* (April 9).
Climate Leadership Council (CLC). 2020. *The Baker Shultz Carbon Dividends Plan: Bipartisan Climate Roadmap, Issued by the Broadest Coalition in U.S. History*. https://clcouncil.org/Bipartisan-Climate-Roadmap.pdf.
CNET. 2002. VeriSign Buys Network Solutions in $21 Billion Deal. January 2. https://www.cnet.com/news/verisign-buys-network-solutions-in-21-billion-deal/.
Cohen, Maurie J. 2011. Is the UK Preparing for 'War'? Military Metaphors, Personal Carbon Allowances, and Consumption Rationing in Historical Perspective. *Climatic Change* 104 (2): 199222.
Cole, Margaret. 1953. *Robert Owen of New Lanark*. New York: A. M. Kelley.
Congressional Budget Office (CBO). 2000. *Who Gains and Who Pays Under Carbon-Allowance Trading?* June 1. https://www.cbo.gov/publication/ 12342.
Connolly, Michelle, Nelson S, Azeem Zaman, Chris Roark, and Akshaya Trivedi. 2018. *The Evolution of U.S. Spectrum Values Over Time*. Brandeis Working Paper 2018/121.
Conway, Moncure D. 1895. The First French Socialist. *The Open Court* 387 (January 24): 4367~4369.
Cord, Steven B. 1965. *Henry George, Dreamer or Realist?* Philadelphia: University of Pennsylvania Press.
Corrigan, Mike. 2004. Wilfong Proposes Fee for Drawing Water for Large Bottling Operations. *Bridgeton News* (March 25).
Costanza, Robert, and Joshua Farley. 2010. What Should Be Done with the Revenues from a Carbon Cap and Auction System? *Solutions* 1 (1, January February): 33.
Costanza, Robert, Paul W.B. Atkins, Marcello Hernandez-Blanco, and Ida Kubiszewski. 2021. Common Asset Trusts to Effectively Steward Natural Capital and Ecosystem Services at Multiple Scales. *Journal of Environmental Management* 280 (15 February): 111~801. https://doi.org/10.1016/j.jen vman.2020.111801.
Costanza, Robert. 2015. Claim the Sky! *Solutions* 6 (1, JanuaryFebruary).
Cotlar, Seth. 2011. *Tom Paine's America: The Rise and Fall of Transatlantic Republicanism in the Early Republic*. Charlottesville: University of Virginia Press.
Cramton, Peter, and Suzi Kerr. 1998. *Tradable Carbon Allowance Auctions: How and Why to Auction*. Center for Clean Air Policy.
Creating Alaska. 2004. Creating Alaska Oral History Interview: Jay Hammond. Interview Conducted January 24, 2004. University of Alaska. https://www.alaska.edu/creatingalaska/statehood-files/oral-history-transcripts/.
Cronin, Julie-Anne, Don Fullerton, and Steven Sexton. 2017. *Vertical and Horizontal Redistributions from a Carbon Tax and Rebate*. Center for Economic Studies and if

Institute (CESifo). Working Paper No. 6373.
Crotty, James. 2008. If Financial Market Competition Is Intense, Why Are Financial Firm Profits so High? Reflections on the Current 'Golden Age' of Finance. *Competition & Change* 12 (2): 167183.
Cummine, Angela. 2012. Overcoming Dividend Skepticism: Why the World's Sovereign Wealth Funds are Not Paying Dividends. In *Exporting the Alaska Model: Adapting the Permanent Fund Dividend*, ed. Karl Widerquist and Michael W. Howard, Chapter 3. New York: Palgrave Macmillan.
Cummine, Angela. 2016. *Citizens' Wealth: Why (and How) Sovereign Funds Should be Managed by the People and for the People*. New Haven: Yale University Press.
Daily, Gretchen C., Susan Alexander, Paul R. Ehrlich, Larry Goulder, Jane Lubchenco, Pamela A. Matson, Harold A. Mooney, Sandra Postel, Stephen H. Schneider, David Tilman, and George M. Woodwell. 1997. *Ecosystem Services: Benefits Supplied to Human Societies by Natural Ecosystems*. Published as *Issues in Ecology* 2 (Spring).
Deacon, Robert T. 2011. The Political Economy of the Natural Resource Curse: A Survey of Theory and Evidence. *Foundations and Trends in Microeconomics* 7 (2): 111208.
Dimitri, Carolyn, Ann Effland, and Neilson Conklin. 2005. *The 20th Century Transformation of U.S. Agriculture and Farm Policy*. USDA Economic Research Service. Economic Information Bulletin No. (EIB-3). https://www.ers.usda.gov/publications/pub-details/?pubid=44198.
Dinan, Terry, and Diane Lim Rogers. 2002. Distributional Effects of Carbon Allowance Trading: How Government Decisions Determine Winners and Losers. *National Tax Journal* 55 (2, June): 199221.
Douthwaite, Richard. 1992. *The Growth Illusion: How Economic Growth Has Enriched the Few, Impoverished the Many, and Endangered the Planet*. Bideford, Devon: Green Books.
Dove, Patrick Edward. 1854. *The Elements of Political Science...* Edinburgh: Johnstone & Hunter.
Elgie, Stewart, and Jessica McClay. 2013. BC's Carbon Tax Shift After Five Years: Results. An Environmental (and Economic) Success Story. *Sustainable Prosperity*. July.
El-Katiri, Laura, Bassam Fattouh, and Paul Segal. 2011. *Anatomy of an Oil-Based Welfare State: Rent Distribution in Kuwait*. Kuwait Programme on Development, Governance and Globalisation in the Gulf States Research Papers (13). The London School of Economics and Political Science, London, UK. https://eprints.lse.ac.uk/55663/.
Ellerman, David. 1988. *Cooperative Farming Communities: A Model Based on Mondragon and Moshav Principles*. Prepared for the Research Center for Rural Development of the State Council of the People's Republic of China. Industrial Cooperative Association. July.
Ellerman, David. 2016. Rethinking Common Versus Private Property. *American Journal of Economics and Sociology* 75 (2): 319345.
Erdal, David, and Andrew Whiten. 1996. Egalitarianism and Machiavellian Intelligence in Human Evolution. In *Modelling the Early Human Mind*, ed. Paul Mellars and Kathleen Gibson, 139150. Cambridge, UK: McDonald Institute for Archeological Research.
Erickson, Gregg, and Cliff Groh. 2012. How the AP and the PFD Operate: The Peculiar Mechanics of Alaska's State Finances. In *Alaska's Permanent Fund Dividend: Examining Its Suitability as a Model*, ed. Karl Widerquist and Michael W. Howard, Chapter 3. New

York: Palgrave Macmillan.
Farley, Joshua, Robert Costanza, Gary Flomenhoft, and Daniel Kirk. 2015. The Vermont Common Assets Trust: An Institution for Sustainable, Just and Efficient Resource Allocation. *Ecological Economics* 109 (January): 71~79.
Feasta. 2008. *Cap & Share: A Fair Way to Cut Greenhouse Emissions*. May. https://feasta.org/documents/energy/Cap-and-Share-May08.pdf.
Feasta. 2017. *Submission to the Citizens' Assembly*. August. https://www.feasta.org/wp-content/uploads/2017/08/Feasta-Citizens-Assembly.pdf.
Fitzgerald, Karl. 2013. *Total Resource Rents of Australia: Harnessing the Power of Monopoly*. Prosper Australia. https://www.prosper.org.au/wp-content/upl oads/2013/12/TRRA_2013_final.pdf.
Fleming, David, and Shaun Chamberlin. 2011. *TEQs (Tradable Energy Quotas): A Policy Framework for Peak Oil and Climate Change*. House of Commons All-Party Parliamentary Group on Peak Oil, and The Lean Economy Connection.
Flomenhoft, Gary. 2012. Applying the Alaska model in a Resource-Poor State: The Example of Alaska. In *Exporting the Alaska Model: Adapting the Permanent Fund Dividend*, ed. Karl Widerquist and Michael W. Howard, Chapter 6. New York: Palgrave Macmillan.
Flomenhoft, Gary. 2017. Total Economic Rents of Australia as a Source for Basic Income. In *Financing Basic Income: Addressing the Cost Objection*, ed. Richard Pereira, 77~100. New York: Palgrave Macmillan.
Food & Water Watch. 2013. *Dividend and Conquer: Cap-and-Dividend and Environmental Betrayal*. Issue Brief. January 11. https://www.foodandwater watch.org/sites/default/files/dividend_and_conquer_ib_jan_2013.pdf.
Fox, Justin. 2020. A 1988 Climate Warning Was Mostly Right: NASA Scientist James Hansen's Famous Global Warming Forecast Ran Through 2019. It Wasn't All That Far Off the Mark. *Bloomberg Opinion* (January 30). https://www.bloomberg.com/opinion/articles/2020-01-30/1988-glo bal-warming-forecast-by-james-hansen-proved-mostly-true.
Fremstad, Anders and Mark Paul. 2018. *Disrupting the Dirty Economy: A Progressive Case for a Carbon Dividend*. People's Policy Project. September. https://www.peoplespolicyproject.org/wp-content/uploads/2018/09/Car bonTax.pdf.
Friedman, Milton. 1969. The Optimum Quantity of Money. In *The Optimum Quantity of Money and Other Essays*, Chapter 1. London: Macmillan.
Gaffney, Mason. 1982. Two Centuries of Economic Thought on Taxation of Land Rents. In *Land Value Taxation in Thought and Practice*, ed. Richard Lindholm and Arthur Lynn, Jr. Madison, WI: University of Wisconsin Press.
Gaffney, Mason. 2009. The Hidden Taxable Capacity of Land: Enough and to Spare. *International Journal of Social Economics* 36 (4, March): 328~411.
George, Henry, Jr. 1900. *The Life of Henry George*. New York: Doubleday & McClure.
George, Henry. [1885] 1901. Land and Taxation: A Conversation Between David Dudley Field and Henry George. In *The Complete Works of Henry George [Volume 8]: Our Land and Land Policy: Speeches, Lectures, and Miscellaneous Writings*, ed. Henry George Jr., 219~240. New York: Doubleday and McClure.
George, Henry. [1885] 1901a. The Crime of Poverty. In *The Complete Works of Henry George [Volume 8]: Our Land and Land Policy: Speeches, Lectures, and Miscellaneous Writings*, ed. Henry George Jr., 185~218. New York: Doubleday and McClure.

George, Henry. [1885] 1901b. Land and Taxation: A Conversation between David Dudley Field and Henry George. In *The Complete Works of Henry George [Volume 8]: Our Land and Land Policy: Speeches, Lectures, and Miscellaneous Writings*, ed. Henry George Jr., 219~240. New York : Doubleday and McClure.

Goenchi Mati Movement. [2016]. Intergenerational Equity Documents. https://goenchimati. org/intergenerational-equity-documents/.

Goodman, Ellen P. 2004. Spectrum Rights in the Telecosm to Come. *San Diego Law Review* 41: 269~404.

Graeber, David. 2011. *Debt: The First 5,000 Years*. New York: Melville House Publishing.

Groh, Cliff, and Gregg Erickson. 2012. Chapter 2. In *Alaska's Permanent Fund Dividend: Examining Its Suitability as a Model*, ed. Karl Widerquist and Michael W. Howard. Palgrave Macmillan.

Guillaume, Dominique, Roman Zytek, and Mohammed Reza Farzin. 2011. *Iran—The Chronicles of the Subsidy Reform*. IMF Working Paper WP/11/167.

Hafstead, Marc, Gilbert E. Metcalf, and Roberton C. Williams III. 2016. *Adding Quantity Certainty to a Carbon Tax: The Role of a Tax Adjustment Mechanism for Policy Pre-Commitment*. Resources for the Future. Discussion Paper. October. RFF DP 16-43. https://media.rff.org/documents/RFF-DP-16-43.pdf.

Hallsmith, Gwendolyn, and Bernard Lietaer. 2011. *Creating Wealth: Growing Local Economies with Local Currencies*. Gabriola Island, BC: New Society Publishers.

Hammond, Jay. 1994. *Tales of Alaska's Bush Rat Governor: The Extraordinary Autobiography of Jay Hammond, Wilderness Guide and Reluctant Politician*. Kenmore, WA: Epicenter Press.

Hammond, Jay. 2001. *Chips from the Chopping Block: More Tales from Alaska's Bush Rat Governor*. Kenmore, WA: Epicenter Press.

Hammond, Jay. 2004. Transcript of Creating Alaska Oral History Interview Conducted by Terrance Cole. January 24. Available at: https://www.alaska.edu/creatingalaska/statehood-files/oral-history-transcripts/.

Hammond, Jay. 2012a. Diapering the Devil: How Alaska Helped Staunch Befouling by Mismanaged Oil Wealth: A Lesson for Other Oil Rich Nations. In *The Governor's Solution: How Alaska's Oil Dividend Could Work in Iraq and Other Oil-Rich Countries: An Oil-to-Cash Reader*, ed. Todd Moss. Washington, DC: Center for Global Development.

Hammond, Jay. 2012b. The Ideal Solution: A Plan for Iraq? In *Exporting the Alaska Model: Adapting the Permanent Fund Dividend*, ed. Karl Widerquist and Michael W. Howard, Chapter 9. New York: Palgrave Macmillan.

Hannesson, Rgnvaldur. 2001. *Investing for Sustainability: The Management of Mineral Wealth*. New York: Springer Science & Business Media.

Hansen, James. 1988. Statement of Dr. James Hansen, Director, NASA Goddard Institute for Space Studies. In *Greenhouse Effect and Global Climate Change: Hearings Before the Committee on Energy and Natural Resources, United States Senate, One Hundredth Congress, First Session ... November 9 and 10, 1987*, 39~41. Washington, DC: U.S. Government Printing Office.

Hansen, James. 2007. Testimony Before the Iowa Utilities Board on November 5, 2007, in re: Interstate Power and Light Company. http://www.columbia.edu/~jeh1/

mailings/2007/IowaCoal_20071105.pdf.
Hansen, James. 2008a. Dear Governor Greenwash. Mailing to Email List on May 29, 2008. http://www.columbia.edu/~jeh1/mailings/2008/20080529_Dea rGovernorGreenwash.pdf.
Hansen, James. 2008b. Global Warming Twenty Years Later: Tipping Points Near. Talk delivered June 23, 2008, at the National Press Club and at a Briefing to the House Select Committee on Energy Independence & Global Warming. http://www.columbia.edu/~jeh1/2008/TwentyYearsL ater_20080623.pdf.
Hansen, James. 2008c. Carbon Tax and 100% DividendNo Alligator Shoes!.Mailing to Email List on June 4, 2008. http://www.columbia.edu/~jeh1/ mailings/2008/20080604_TaxAndDividend.pdf.
Hansen, James. 2009. *Storms of My Grandchildren: The Truth About the Coming Catastrophe and Our Last Chance to Save Humanity*. New York: Bloomsbury.
Hardin, Garrett. 1968. The Tragedy of the Commons. *Science* 162: 1243~1248.
Hardin, Garrett. 1991. The Tragedy of the Unmanaged Commons: Population and the Disguises of Providence. In *Commons Without Tragedy: Protecting the Environment from Over-Population: A New Approach*, ed. Robert V. Andelson, 162~185. London: Shepheard-Walwyn.
Hargrave, Tim. 1998. U.S. *Carbon Emissions Trading: Description of an Upstream Approach*. Center for Clean Air Policy. March.
Hartwick, John M. 1977. Intergenerational Equity and the Investing of Rents from Exhaustible Resources. *American Economic Review* 67 (5, December): 972~974.
Hartzok, Alanna. 2010. Land Value Taxation: Panacea or Placebo. *The Land* (Winter 2009/10). Reprinted online at: https://commonground-usa.net/har tzok-alanna_land-value-taxation-panacea-or-placebo-2010.htm.
Hartzok, Alanna. 2012. Room for Improvement? Assessing the Strengths and Shortcomings of the Alaska Model in Advance of Export. In *Exporting the Alaska Model: Adapting the Permanent Fund Dividend*, ed. Karl Widerquist and Michael W. Howard, Chapter 4. New York: Palgrave Macmillan.
Hawke, David Freeman. 1974. *Paine*. New York: Harper & Row.
Hayes, Adam. 2020. Economic Rent. *Investopedia*. https://www.investopedia.com/terms/e/economicrent.asp. Last updated September 29, 2020.
Hazlett, Thomas W. 1997. Physical Scarcity, Rent Seeking, and the First Amendment. *Columbia Law Review* 27 (4, May): 905~944.
Hazlett, Thomas W. 2001. *The Wireless Craze, the Unlimited Bandwidth Myth, the Spectrum Auction Faux Pas, and the Punchline to Ronal Coase's 'Big Joke': An Essay on Airwave Allocation Policy*. AEI-Brookings Joint Center for Regulatory Studies. Working Paper 12.
Heron, Scott F., Ruben van Hooidonk, Jeffrey Maynard, Kristen Anderson, Jon C. Day, Erick Geiger, Ove Hoegh-Guldberg, Terry Hughes, Paul Marshall, David Obura, and C. Mark Eakin. 2018. *Impacts of Climate Change on World Heritage Coral Reefs: Update to the First Global Scientific Assessment*. Paris: UNESCO World Heritage Centre.
Herz, Nathaniel. 2020a. Alaska Candidates Promise Painless Budget Cuts, But Experts Say Not so Fast. Alaska Public Media (October 8). https://www.alaskapublic.org/2020/10/08/alaska-candidates-promisepainless-budget-cuts-but-experts-say-not-so-fast/.

Herz, Nathaniel. 2020b. The Coronavirus Pandemic Is Devastating Alaska's Budget, and It Could Cost You Your PFD. Alaska's Energy Desk, KTOO (April 2). https://www.ktoo.org/2020/04/02/the-coronavirus-pandemicis-devastating-alaskas-budget-and-it-could-cost-you-your-pfd/.

Heydorn, M. Oliver. 2014. *Social Credit Economics*. Ancaster, ON: CreateSpace.

Hickel, Jason. 2012. Constituting the Commons: Oil and Development in Postindependence South Sudan. In *Exporting the Alaska Model: Adapting the Permanent Fund Dividend*, ed. Karl Widerquist and Michael W. Howard, Chapter 8. New York: Palgrave Macmillan.

Hockett, Robert, and Aaron James. 2020. *Money from Nothing: Or, Why We Should Stop Worrying About Debt and Learn to Love the Federal Reserve*. New York: Melville House.

Horne, Thomas A. 1990. *Property Rights and Poverty: Political Argument in Britain, 1605~1834*. Chapel Hill: University of North Carolina Press.

Horowitz, John, Julie-Anne Cronin, Hannah Hawkins, Laura Konda, and Alex Yuskavage. 2017. Methodology for Analyzing a Carbon Tax. U.S. Treasury Department, Office of Tax Analysis. Working Paper 115. January.

Huber, Joseph. 2020. The Hemispheres of Finance: GDP and Non-GDP Finance. *Real-World Economics Review* 94 (9 December): 113139.

Hudson, Michael. 2016. Rentier CapitalismVeblen in the 21st Century (October 21). https://michael-hudson.com/2016/10/rentier-capitalism-veb len-in-the-21st-century/.

Hughes, J. Donald. 1994. *Pan's Travails: Environmental Problems of the Ancient Greeks and Romans*. Baltimore: Johns Hopkins University Press.

Humphreys, Macartan, Jeffrey D. Sachs, and Joseph E. Stiglitz, eds. 2007. *Escaping the Resource Curse*. New York: Columbia University Press.

Hyde, Lewis. [1983] 2007. *The Gift: Creativity and the Artist in the Modern World*, 25th Anniversary Edition. New York: Vintage Books.

Hylton, Wil S. 2020. History's Largest Mining Operation Is About to Begin. *The Atlantic* (January/February).

ICANN. 2012. Registrar Accreditation: History of the Shared Registry System. https://www.icann.org/resources/pages/history-2012-02-25-en. Accessed November 29, 2020.

Ingersoll, Chas H. 1920. Extract from Speech at the Thomas Paine Dinner, January 29, 1920. *The Single Tax Review* 20 (1, JanuaryFebruary): 94.

Intergovernmental Panel on Climate Change (IPCC). 2014. *Climate Change 2014: Synthesis Report. Contribution of Working Groups I, II and III to the Fifth Assessment Report of the Intergovernmental Panel on Climate Change*. https://ar5-syr.ipcc.ch/index.php.

International Telecommunication Union (ITU). n.d. Constitution. https:// www.itu.int/council/pd/constitution.html. Accessed November 29, 2020.

Internet Corporation for Assigned Names and Numbers (ICANN). 2009. *The End of Domain Tasting: Status Report on AGP Measures*. August 12. https:// www.icann.org/en/system/files/files/agp-status-report-12aug09-en.pdf.

IPCC. 2018. Summary for Policymakers. In *Global Warming of 1.5C. An IPCC Special Report on the Impacts of Global Warming of 1.5C Above Pre-Industrial Levels and Related Global Greenhouse Gas Emission Pathways, in the Context of Strengthening the Global Response to the Threat of Climate Change, Sustainable Development, and Efforts to Eradicate Poverty*. https://www.ipcc.ch/sr15/cha pter/spm/.

Jackson, Andrew. 2013. *Sovereign Money: Paving the Way for a Sustainable Recovery*.

Positive Money. https://positivemoney.org/2013/11/sovereignmoney-paving-the-way-for-a-sustainable-recovery-new-report/.

Kahneman, Daniel, and Amos Tversky. 1979. Prospect Theory: An Analysis of Decisions under Risk. *Econometrica* 47 (2, March): 263291.

Kalmus, Peter. 2017. *Being the Change: Live Well and Spark a Climate Revolution.* Gabriola, BC: New Society Publishers.

Katz, Stanley N. 1977. Republicanism and the Law of Inheritance in the American Revolutionary Era. *Michigan Law Review* 76 (1): 129.

Keane, John. 1995. *Tom Paine: A Political Life.* New York: Little, Brown and Company.

Khan, Mushtaq H. 2000. Rents, Efficiency and Growth. In *Rents, Rent-Seeking and Economic Development: Theory and Evidence in Asia*, ed. M.H. Khan and K.S. Jomo, Chapter 1. Cambridge, UK: Cambridge University Press.

Kimmerer, Robin Wall. 2013. *Braiding Sweetgrass: Indigenous Wisdom, Scientific Knowledge and the Teachings of Plants.* Minneapolis: Milkweed Editions.

Komanoff, Charles. 2020. Australia's Brief, Shining Carbon Tax. Carbon Tax Center. January 7. https://www.carbontax.org/blog/2020/01/07/austra lias-brief-shining-carbon-tax/.

Kruse, Elizabeth M. 2002. Property from the Sky: The Creation of Property Rights in the Radio Pectrum in the United States. University of Massachusetts Amherst PhD Dissertation.

Lamb, Robert, 2015, *Thomas Paine and the Idea of Human Rights*, Cambridge University Press.

Landes, David S. 1999. *The Wealth and Poverty of Nations.* New York: W.W. Norton.

LeFebvre, Georges. 1977. *La France Sous le Directoire*, 1795~1799. Paris: ditions Sociales.

Leopold, Aldo. [1949] 1989. *A Sand County Almanac, and Sketches Here and There.* Oxford: Oxford University Press.

Lerman, Allen H. 2018. Paying Dividends to American Residents from Carbon Fee Revenue. Citizens' Climate Education. May.

Lerman, Allen H. 2018. Paying Dividends to American Residents from Carbon Fee Revenue. Prepared for Citizens' Climate EducationCoronado, CA.May.

Levin, Harvey J. 1971. *The Invisible Resource: Use and Regulation of the Radio Spectrum.* Baltimore: Published for Resources for the Future, Inc. by Johns Hopkins University Press.

Lifschutz, Marissa. 2019. Top 10 Most Profitable US Industries. IBISWorld (June 6). https://www.ibisworld.com/industry-insider/analyst-insights/top-10-most-profitable-us-industries/.

Lipton, Michael. 2009. *Land Reform in Developing Countries: Property Rights and Property Wrongs.* London: Routledge.

Locke, John. [1690] 2017. *Two Treatises of Government*, ed. Peter Laslett. Cambridge, UK: Cambridge University Press.

Locke, John, 1988, *Two Treatises of Government*, ed. Peter Laslett, Cambridge: Cambridge University Press, Second Treatise.

Lopomo, Giuseppe, Leslie M. Marx, David McAdams, and Brian Murray. 2011. Carbon Allowance Auction Design: An Assessment of Options for the U.S. *Review of Environmental Economics and Policy* 5 (1, Winter): 25~43.

Mackin, Chris. 2011. Employee Ownership: The Road to Shared Prosperity. The Nation (June

8). https://www.thenation.com/article/archive/employeeownership-road-shared-prosperity/.

Marron, Donald, and Elaine Maag. 2018. *How to Design Carbon Dividends*. Urban-Brookings Tax Policy Center.

Masquerier, Lewis. 1877. *Sociology: Or, the Reconstruction of Society, Government, and Property, Upon the Principles of the Equality, the Perpetuity, and the Individuality of the Private Ownership of Life, Person, Government, Homestead and the Whole Product of Labor*. New York: Published by the Author.

McKibben, Bill, and Peter Barnes. 2010. A Simple Market Mechanism to Clean Up Our Economy. *Solutions* 1 (1, January): 30~38.

McPhee, Peter. 2006. *Living the French Revolution, 1789~1799*. New York: Palgrave Macmillan.

McSweeney, Robert. 2020. Tipping Points: Explainer: Nine 'Tipping Points' That Could Be Triggered by Climate Change. *Carbon Brief* (October 2). https://www.carbonbrief.org/explainer-nine-tipping-points-that-could-be-tri ggered-by-climate-change.

Meyer, Aubrey. 2000. *Contraction & Convergence: The Global Solution to Climate Change*. Cambridge, UK: Green Books.

Mill, John Stuart. 1875. *Principles of Political Economy with Some of Their Applications to Social Philosophy*. London: Longmans.

Monroe, James. 1898. *Writings of James Monroe, vol. 2*, ed. Stanislaus Murray Hamilton. New York: G. P. Putnam's Sons.

Morrison, Rodney J. 1996. Sports Fans, Athletes' Salaries, and Economic Rent. *International Review for the Sociology of Sport* 31 (3, September 1): 257270.

Moss, Todd, and Lauren Young. 2009. *Saving Ghana from Its Oil: The Case for Direct Cash Distribution*. Institute of Economic Affairs. https://www.cgdev.org/publication/saving-ghana-its-oil-case-direct-cash-distribution-workingpaper-186.

Moss, Todd, ed. 2012. *The Governor's Solution: How Alaska's Oil Dividend Could Work in Iraq and Other Oil-Rich Countries: An Oil-to-Cash Reader*. Washington, DC: Center for Global Development.

Murray, Ella M. 1910. Thomas Paine and the Land Question. *Twentieth Century Magazine* 2 (12, September): 522525.

Myhre, G., D. Shindell, F.-M. Bron, W. Collins, J. Fuglestvedt, J. Huang, D. Koch, J.-F. Lamarque, D. Lee, B. Mendoza, T. Nakajima, A. Robock, G. Stephens, T. Takemura, and H. Zhang. 2013. Anthropogenic and Natural Radiative Forcing. In *Climate Change 2013: The Physical Science Basis. Contribution of Working Group I to the Fifth Assessment Report of the Intergovernmental Panel on Climate Change*. Cambridge, UK: Cambridge University Press. https://www.ipcc.ch/site/assets/uploads/2018/02/WG1 AR5_Chapter08_FINAL.pdf.

National Park Service (NPS). 2007. *Asticou's Island Domain: Wabanaki Peoples at Mount Desert Island 1500~2000*. Two Volumes. Prepared by Harald E. L. Prins and Bunny McBride. Boston, Massachusetts: National Park Service, Northeast Region Ethnography Program. Available at: https://www.nps.gov/ acad/learn/historyculture/wabanaki.htm.

Navigant and The Generation Foundation. 2018. *Raising the Acceptability and Effectiveness of Carbon Pricing: The Crucial Role of Carbon Revenue Recycling*. https://www.genfound.org/media/1657/car bon-revenue-recycling-final-paper-december-2018.

pdf.
Nelson, Craig. 2007. *Thomas Paine: Enlightenment, Revolution, and the Birth of Modern Nations*. New York: Penguin.
Ogilvie, William. 1782. *An Essay on the Right of Property in Land*. London: Printed for J Walter, Charing Cross.
Ostrom, Elinor, Joanna Burger, Christopher B. Field, Richard B. Norgaard, and David Policansky. 1999. Revisiting the Commons: Local Lessons, Global Challenges. *Science* 284 (9 April 1999): 278~282.
Paine, Thomas. [1797] 1945. Agrarian Justice, in *Complete Writings of Thomas Paine*, vol. 1, ed. Philip Foner. New York: Citadel Press.
Paine, Thomas. [1797] 1945. Agrarian Justice. In *Complete Writings of Thomas Paine*, two volumes, ed. Philip Foner. Citadel Press.
Palley, T.I. 2003. *Combating the Natural Resource Curse with Citizen Revenue Distribution Funds: Oil and the Case of Iraq*. Foreign Policy in Focus Special Report, December 2003. https://www.thomaspalley.com/docs/articles/eco nomic_development/natural_ resources_curse.pdf.
Partnership for Market Readiness (PMR) and International Carbon Action Partnership (ICAP). 2016. *Emissions Trading in Practice: A Handbook on Design and Implementation*. World Bank. https://icapcarbonaction.com/en/?opt ion=com_attach&task=download&id=364.
Partnership for Market Readiness (PMR). 2017. *Carbon Tax Guide: A Handbook for Policy Makers*. World Bank. https://www.connect4climate.org/pub lication/carbon-tax-guide-handbook-policy-makers.
Paseur, E.C., Jr. 1987. Rent Seeking: Some Conceptual Problems and Implications. *The Review of Austrian Economics* 1 (1): 123143.
Pegg, Scott. 2018. Oil to Cash in Somaliland: A Debate Whose Time Has Come. *The Journal of Modern African Studies* 56 (4): 619643.
Pinchot, Gifford. 1947. *Breaking New Ground*. New York: Harcourt, Brace and Co.
Plutarch. [c. 100 C.E.] 1914. *Lives, vol. I [Loeb Classical Library vol. 46]*, trans. Bernadotte Perrin. Cambridge, MA: Harvard University Press.
Plutarch. [c. 100 C.E.] 1921. *Lives, vol. X [Loeb Classical Library vol. 102]*, trans. Bernadotte Perrin. Cambridge, MA: Harvard University Press.
Pope Francis. 2015. *Encyclical Letter Laudato Si' of The Holy Father Francis: On Care for Our Common Home*.
Positive Money. 2018. *Escaping Growth Dependency: Why Reforming Money Will Reduce the Need to Pursue Economic Growth at Any Cost to the Environment*. January. https:// positivemoney.org/wp-content/uploads/2018/01/ Escaping-Growth-Dependency-final_print.pdf.
Powelson, John P. 1988. *The Story of Land: A World History of Land Tenure and Agrarian Reform*. Cambridge, MA: Lincoln Institute of Land Policy.
Quinn, Francis X. 2005. Maine Ballot Initiative on Water Tax Falls Short of Signature Drive. Associated Press (December 20).
Ranalli, Brent, James D'Angelo, and David King. 2018. *The 1970s Sunshine Reforms and the Transformation of Congressional Lobbying*. The Congressional Research Institute. December. https://congressionalresearch.org/Ran alli2018SunshineReformsAndTransfor mationOfLobbying.pdf.

Ranalli, Brent. 2012. Can International Regimes Be Effective Means to Restrain Carbon Emissions? In *Controversies in Globalization*, 2nd ed., ed. Peter M. Haas and John A. Hird, 283~304. Thousand Oaks, CA: CQ Press.
Ranalli, Brent. 2015. M. Oliver Heydorn: Social Credit Economics. *Basic Income Studies* 10 (2): 281~283.
Ranalli, Brent. 2016. *Dividends for Development: A Role for Common Wealth Dividends (CWD) in the International Aid Agenda*. U.S. Basic Income Guarantee Discussion Paper No. 274. https://usbig.net/discussion-papers/.
Ranalli, Brent. 2016a. Pin- and Pencil-Making in the Twenty-First Century. *Fortnightly Review* (30 April). https://fortnightlyreview.co.uk/2016/04/ pin-making/.
Ranalli, Brent. 2016b. Adam Smith's Dilemma and the Algonquian Model of Political Virtue. *TELOSscope* (12 May). https://www.telospress.com/adamsmiths-dilemma-and-the-algonquian-model-of-political-virtue/.
Ranalli, Brent. 2016c. Fueling Value Change. A Review of Ian Morris's *Foragers, Farmers, and Fossil Fuels: How Human Values Evolve*. Great Transition Initiative (February). https://www.greattransition.org/images/GTI_publications/ Ranalli-Fueling-Value-Change.pdf.
Ranalli, Brent. 2020. Thomas Paine's 'Neglected' Pamphlet: Agrarian Justice. *Journal for the Study of Radicalism* 14 (1, Spring): 167190.
Regional Economic Models, Inc. (REMI) and Synapse Energy Economics, Inc. (Synapse). 2014. *The Economic, Climate, Fiscal, Power, and Demographic Impact of a National Fee-and-Dividend Carbon Tax*. June 9. https://citizensclimatelobby.org/wp-content/uploads/2014/06/REMIcarbon-tax-report-62141.pdf.
Revkin, Andrew C., Shan Carter, Jonathan Ellis, Farhana Hossain, and Alan Mclean. 2008. On the Issues: Climate Change. *New York Times*. https:// www.nytimes.com/ elections/2008/president/issues/climate.html.
Rose, Dave. 2008. *Saving for the Future: My Life and the Alaska Permanent Fund*. Kenmore, WA: Epicenter Press.
Rosenberg, Joseph, Eric Toder, and Chenxi Lu. 2018. *Distributional Implications of a Carbon Tax*. Urban-Brookings Tax Policy Center. July. https://www.tax policycenter.org/publications/distributional-implications-carbon-tax.
Rosston, Gregory L. 2014. Increasing the Efficiency of Spectrum Allocation. *Review of Industrial Organization* 45: 221~243.
Royer, Sarah-Jeanne., Sara Ferrn, Samuel T. Wilson, and David M. Karl. 2018. Production of Methane and Ethylene from Plastic in the Environment. *PLoS ONE* 13 (8): e0200574.
Ryan, Patrick S. 2005. Wireless Communications and Computing at a Crossroads: New Paradigms and Their Impact on Theories Governing the Public's Right to Spectrum Access. *Journal on Telecommunications & High Technology Law* 3: 239~274.
Sala-i-Martin, Xavier, and Arvind Subramanian. 2003. *Addressing the Natural Resource Curse: An Illustration from Nigeria*. National Bureau of Economic Research. Working Paper 9804. June. https://www.nber.org/papers/w9804.
Salehi-Isfahani, Djavad, and Mohammad H. Mostafavi-Dehzooei. 2017. *Cash Transfers and Labor Supply: Evidence from a Large-Scale Program in Iran*. Economic Research Forum. Working Paper 1090. May.
Salehi-Isfahani, Djavad. 2019. New Cash Transfers May Lift 2 Million Iranians Out of Poverty. *Bourse & Bazaar* (December 2). https://www.bourseand bazaar.com/

articles/2019/12/2/cash-transfers-increase-after-iran-protestsbut-do-they-make-a-difference.

Salter, John. 2001. Hugo Grotius: Property and Consent. *Political Theory* 29 (4): 537~555.

Sandbu, M.E. 2006. Natural Wealth Accounts: A Proposal for Alleviating the Natural Resource Curse. *World Development* 34 (7): 1153~1170.

Schrter, Matthias, Emma H. Van der Zanden, Alexander PE. van Oudenhoven, Roy P. Remme, Hector M. Serna-Chavez, Rudolf S. De Groot, and Paul Opdam. 2014. Ecosystem Services as a Contested Concept: A Synthesis of Critique and Counter-Arguments. *Conservation Letters* 7 (6): 514~523.

Schwartz, John. 2020. Overlooked No More: Eunice Foote, Climate Scientist Lost to History. *New York Times* (April 21). https://www.nytimes.com/ 2020/04/21/obituaries/eunice-foote-overlooked.html.

Segal, Paul. 2011. Resource Rents, Redistribution, and Halving Global Poverty: The Resource Dividend. *World Development* 39 (4): 475~489.

Segal, Paul. 2012a. How to Spend It: Resource Wealth and the Distribution of Resource Rents. *Energy Policy* 51: 340~348.

Segal, Paul. 2012b. Alaska's Permanent Fund Dividend as a Model for Reducing Global Poverty. In *Exporting the Alaska Model: Adapting the Permanent Fund Dividend*, ed. Karl Widerquist and Michael W. Howard, Chapter 7. New York: Palgrave Macmillan.

Serbu, Jared. 2014. DoD, Industry Must Learn to Share Radio Spectrum as It Grows More Scarce. *Federal News Network* (February 2014). https://fed eralnewsnetwork.com/defense/2014/02/dod-industry-must-learn-to-shareradio-spectrum-as-it-grows-more-scarce/.

Shabecoff, Philip. 1988. Global Warming Has Begun, Expert Tells Senate. *New York Times* (June 24). https://www.nytimes.com/1988/06/24/us/globalwarming-has-begun-expert-tells-senate.html.

Shaxson, Nicholas. 2007. Oil, Corruption and the Resource Curse. *International Affairs* 83 (6, November).

Shaxson, Nicholas. 2008. Oil for the People: A Solution to the 'Resource Curse.' Paper Prepared for Association for Accountancy and Business Affairs Workshop (3-4 July). http://visar.csustan.edu/aaba/Shaxson2008.pdf.

Shepherd, A. Ross. 1970. Economic Rent and the Industry Supply Curve. *Southern Economic Journal* 37 (2): 209~211. https://doi.org/10.2307/105 6131.

Shepherd, William G. 1989. Capital Gains as Economic Rent. *Review of Social Economy* 47 (2, Summer): 155~172.

Smith, Adam. [1759] 1976. *The Theory of Moral Sentiments*. Indianapolis: Liberty Classics.

Smith, Adam. [1776] 1986. *The Wealth of Nations Books IIII*. London: Penguin Classics.

Smith, Noah. 2016. How Finance Took Over the Economy: Competition Doesn't Seem to Erode the Industry's Huge Profits. *Bloomberg Opinion* (April 20). https://www.bloomberg.com/opinion/articles/2016-04-20/how-finance-came-to-dominate-the-u-s-economy.

Smith, Taylor. 2004. Water World: Small Biz Advocate Jim Wilfong's Proposed Tax on Bottled Water Already Has Some Maine Businesses Up in Arms. *Mainebiz* (July 5).

Smith, Vernon. 2003. The Iraqi People's Fund. *Wall Street Journal* (December 22).

Solow, Robert M. 1974. Intergenerational Equity and Exhaustible Resources. *The Review of*

Economic Studies 41 (5, December): 29~45.
Spence, Thomas. 1797. *The Rights of Infants...* London: Printed for the Author, at No. 9, Oxford Street.
Stiglitz, Joseph E. 2016. Joseph Stiglitz Says Standard Economics Is Wrong. Inequality and Unearned Income Kills the Economy. *Evonomics* (September 9). https://evonomics.com/joseph-stiglitz-inequality-unearned-income/.
Stiglitz, Joseph E. 2018. The American Economy Is Rigged: And What We Can Do About It. *Scientific American* (November 1). https://www.scientificameri can.com/article/the-american-economy-is-rigged/.
Swiss Federal Office for the Environment. 2020. Redistribution of the CO_2 Levy. Webpage Last Updated 8 November 2020. https://www.bafu.admin.ch/bafu/en/home/topics/climate/info-specialists/reduction-measures/co2-levy/redistribution.html.
Tabatabai, Hamid. 2012. From Price Subsidies to Basic Income: The Iran Model and Its Lessons. In *Exporting the Alaska Model: Adapting the Permanent Fund Dividend*, ed. Karl Widerquist and Michael W. Howard, Chapter 2. New York: Palgrave Macmillan.
Tai, Hung-chao. 1974. *Land Reform and Politics: A Comparative Analysis*. Berkeley: University of California Press.
Tainter, Joseph. 1990. *Collapse of Complex Societies*. Cambridge, UK: Cambridge University Press.
The Economist. 2003. Freeing the Airwaves: Should Radio Spectrum be Treated as Property, or as a Common Resource? (May 29). https://www.economist.com/finance-and-economics/2003/05/29/freeing-the-airwaves.
The Economist. 2018. Which Firms Profit Most from America's Health-Care System? (March 15). https://www.economist.com/business/2018/03/15/ which-firms-profit-most-from-americas-health-care-system.
This is Democracy. 2020. Podcast Episode 103: Carbon Dividends: Solving our Climate Crisis (July 1).
Tollison, Robert D. 1982. Rent Seeking: A Survey. *Kyklos* 35 (4): 575~602.
Tomales Bay Institute. 2006. *The Commons Rising: A Report to Owners*. https://community-wealth.org/content/commons-rising.
Tully, James. 1982. *A Discourse on Property: John Locke and his Adversaries*. Cambridge, UK: Cambridge University Press.
Tuma, Elias H. 1965. *Twenty-Six Centuries of Agrarian Reform: A Comparative Analysis*. Berkeley: University of California Press.
Turner, Michael J. 2012. Chartism, Bronterre O'Brien and the 'Luminous Political Example of America.' *History* 97 (325): 43~69.
United Nations Framework Convention on Climate Change (UNFCC). n.d. The Paris Agreement. https://unfccc.int/process-and-meetings/the-paris-agreem ent/the-paris-agreement.
Van Der Voo, Lee. 2011. Money Blows in to a Patch of Oregon Known for Its Unrelenting Winds. *New York Times* (May 30).
Wackernagel, Mathis, and Bert Beyers. 2019. *Ecological Footprint: Managing Our Biocapacity Budget*. Gabriola Island, BC: New Society Publishers.
Walsh, J., D. Wuebbles, K. Hayhoe, J. Kossin, K. Kunkel, G. Stephens, P. Thorne, R. Vose, M. Wehner, J. Willis, D. Anderson, S. Doney, R. Feely, P. Hennon, V. Kharin, T. Knutson, F.

Landerer, T. Lenton, J. Kennedy, and R. Somerville. 2014. Ch. 2: Our Changing Climate. Climate Change Impacts in the United States. In *The Third National Climate Assessment*, ed. J.M. Melillo, Terese (T.C.) Richmond, and G.W. Yohe, 1967. U.S. Global Change Research Program. https://doi.org/10.7930/J0KW5CXT.

Warnock, John W. 2006. *Selling the Family Silver: Oil and Gas Royalties, Corporate Profits, and the Disregarded Public*. Parkland Institute and Canadian Centre for Policy Alternatives – Saskatchewan Office. November.

Weart, Spencer. 2003. *The Discovery of Global Warming*. Cambridge, MA:Harvard University Press.

Weitzman, Martin L. 1974. Prices vs. Quantities. *The Review of Economic Studies* 41 (4): 477~491.

Werbach, Kevin. 2002. *Open Spectrum: The New Wireless Paradigm*. New America Foundation Spectrum Policy Program, Spectrum Series Issue Brief #8 (October).

Whyte, Caroline. 2016. Tackling Climate, Poverty and Inequality Together: Managing the Share in CapGlobalCarbon on a Global Level. June 5. https:// capglobalcarbon.org/2016/06/05/tackling-climate-poverty-and-inequalitytogether-managing-the-share-in-capglobalcarbon-on-a-global-level/.

Wilfong, Jim. 2005. Nestl Goons Disrupt Signature Collection Drive. *The Maine Woods* 8 (2, Late Summer): 7.

Wilfong, Jim. 2006. Who Owns Maine's Water? *On the Commons* (February 14).

Wilfong, Jim. 2007. Who Owns Maine's Water? *Counterpunch* (March 28).

Wood, Mary Christina. 2013. *Nature's Trust: Environmental Law for a New Ecological Age*. Cambridge, UK: Cambridge University Press.

World Bank. 2019. *Using Carbon Revenues*. August. Partnership for Market Readiness Technical Note 16. https://openknowledge.worldbank.org/han dle/10986/32247.

World Bank. 2020a. *State and Trends of Carbon Pricing 2020*. Washington, DC. https:// openknowledge.worldbank.org/handle/10986/33809.

World Bank. 2020b. *Carbon Pricing Dashboard*. Data last updated April, 01 2020. https:// carbonpricingdashboard.worldbank.org/map_data. Consulted August 2020.

World Basic Income (WBI). 2020. *International Carbon Charge and Dividend: A Practical Mechanism for Climate Justice*. July. http://www.worldbasicincome.org.uk/uploads/7/8/9/3/78930716/international_carbon_charge_ and_dividend_-final.pdf.

Yeung, Ying, and Stephen Howes. 2015. *Resources-to-Cash: A Cautionary Tale from Mongolia*. Australian National University, Development Policy Centre. August.

Zahler, Helene Sara. 1941. *Eastern Workingmen and National Land Policy, 1829~1862*. (Columbia University Studies in the History of American Agriculture, No. 7.) New York: Columbia University Press.

찾아보기

ㄱ

가격 비탄력성 149
가격 신호 107, 109, 137, 175, 176
가격 하한과 상한 147
가나 97
감축과 수렴 146
건강한 기후와 가족 보장법 127
경매 123, 127, 131, 133, 141-145, 151, 156, 204, 220-223, 225, 228, 246
고든 27, 122
고아재단 100
고아 철광석 영구 기금 100
고아Goa 100, 102
골드만삭스 128
공공 신탁 81, 94, 159, 274, 275
　공공 신탁 원칙 28, 94, 158, 159, 178, 186, 187, 211, 241, 247, 264, 274, 275
공공 영역 134, 214
공유부 배당 5, 7, 8, 17-19, 23, 24-26, 28, 34, 68, 72, 91, 95, 98, 163, 165, 170, 178, 179, 186, 187, 195, 197, 198, 202, 210, 211, 239, 244, 245, 248-250, 252-254, 261, 264-268, 272, 274-276
공유부 배당의 수령 자격 153, 249
　배당금 지급의 (지리적) 범위 247, 248
　정치적 지지층을 형성하는 공유부 배당 148, 172, 176, 263
　배당금을 한데 모으는 것 152
공유부의 인공적 재원 211, 250
공유지의 비극 177, 198
공익사업체 131, 133, 135, 199, 204, 226 → 자연 독점 참조
공정한 채굴 5대 원칙 101, 102)
공정성 원칙 219
과점 194, 199, 208
관습법 178
광업(광물) 73, 78, 80, 87, 99, 100-102, 116, 168, 179, 180, 239, 258, 260
교육 43, 55, 58, 88, 89, 91, 137, 179, 244, 246
교토 의정서 120, 121, 130
구리 98
구매자 독점 194, 209
구소련 156
국경 조정 140-142, 145, 241
국민 투표 93-95
국부 펀드(SWF) 91, 97, 159, 168, 172, 261
국제 우주 정거장 106
국제 인터넷 주소 관리 기구(ICANN) 225, 226,

228
국제 적십자 위원회 157
국제 전기 통신 연합(ITU) 217
국제 환경 법원 157
군사 43, 56, 88, 217, 224
규제 (정부) 107, 109, 125, 129, 136, 144, 146, 183, 194, 199-201, 205-207, 209, 215, 217, 218, 220, 221, 223, 226, 275
그레이버, 데이비스Graeber, David 44
그레이트 배리어 리프 175
그로티우스, 후고Grotius, Hugo 35-37, 40, 41, 165, 185, 186, 188, 256, 264, 269
그리스 23 43
그린란드 85, 86
금Gold 98, 238
금융 위기(2008년) 207, 208, 233
금융 (기업 부문) 8, 9, 41, 49, 110, 137, 138, 170, 179, 194, 207, 208, 211, 215, 228, 229, 230, 233, 276
기본소득 4-7, 9, 16, 24, 25, 26, 34, 66, 112, 154, 160, 244, 254, 262
    기본소득 보장 24, 26, 254
    기본소득에 반대하는 "게으름" 주장 244
    보편적 기본소득 16, 161
    부분 기본소득 24, 25, 254
기술 발전 222, 223
기업 임원의 보상 194
기후 리더십 위원회(CLC) 128, 129, 154
기후 변화 111, 113, 114, 119, 124, 136, 155, 263
    기후 변화 완화 27, 120-122, 124, 126, 129, 135-137, 146, 148, 154, 158, 159, 262
    기후 변화 규제 129

기후 변화 대응 120, 121, 175
기후 변화에 관한 정부 간 협의체(IPCC) 116
기후 행동 환급법 128
꿀벌 107

ㄴ

나넥, 알래스카Naknek, Alaska 82
남극 103
남미 87
남수단 97
내셔널 트러스트(역사적 관심 또는 자연적 아름다움의 장소를 위한 내셔널 트러스트) 181, 183
네덜란드 88, 159
네덜란드병 88
네슬레 93
네트워크 효과 205, 206, 244
노동 가치 이론(LTV) 189
노동 재산 이론(LTP) 28, 188-191, 194, 211, 213, 214, 226, 241, 247, 264, 265, 270, 274, 275
    노동 재산 이론의 소극적 적용 190, 191, 194, 265
    소극적 노동 재산 이론 218, 224, 274
    적극적 노동 재산 이론 213
노란 조끼 운동 (프랑스) 176
노르웨이 91, 97, 131, 168, 169, 261
노스슬로프(알래스카) 24, 73
노이슈트렐리츠 56
농가법 60
농업(농사) 39, 44, 47-49, 70, 118, 149, 172, 201, 271
뉴욕시 56, 59, 61, 67
뉴욕주 46, 50

뉴질랜드 67
뉴하모니(인디애나주의 마을) 58

ㄷ

달 103
대기 22, 27, 109, 111, 112, 114-118, 140, 154,
　　179, 184, 222, 247, 251, 261, 262
　　대기 과학자 123
　　대기권 148, 158, 263
　　대기질 151
대멸종 166, 167 → 생물 다양성 손실 참조
대서양 56, 119
대항 지배(인류학) 48
더글러스 소령 238
더블린 56
데이터 배당 프로젝트(DDP) 206
덴마크 67, 85, 131
도메인 이름 212, 225-228, 267
도스웨이트, 리처드Douthwaite, Richard 155-157
도이치, 테드Deutch, Ted 127
독일 39, 122, 268
독점 8, 23, 33, 35, 36, 71, 194, 198, 199, 200,
　　201, 205, 206, 209, 223, 226, 227, 230,
　　244, 252, 255, 258, 266
　　독과점 199
　　독점 기업 192
　　독점 이윤 192, 266
뒤낭, 앙리Dunant, Henri 157
디거스(영국) 39, 257
디그니다드, 렌타Renta Dignidad 91
디플레이션 229, 234-236

ㄹ

라디오 217-220, 225
라슨, 존Larson, John 126
라이베리아 155
런던 56, 61
레비-스트라우스, 클로드Lévi-Strauss, Claude
　　185
레오폴드, 앨도Leopold, Aldo 166
레이건, 로널드 Reagan, Ronald 219
로마 23, 43, 44, 46, 178, 187
로비 27, 59, 102, 121, 125, 126, 193, 201, 202 →
　　풀뿌리 옹호 참조
로열티 81, 102, 180
로즈, 데이브Rose, Dave 76-79, 84
로크, 존Locke, John 36-38, 40, 41, 58, 62, 71,
　　165, 189, 256, 257, 264, 265, 269, 270, 274
루스벨트, 시어도어Roosevelt, Theodore 70
루이 16세 49, 51
뤽상부르 감옥 52, 55
르 아브르 56
리카도, 데이비드Ricardo, David 66
리쿠르구스 43, 45

ㅁ

마르크스주의 경제학 189
마스케리어, 루이스Masquerier, Lewis 60
마이크로소프트 128
마케도니아 46
만나베이스 161
매사추세츠주 181
매케인, 존McCain, John 124
맨해튼 212

먼로, 제임스Monroe, James 32, 52, 53
매디슨, 제임스Madison, James 52
메르켈, 앙겔라Merkel, Angela 122
메소포타미아 44
메인 물 배당 신탁 92, 261
메인주 22, 47, 92-94, 108, 127, 248, 261
메탄 109, 115, 116
모니터링, 보고 및 검증(MRV) 121, 145, 221
모리스, 구버너Morris, Gouverneur 52
몽골 98, 99, 246, 261
무고한 구매자 문제 239-241
문화적 감수성 246
뮌처, 토머스Müntzer, Thomas 39, 257
미국 19, 22, 24, 27, 28, 49, 55-59, 66, 67, 80, 91, 96, 111, 113, 114, 122, 124, 125, 127, 129, 131, 132, 138, 140, 150, 152, 154, 157, 178, 180, 183, 193, 194, 206, 209, 214, 218, 219, 224, 228, 229, 235, 237, 247, 255, 257, 261
미국 공사 52
미국 독립 전쟁 50, 231
미국 산림청 70, 180
미국 상무부 225, 226
미국 연방 준비 제도(Fed) 128, 228, 229, 231, 234, 235
미국 연방대법원 76, 100, 101
미국 의회 27, 73, 85, 129, 158, 220, 235, 236, 237, 258
미국 재무부 140, 150, 229, 236, 237
미국 지폐 229
미국 혁명 32
밀, 존 스튜어트Mill, John Stuart 189, 190

ㅂ

바다 116, 118, 179, 222
바뵈프, 프랑수아-노엘(그라쿠스)Babeuf, François-Noël (Gracchus) 40, 50, 53, 57, 58, 257
반경쟁적 관행 194, 199
반등 효과(기후 정책) 136, 262
방송 주파수 212, 217-219, 221, 224, 267
반즈, 피터Barnes, Peter 7, 12, 13, 15, 19, 22, 27, 28, 96, 109-112, 124, 125, 127, 135, 148, 155-158, 176, 181, 185, 191, 208, 214-216, 218, 250, 262
배급 156, 157, 204, 205
　배급 카드 155
배출권(탄소) 8, 111-124, 127, 131, 141-147, 156, 204, 241, 243, 248, 261, 262, 273
　배출권 거래제(ETS) 143, 144
　배출권-거래제cap-and-trade 122, 124-126, 132, 138, 156
　배출권-배당제cap-and-dividend 111, 124, 127, 162
　배출권-허가제cap-and-permit 28, 111, 130, 131, 135, 137-139, 141, 143-148, 151, 153, 159-161, 261-263, 273
반 홀렌, 크리스Van Hollen, Chris 127, 129
방송 주파수 212, 217-219, 221, 224, 247
버냉키, 벤Bernanke, Ben 234-236
버몬트 95, 97, 98
버몬트 공유 자산 신탁 96
버지니아주 60, 127
버크, 에드먼드Burke, Edmund 51, 54
베네수엘라 86, 97

베리사인 225, 226
베이어, 돈Beyer, Don 127, 129
베이커 3세, 제임스 A.Baker III, James A. 128
베이커-슐츠 계획(기후 정책) 128, 129 → 기후 리더십 위원회(CLC) 참조
벤치마킹(기후 정책) 146
보나파르트, 나폴레옹Bonaparte, Napoleon 56, 57
보이스, 제임스Boyce, James 12, 130, 146, 149, 151-153, 193
보조금 91, 99, 100, 137, 141, 145, 149, 173, 182, 193, 199-201, 206, 210, 224, 250
보존 신탁 관리 위원회 181, 183
보존 윤리(환경 윤리) 166
본, 존Bone, John 57
볼리비아 91, 261
볼티모어 56
부시, 조지 W.Bush, George W. 96, 97
부채 43, 44, 59, 86, 88, 208, 231-234, 236, 238
부패(정부) 84-87, 90, 100
북극해 73
북미 26, 42, 46, 73, 245
북아일랜드 181
브라운, 고든Brown, Gordon 122
브리스톨 베이 82, 83, 84, 138, 259, 260
브리티시 컬럼비아 28, 86, 131, 133, 154
브리티시 컬럼비아주 세금-배당제 133
블록체인 161
비옥한 초승달 지대 107
빅토리아주 207
빈곤 17, 24, 25, 40, 42, 92, 98, 100, 158, 159, 169, 257

빈곤율 97, 99
빈곤 퇴치 24

ㅅ

사냥(채집인, 수렵 사회) 47, 74, 269
사막화 107
사우디아라비아 92, 97
사회 계약 88, 260
사회 보장 127, 129, 150, 247
사회 신용 운동 238
사회적 맥락이 토지 가치에 미치는 기여 212, 267
산림 170, 182, 203, 240
산림 관리 위원회 157
산업 혁명 49, 107, 115, 117, 169
산탄데르 128
산호초 118 → 그레이트 배리어 리프 참조
상쇄(기후 정책) 126, 145
샌프란시스코 61, 62, 109
생물 다양성 손실 107, 117 → 대멸종 참조
생산자 잉여 195-197, 202, 203, 204, 267
생태 발자국 169
생태계 103, 107, 108, 117, 167, 169, 179, 273
생태계 서비스 19, 27, 105-107, 164, 167, 174, 182, 184, 193, 202, 203, 210, 261, 264, 273, 275
서구 245, 255, 256, 268
　비서구 245
석유 16, 22, 27, 68, 71-75, 78-81, 84-87, 89-92, 96, 97, 115, 120, 136, 140, 147, 168, 169, 184, 249, 258-261, 273
석탄 81, 98, 112, 115, 122, 135, 136

선물(선물로서의 자연) 39, 71, 106, 110, 165, 166, 185, 186, 188, 254, 256, 258, 261
성층권 오존 106, 107
세계 기본소득(WBI) 159, 160
세계 야생 동물 연맹(WWF) 128
세계 자원 연구소(WRI) 128
세계은행 86, 90, 98, 130, 134, 151, 161, 260
세금 8, 17, 24, 26, 33, 53, 54, 61, 63-66, 71, 81-83, 88, 89, 92, 108, 122, 124, 126, 138-141, 150-153, 183, 192, 194, 199, 202, 203, 206-208, 213, 215, 223, 239-243, 246, 255, 257, 260, 26
    세금 감면 55, 130, 210
    세금 전환 133
    세금 특혜 193, 201, 206
    세금 환급 28, 127, 132, 236
세금-배당제tax-and-dividend 123, 124, 133, 138
세대 간 형평성 100, 102
소비자 잉여 196
소셜 미디어 205, 206, 211, 219
소프트웨어 정의 라디오 221
손더스, 마샬Saunders, Marshall 125
손실 회피 171
손실 제로 171, 179 → 지속 가능성과 지속 가능한 자원 관리 참조
솔론Solon 43, 45
수렵 채집인 23, 48
수수료-배당제fee-and-dividend 19, 113, 123, 125-127, 138, 151, 154
수요와 공급 137, 195
수입 재분배 131, 133, 134, 151

수증기 115, 116
쉘 128
슐츠, 조지Shultz, George P. 128
슘페터적 지대 197-199, 267
스미스, 애덤Smith, Adam 66, 136, 189, 192, 202, 216, 262, 266, 275
스웨덴 114, 131
스위스 28, 132, 134, 139, 151, 153
스코틀랜드 58, 61, 63
스티븐스, 테드Stevens, Ted 96
스파르타 43, 45, 46, 50, 57
스페인 87-89
스펜스, 토머스Spence, Thomas 40, 57, 58, 257
스포츠 프랜차이즈(프로 운동선수) 209, 210
시민 광대역 무선 서비스 221
시민 기후 로비(CCL) 125, 127, 128, 138, 154
시카고 계획 230
신고전파(경제학) 66
신탁 기관(수탁자) 24, 112, 127, 155, 157, 158, 179, 181-184, 191, 242, 245, 246, 249, 262, 265
심해 채굴 102

ㅇ

아담론자Adamites 36, 39, 257
아동 58, 133, 153
아든(델라웨어주) 67
아레니우스, 스반테Arrhenius, Svante 114
아론, 제임스Aaron, James 231
아비엠IBM 128
아시아 타이거즈(한국, 대만, 싱가포르, 홍콩) 67
아이다호 212

아일랜드 61, 155, 156, 169, 181
아퀴나스, 토머스Aquinas, Thomas 34, 35, 37, 40, 41, 49, 71, 185, 256, 258
아테네 43, 45
알래스카 9, 16, 18, 22, 24, 27, 57, 68, 72-76, 78-82, 84-87, 89, 90, 92, 93, 95-97, 148, 168, 172, 184, 187, 249, 258-260, 273
알래스카 모델 5, 18, 69, 96-98, 101, 249, 258
알래스카 영구 기금 공사 76
알래스카 영구 기금(APF) 4, 7, 18, 27, 68, 72, 73, 77, 79, 81, 82, 85, 87, 89-91, 95-97, 148, 159, 171, 172, 250, 258, 259
알래스카 원주민 81, 82
알렉산더 대왕 46
앨라배마주 페어호프 67
앨런타운 67
앨버타 132
앵커리지 184
야쿠트족 185
양, 앤드루Yang, Andrew 24, 154
양적 완화(QE) 233, 235
　　모두를 위한 양적 완화 233
어른big men(인류학) 48
어업 22, 103, 168, 169, 173, 203, 240, 247, 248
에너지 혁신과 탄소 배당법 127
에든버러 56
에리트레아 155
에반스 조지 H.Evans, George H. 59-62, 71, 80, 216
에스토니아 131
엔터테인먼트(산업) 209, 210
엘러먼, 데이비드Ellerman, David 12, 13, 16, 189-191, 213, 265
역경매 221
연금(노령) 17, 33, 54, 65, 66, 91, 132, 134, 255
연방 예금 보험 공사(FDIC) 228
연방 통신 위원회(FCC) 219-221
영구 기금 배당(PFD) 17, 18, 22, 24, 27, 68, 72, 73, 77, 79, 82, 85, 87, 89, 93, 111, 176, 254, 258, 259, 276
영국 39, 40, 46, 48, 51, 54-58, 65, 66, 83, 88, 114, 119, 122, 155, 156, 159, 181, 231, 255, 257
예방적 접근 169
옐로스톤 국립공원 175
오길비, 윌리엄Ogilvie, William 63
오르, 데이비드Orr, David 157
오름차순 시계 경매 142
오리건주 91
오리건주 서먼 카운티 91
오바마, 버락Obama, Barack 124, 129
오브라이언, 제임스 브론테레O'Brien, James Bronterre 61, 218
오스트롬, 엘리너Ostrom, Elinor 158
오웬, 로버트Owen, Robert 58, 59, 257
온실 효과 113, 114, 115
온실가스 8, 22, 27, 109, 111, 112, 114-116, 120, 121, 126, 130, 131, 140, 155
올버니 56
와이파이 223
우드, 매리 크리스티나Wood, Mary Christina 178, 180, 186, 187
우리가 필요로 하는 미래 100, 102
우주 33, 103, 114, 120, 166, 167, 169

워싱턴 D.C. 86, 124, 193
워싱턴, 조지Washington, George 56, 130
워싱턴주 127, 130, 159
워킹 에셋 110
웨일즈 181
위성 통신 217
윌퐁, 짐Wilfong, Jim 92, 93, 94, 95, 250
유럽 연합(유럽) 136
유명인 보수 207
유신론(구약 성경의 신) 188
유엔 기후 변화 협약(UNFCCC) 121, 155
유엔 해양법 협약(UNCLOS) 102
유엔 환경 계획(UNEP) 102
유엔(국제 연합) 90, 160, 217
은silver 87
은행(은행 시스템) 123, 145, 160, 228-231, 233
    개발은행 75, 76
    세계은행 86, 90, 98, 134, 151, 161, 260
    중앙은행 229-239
의료 보장 89
의료 산업 194
의학 연구 107
이라크 16, 96, 97, 261
이란 28, 46, 99, 249, 250
이산화탄소 106, 109, 111, 115, 116, 118, 119, 121, 122, 128, 151, 261
이신론 51, 188, 264
이행 기금(탈탄소화를 위한) (이행 지원) 112
인간 게놈 103
인도 97, 100, 102, 178
인도 대법원 100, 101
인류 공동 유산(CHM) 35, 102, 103

인지 라디오 221, 223
인터넷 8, 9, 119, 143, 214, 219, 225
인프라 8, 9, 41, 74, 80, 85, 88, 93, 120, 121, 126, 128, 135-137, 147, 152, 159, 172, 214, 242, 247, 259, 262
인플레이션 32, 77, 78, 232, 234, 235, 238, 259
    디스인플레이션 235
일본 236
잉글리스, 밥Inglis, Bob 127

ㅈ
자연 독점 199, 205, 206
자연 자본 167, 171, 173
자연 자원 16-18, 22, 23, 27, 28, 69-71, 75, 80, 84, 88, 91, 95, 98, 106, 164, 177-182, 184-187, 189, 198, 202, 203, 210, 211, 218, 242, 246, 258, 264, 270, 275, 276
자연 자원 지대(자원 지대) 71, 91, 97, 98, 198, 203, 246, 261
자원의 저주 27, 86-91, 152, 242, 243, 260, 261
자코뱅(공포 정치) 51, 52
작업장 민주주의 190
훔친 물건 (장물) 240
장자 상속권 60
재산 이론 34, 186, 194, 268
    원초적 재산권 188
재생 가능 에너지 201, 136
재생 가능 자원 108, 168, 169, 172-174, 178, 179, 203, 242
    준재생 가능 자원 242
재생 불능 자원(고갈 자원) 78, 90, 91, 168, 171, 173, 178-180, 203, 204, 242, 246, 259, 261

재세례파 39
전국 토지 개혁 협회 59
전파 천문학 217
절대 지배(가장 큰 펌프의 법칙) 94
정치적 불안정(정치 혁명) 43, 44, 49
정화조 시스템 108, 109
제3세계 국가(개도국) 90, 97
제퍼슨, 토머스Jefferson, Thomas 57, 60
조지, 헨리George, Henry 26, 61-68, 70, 71, 84, 89, 110, 203, 241, 250, 257, 258
  진보와 빈곤 61, 63, 64, 67, 110
조지주의 67, 91, 213, 241
조지의 접근 방식과 페인의 접근 방식 (공유부 수입의 사용에 대한) 27
조지주의 세금 183, 243
조지주의 토지세 202, 204, 246
종업원 주식 소유 계획(ESOP) 209
종의 손실 169 → 생물 다양성 손실 참조
종자 자본(젊은 층을 위한, 둥지의 알) 33, 66, 74, 255
주식회사 네트워크 솔루션Network Solutions Inc.(NSI) 225, 226
주식회사 브리스톨 베이 82, 83, 259, 260
주식회사 알래스카 74, 75, 82
지구 과소비의 날 170
지구 대기 신탁 158, 159
지구 온난화 109, 111, 113, 119, 261
지구 온난화 지수(GWP) 116
지구공학 120
지대 추구 193, 202
지대(경제적 지대) 8, 28, 61, 63, 68, 95, 102, 171, 179, 191-200, 202-207, 209-211, 216, 217, 220, 222, 224, 226-229, 242, 244, 246, 247, 249, 255, 264-267, 272-276
  기초 지대 33, 61
  나쁜 지대 198, 199, 200, 201, 205, 207, 210, 211, 247, 266, 267, 274
  독점적 지대 198, 199
  반경쟁적 지대 205
  좋은 지대 197, 198, 199, 201, 203, 204, 210, 267
  지위적(우위에 따른 지대) 201, 206-208, 210
  지대 추구 193, 202
지롱드파 51
지속 가능성 6, 8, 17-19, 28, 41, 78, 90, 108, 155, 157, 164, 165, 167-170, 173, 175, 178, 180, 185, 191, 240, 242, 244
  생태적 지속 가능성 164, 165, 183
  약한 지속 가능성 171
  지속 가능한 수익 173
  지속 가능한 수확량 169
  지속 가능한 자원 관리 78, 174, 178, 187, 259
지엠GM 128
지역 온실가스 이니셔티브(RGGI) 131, 132
지역 화폐 231
지적 재산권 보호 198, 215
지하수(대수층) 23, 78, 92-95, 106, 108, 168, 171, 172, 179, 261
직업 윤리 65
진보의 재정의 109, 110

ㅊ

창세기(에덴) 34, 188

채굴세 81, 239
채권(금융 수단) 236
채무 노예 43, 45
책임 원칙 188, 189, 190 → 노동 재산 이론(LTP) 참조
책임성 87, 242, 243, 261
   민주적 책임성 242
천연가스 91, 115, 131, 132, 133, 136, 140, 204
청지기(윤리) 166, 180
총재 정부(프랑스 정권) 56
추첨 173, 220

ㅋ

캔트웰, 마리아Cantwell, Maria 127
캐나다 132, 133, 151, 154
캘리포니아 131, 132, 153, 204, 249
캘리포니아 기후 납부금 할인액 133
캡 글로벌 카본 155, 156, 161
케냐 160
케인스, 존 메이너드Keynes, John Maynard 233
코노코필립스 128
코크(아일랜드의 도시명) 56
코비드-19COVID-19(팬데믹) 177, 237
코스탄자, 로버트Costanza, Robert 12, 157, 158, 159, 176
콜린스, 수잔Collins, Susan 127
쿠웨이트 91, 97, 261
쿤스, 크리스Coons, Chris 128
크레도 모바일 110
클레먼스, 스티븐Clemons, Steven 96
클레이즈, 그레고리Claeys, Gregory 12, 34, 35

키머러, 로빈 월Kimmerer, Robin Wall 166
키케로 35, 256, 269, 270

ㅌ

탄소 가격제 19, 28, 113, 121, 123, 124, 125, 130, 134, 135, 136, 161, 175, 176, 177, 262, 263
탄소 가격 책정(프로그램) 28, 131, 137, 138, 147-152, 154, 204, 241, 250, 263
탄소 배당 4, 5, 7, 8, 17, 19, 22-24, 27, 105, 114, 122, 124-126, 128-130, 153, 154, 184, 261, 273
   글로벌 탄소 배당 154, 159, 248
   미국의 재생을 위한 탄소 한도 및 에너지(CLEAR) 법안 127
탄소세 7, 8, 28, 121-124, 126, 127, 130-135, 137-141, 143-148, 151, 153, 154, 159, 161, 204, 241, 262, 273
태양 에너지 시스템 110
태평양 62, 102
택시 면허 207
텍사스 92, 94
텔레비전 85, 96, 217-221, 225
토빈세 208
토지 7, 8, 17, 22, 23, 26, 27, 33, 34, 36, 38-49, 54, 57, 59-64, 67, 70, 71, 73, 81, 91, 92, 106, 108, 111, 164, 169, 174, 179-185, 188, 192, 202-204, 210-213, 215, 218, 222, 226, 227, 240, 241, 243-246, 255-258, 264-266, 271-273, 275
   공공 토지 39, 256
   자유 토지 111
토지 가치 26, 95, 183, 212, 213, 227, 249

토지 개혁 18, 31, 43, 44, 50, 55, 60, 71
토지 공개념 9
토지 공유화 257
토지 독점 40
토지 아래의 광물권 258
토지 지대 68, 244, 272
토지법agrarian law/lex agraria 23, 40, 44, 46, 50, 57, 60
토지세[(조지주의) 단일세] 63, 64, 66-68, 202, 204, 246
토탄 169
투기 59, 62, 63, 200, 201, 203, 207, 208, 210, 220, 226, 227, 228
트럼프, 도널드Trump, Donald 129, 219
티베리우스와 가이우스(그라쿠스) 44
틴달, 존Tyndall, John 114

ㅍ

파네타, 지미Panetta, Jimmy 128
파리 13, 32, 49, 51, 52, 56, 117, 130, 155, 158
파리 (기후) 협정(COP21) 117, 130, 155, 158
파월, 콜린Powell, Colin 96, 97
파인스타인, 다이앤Feinstein, Dianne 128
파킨슨의 법칙 83
패트릭 에드워드 도브Dove, Patrick Edward 61
퍼시픽 파워 133
페놉스콧족 47
페니키아인 45
페리에 93
페이스북 206
페인, 토머스Paine, Thomas 4, 7, 13, 17, 18, 22, 23, 26, 27, 31-34, 39, 40-42, 46-58, 60, 61,
64-68, 70-73, 81, 84, 88, 89, 97, 111, 112, 135, 148, 188, 191, 215, 216, 241, 249-251, 254, 255, 257, 258, 262, 264, 268-273, 275
상식 32, 50
이성의 시대 32, 51
인간의 권리 32, 51, 54, 55
토지 정의 13, 18, 32-34, 49, 53-57, 60, 111, 188, 215
펜실베이니아주 67
포드 128
포르투갈 132
포지티브 머니 231, 235, 243
폴란드 스프링스 92, 93
푸트, 유니스Foote, Eunice 114
풀뿌리 옹호 154
풍력 발전소 91
프랑스 32, 40, 50, 51, 55-57, 66, 93, 132, 176, 232
프랑스 국민 공회 51
프랑스 헌법 53, 55
프랑스 혁명 22, 32, 49, 50, 51, 255
프루동 73, 81, 84
프리드먼, 밀턴Friedman, Milton 233, 234, 235
플라스틱 140
플로멘호프트, 게리Flomenhoft, Gary 12, 15, 95, 96, 194, 218
피스타 13, 155, 157, 161, 245
피지앤이PG&E 133
피츠버그 67
핀란드 131
핀쇼트, 기포드Pinchot, Gifford 70
필라델피아 51, 56, 61

필리핀 178
필머, 로버트Filmer, Robert 39, 186, 257

ㅎ
하늘 신탁 7, 19, 27, 28, 109, 111, 112, 127, 152, 153, 155, 262
하늘을 소유하라 158, 159
하딘, 가렛Hardin, Garret 177
하이드, 루이스Hyde, Lewis 165
하이퍼-인플레이션 229, 231
하트윅의 규칙 171
학교 58, 65, 74, 92, 183
한센, 제임스Hansen, James 7, 12, 19, 27, 113, 114, 122-126, 138, 153, 250
해리스버그 67

해먼드, 제이Hammond, Jay 16, 22, 27, 74-77, 80, 82-86, 89, 96, 97, 101, 112, 135, 138, 250, 251, 259, 260
원자력 121, 136, 172
헬리콥터 머니 234
호주 67, 132, 134, 138, 148, 207
호켄, 폴Hawken, Paul 157
호켓, 로버트Hockett, Robert 12, 231, 235
화성 106
화폐 공급 229-232
화폐 시스템 229, 231
화폐 창조 (지출에 의한, 대출에 의한) 177, 212, 228-230, 236, 237, 239, 267
횡재 이윤세 208, 239
후세인, 사담Hussein, Saddam 96, 261